Les Guetteurs

Alain Bauer
Marie-Christine Dupuis-Danon

Les Guetteurs

Les patrons du renseignement français répondent

Préface de
Jean-Yves Le Drian

Odile
Jacob

15, rue Soufflot, 75005 Paris

www.odilejacob.fr

ISBN : 978-2-7381-4319-8

À celles et à ceux qui ont choisi l'ombre
pour protéger la lumière.

Sommaire

PRÉFACE

Jean-Yves Le Drian

Ministre de l'Europe et des Affaires étrangères
Ancien ministre de la Défense (2012-2017)

Le domaine du renseignement connaît depuis ces dernières années une visibilité nouvelle dans le débat public, dans la conscience de nos concitoyens comme dans les préoccupations des décideurs politiques. Cette réalité est à la mesure des bouleversements, des ruptures et des incertitudes qui caractérisent notre temps. J'ai coutume de dire que nous sommes entrés dans une nouvelle époque des relations internationales. L'un des symptômes de cette évolution, c'est le changement de rythme que nous subissons : le tempo de l'histoire semble s'accélérer et l'espace des crises s'étendre, comme en témoignent le développement de l'hyperviolence terroriste, le retour des affirmations de puissances étatiques, l'accélération de certaines menaces de la prolifération ou l'essor, semble-t-il incontrôlable, des organisations criminelles transnationales. La conflictualité gagne de nouveaux domaines – les espaces marins, le cyber, ou le spatial – dans un monde où le numérique est devenu un milieu à part entière de conduite des relations internationales ou de conflit, pour le meilleur

– l’ouverture, l’accès au savoir, la communication des sociétés entre elles – et parfois pour le pire : l’ingérence, les tentatives de déstabilisation et les guerres du présent comme de l’avenir.

Ces tensions ne sont pas uniquement de nature sécuritaire. La compétition économique, industrielle et technologique, exacerbée, se déroule à l’échelle mondiale : elle fait de la course à l’innovation et de la protection de la propriété intellectuelle un enjeu stratégique.

L’histoire s’accélère. Qu’on se rappelle 2014 où, en un seul été, les autorités politiques de notre pays durent faire face à la menace terroriste dans la bande sahélo-saharienne, aux ondes de choc de la guerre dans le Donbass, aux conquêtes territoriales de Daech au Levant et à leurs conséquences pour la sécurité intérieure. Cette tendance à l’accumulation simultanée et parfois connexe des crises et des bouleversements est allée en s’affirmant de façon croissante ; elle nous rappelle que la globalisation a aussi sa face d’ombre : avec l’interconnexion des hommes et des choses qui va connaître de nouveaux développements dans les années à venir, c’est une mondialisation de la violence aux prolongements inédits qui émerge sous nos yeux. Cette violence n’épargne ni la France ni l’Europe, comme les attaques terroristes commises sur notre sol et chez nos voisins européens le démontrent tragiquement.

Dans toutes ces crises, comme face à l’accumulation des risques, nous avons mesuré le caractère indispensable du renseignement, pour comprendre les menaces, apprécier de façon autonome une situation, ou conduire les opérations.

C’est la fonction du renseignement, l’« *intelligence* » comme disent nos amis anglo-saxons, de réduire autant que possible l’incertitude, de dissiper le brouillard du présent, des crises ou de la guerre, pour éclairer la décision politique, qu'il s'agisse de répondre aux menaces les plus immédiates ou d'assurer la sécurité du pays sur la longue durée. Réagir aux crises en temps réel, mais aussi préparer l'avenir en améliorant notre capacité d'adaptation et notre réactivité, en anticipant toujours une incertitude irréductible et même, malheureusement ces derniers temps, grandissante, c'est le propre du renseignement.

Dans ce contexte, la publication pour la première fois d'un recueil de témoignages directs des anciens directeurs de nos services de renseignement est particulièrement éclairante. Ce livre offre une contribution précieuse, de la part d'acteurs le plus souvent silencieux, pour la compréhension des questions de sécurité touchant notre pays depuis plus de trente ans et pour mesurer les évolutions de l'instrument du renseignement en France jusqu'à la période la plus récente.

Bien sûr, l'expression publique n'entre pas dans la culture traditionnelle de ces grands serviteurs de l'État. Ils ont fait de la discrétion et de la protection du secret un peu plus qu'une nécessité opérationnelle, un orgueil professionnel, justifié, à une époque où la rareté de l'expression dans ce domaine n'est malheureusement pas la qualité la plus répandue, ce que je regrette.

J'ai l'habitude de dire que, dans ces domaines, ceux qui parlent ne savent pas et ceux qui savent se taisent. Alain Bauer et Marie-Christine Dupuis-Danon font mentir par exception cette règle…

De la fin de la guerre froide aux conflits asymétriques, de la prégnance du contre-espionnage à la montée de la menace terroriste et à ses mutations ces quinze dernières années, des exigences du cloisonnement aux bouleversements des technologies de l'information, c'est un concentré de l'histoire du temps présent qui se dessine au fil de ces pages, une synthèse des difficultés qu'ont dû surmonter nos services pour s'adapter aux bouleversements de la situation internationale.

À cet intérêt historique s'ajoute un intérêt proprement démocratique. Il est utile, je dirais même nécessaire, que nos concitoyens puissent se familiariser davantage avec l'histoire, les missions et les enjeux de nos services de renseignement, sans lesquels l'idée même de sécurité nationale serait un concept bien creux. À une époque où l'exigence de transparence est de plus en plus grande, où la confiance des citoyens dans nos institutions doit être renforcée, il est précieux de donner à entendre la voix de ceux qui ont agi dans l'ombre des décennies durant, avec un seul objectif : servir la France et protéger les Français. De témoignage en témoignage, on y comprend comment la communauté du renseignement constitue comme le système nerveux de l'État. Du ministère de la Défense aux ministères de l'Intérieur, de la Justice aux Affaires étrangères en passant par l'Économie et les Finances, rien de ce qui est régalien dans l'État ne peut ignorer l'apport du renseignement. Le recueil de ces expériences a le mérite de montrer l'étroite corrélation qui existe, s'agissant de la sécurité de la France, entre le renseignement destiné aux autorités politiques et celui qui doit éclairer l'action du commandement militaire, les efforts de l'enquête judiciaire ou l'intervention des douanes. La menace terroriste n'a fait que renforcer ce constat.

Je lis donc ce livre comme un hommage, à travers le témoignage de leurs chefs, à toutes celles et ceux qui ont assumé par le passé cette mission exigeante, avec beaucoup d'humilité et de dévouement, au prix de sacrifices importants dans leurs vies personnelles et familiales. C'est un hommage auquel je m'associe bien volontiers, chacune des journées que j'ai vécues ces dernières années ayant été ponctuée par la lecture attentive de la production des services. La conduite des crises passées, en cours et à venir, en découle très directement. Je lis également ces témoignages comme un encouragement à la nouvelle génération qui a pris aujourd'hui la relève et un appel à ceux qui demain les rejoindront.

Je ne me risquerai pas ici à des confidences. Je voudrais simplement apporter ma contribution à cet ouvrage collectif par une brève analyse des évolutions de ces dernières années quant à l'organisation du renseignement dans notre pays.

Pour un État comme le nôtre, un État lié par des solidarités et des alliances mais surtout un État libre, soucieux de son indépendance de décision et d'action, il est primordial de pouvoir bénéficier à tout instant d'une capacité autonome de recueil, de tri, d'analyse et d'orientation du renseignement à fin d'action. Ce fut l'expérience, essentielle pour notre histoire du renseignement, de Pierre Joxe en 1991, lors de la guerre du Golfe, avec la prise de conscience de notre dépendance excessive en matière de renseignement d'intérêt militaire. Elle déboucha sur la création de la Direction du renseignement militaire et un effort sur le renseignement technique, en particulier d'origine spatiale, qui influence encore notre programmation militaire et de défense.

Depuis, plusieurs ruptures ont rythmé les évolutions du renseignement. La crise du Kosovo en 1999 a mis en exergue le rôle crucial du renseignement spatial et aérien, de même que de la possession d'une capacité nationale de ciblage, avec des boucles courtes entre recueil du renseignement et action précise à distance. Les attentats du 11 septembre 2001 ont mis en lumière l'extrême transversalité des menaces et sa conséquence, le besoin d'une meilleure coordination et fusion du renseignement. Notre refus de la guerre d'Irak en 2003 a confirmé, à l'occasion d'une crise touchant la prolifération des armes de destruction massive, la nécessité de continuer à développer une capacité autonome d'analyse et d'appréciation des situations. L'explosion du recours à l'Internet, à compter de la fin des années 1990, a déclenché une véritable révolution de notre renseignement technique et des investissements qui permettent aujourd'hui à notre pays de demeurer parmi les toutes premières grandes puissances en matière de renseignement. Faute de quoi, nous serions irrémédiablement dépassés et dépendants. En même temps, toutes les grandes crises intervenues depuis la décennie 1990 ont rappelé la nécessité du renseignement humain en complément des capteurs techniques. Enfin, nos engagements en Afghanistan et au Sahel et la guerre contre Daech au Levant ont été marquants du point de vue de la fusion et de l'exploitation mutualisées du renseignement à fin d'action.

C'est ce rôle cardinal qui a conduit le *Livre blanc* de 2008 à en faire une véritable fonction stratégique, la « fonction connaissance et anticipation », clé de voûte de notre autonomie stratégique, pérennisée depuis par le *Livre blanc* de 2013 comme par la récente revue stratégique de défense et de sécurité nationale. 2008 a certainement été un moment de cristallisation et de systématisation des exigences nouvelles auxquelles faisaient face les services.

L'intérêt des témoignages recueillis tient justement à ce que, dans des services et à des postes différents, les uns et les autres soient parvenus à des conclusions dont le *Livre blanc* de 2008 a assuré la convergence et la traduction en termes d'organisation. Je pense aux différentes mesures prises à cette époque et amplifiées par la suite qui avaient un objectif, faire émerger une véritable communauté nationale du renseignement, au-delà des querelles de chapelles appartenant à un autre âge, grâce à différents instruments : institution du Conseil national du renseignement et de la fonction de coordonnateur national du renseignement, en charge de la rédaction du Plan national d'orientation du renseignement ; puis, en 2010, création d'une Académie du renseignement interservices ; et, de façon discrète mais essentielle, développement de la mutualisation des programmes d'investissement technique.

Cette exigence de coordination était rendue d'autant plus nécessaire en raison du continuum de plus en plus évident de la menace terroriste entre intérieur et extérieur ; il réclamait donc un équilibre neuf entre ouverture et cloisonnement. Ouverture des capacités de recueil d'information toujours davantage mutualisées, pour des raisons opérationnelles autant qu'économiques. Cloisonnement de l'analyse qui permet à chacun des services de développer, avec son métier propre, un renseignement élaboré selon sa propre expertise, à partir de ses propres sources, ou de sources mutualisées. Car c'est bien la confrontation des différents renseignements qui permet à l'autorité politique de décider. L'approche globale des crises qui prévaut aujourd'hui nous conduit à devoir les traiter de manière interdisciplinaire et donc à mobiliser à chaque fois plusieurs volets de l'action gouvernementale. Dans ce contexte, c'est un spectre toujours plus large de renseignement qu'il faut prendre en compte.

Mais le renseignement, ce sont aussi des ressources humaines, des moyens matériels et des capacités technologiques. La France était en retard en la matière. Une exigence de modernisation, d'investissement et de recrutement s'imposait. C'est ce qui a été fait dès la loi de programmation 2009 pour la DGSE, puis à partir de 2013 et plus encore de 2015, lors de l'actualisation de la loi de programmation militaire et de la conception de la loi sur le renseignement. Je pense à nos programmes de satellites, de drones ou de moyens d'interception, ainsi qu'à l'augmentation des effectifs des forces spéciales, du renseignement et de la cyberdéfense. Au total, pour les services de la défense et la fonction « connaissance et anticipation » de nos armées, nous sommes ainsi passés d'un budget de 1,790 milliard d'euros par an à 3,240 milliards, entre 2012 et 2017. Cet effort est destiné à se poursuivre dans les années à venir. Parallèlement, depuis 2013, les services du ministère de l'Intérieur ont enfin changé d'échelle, à raison d'abord de la nécessaire réponse aux défis de la lutte antiterroriste d'une part et de l'adaptation aux nouvelles technologies Internet et cyber d'autre part.

La modernisation s'entend aussi au sens démocratique. La délégation parlementaire au renseignement s'est ainsi vue dotée, dès la première loi de programmation militaire de la précédente mandature, de compétences nouvelles en matière de contrôle de l'activité gouvernementale dans ce domaine sensible et de la capacité à suivre l'ensemble de la dépense publique consacrée au renseignement. La loi relative au renseignement de juillet 2015, quant à elle, représente une étape majeure dans la définition des missions de nos services, dans la modernisation des instruments de contrôle de leur activité et dans la redéfinition d'un équilibre entre la garantie des libertés publiques et la nécessité de donner aux services les moyens d'assurer notre sécurité face à des menaces létales en permanente évolution.

Pour conclure, j'estime que nos services de renseignement doivent relever dès à présent au moins quatre défis.

Il y a d'abord les contraintes nouvelles de l'environnement dans lequel nos services doivent agir. Il leur faut en effet s'intéresser à un grand nombre de menaces à la fois, et entretenir des connaissances dans des domaines ou des zones élargis, tout en s'efforçant d'éviter une trop grande dispersion des efforts. Notre outil de renseignement est également soumis à la contraction des temps médiatique et politique. Ce phénomène résulte en partie de l'explosion des sources ouvertes, ainsi que de la vitesse sans précédent et de plus en plus élevée de la circulation de l'information. Dans les faits, nous sommes donc confrontés à une situation où nous disposons de davantage de sources et de capteurs, où nous cherchons à les développer, dans une course incessante contre un temps qui se réduit pour exploiter et recouper les informations. Le risque pour les services, comme pour ceux à qui le renseignement est destiné, c'est de céder à la séduction de l'instantanéité, au détriment du renseignement consolidé.

Deuxième défi, corollaire de la révolution technologique que nous vivons, de nouveaux domaines, immatériels et transfrontaliers notamment, s'affirment avec des conséquences majeures pour notre sécurité. À cet égard, l'espace numérique est une priorité absolue. Il impose la détection précoce de menaces pernicieuses et souvent anonymes. Qu'elles relèvent de la subversion, de l'espionnage ou de la destruction, qu'elles soient d'origine étatique ou non, ces menaces impliquent que nous veillions sur cet espace, que nous le protégions et que nous soyons capables d'y intervenir, y compris de manière offensive. C'est l'enjeu de la stratégie de cyberdéfense.

Troisième défi, le renseignement est un métier d'échanges internationaux ; il convient d'entretenir ce réseau, pour trois raisons spécifiques. D'abord, parce que nous ne pouvons pas nous déployer partout ; ensuite, parce que nous nous enrichissons des différentes approches de nos partenaires ; enfin, parce que nous portons, par ce biais, la voix de la France, et contribuons à maintenir le rang de notre pays parmi ses alliés. La relation tissée avec nos partenaires américains et britanniques en Afghanistan, au Levant et au Sahel, dans le combat contre le terrorisme comme dans la lutte contre les réseaux qui alimentent la prolifération des armes de destruction massive, est à cet égard remarquable. Au sein de nos alliances, qu'il s'agisse de l'Union européenne ou de l'OTAN, notre contribution dans ce domaine exerce une influence directe sur l'engagement politique et militaire de nos partenaires à nos côtés.

Enfin, le renseignement doit être pensé non seulement comme un outil de réponse à la menace à brève et moyenne échéance, mais également comme un outil de compréhension de l'environnement international : il doit nous permettre de mieux anticiper et de réfléchir, mais aussi d'agir de manière plus efficace et plus cohérente sur le plan international. Cela implique donc une intelligence globale des évolutions politiques et de tous ordres des sociétés et de leur dynamique et, par conséquent, des liens accrus avec le monde de l'enseignement supérieur et de la recherche, ainsi qu'une diversification des profils du recrutement.

Il n'est pas étonnant que ce soit à Alain Bauer, toujours en pointe de la réflexion prospective dans le domaine de la sécurité, aidé de Marie-Christine Dupuis-Danon, que revienne le mérite de nous offrir, par cet ouvrage, un ensemble de témoignages vécus au plus haut niveau sur notre appareil de renseignement. Lui qui est à l'origine de la création, sur la Technopole de Saint-Brieuc-Armor, du cursus « Sécurité Défense » du CNAM, où se croisent les analystes opérationnels en données stratégiques, les spécialistes des télécoms et ceux des langues rares, était bien placé pour donner au public de nouvelles clés pour la bonne compréhension de la période actuelle et des dynamiques qui l'ont façonnée.

Pour tous les passionnés, ce livre constituera une référence solide pour comprendre les défis qui attendent notre renseignement.

Introduction

L'image du renseignement a évolué auprès du grand public comme du personnel politique et des médias. Jusqu'à une époque récente, la méfiance était de mise vis-à-vis des services. Le flou qui entourait tant leurs missions que leur organisation avait donné prise à des accusations paradoxales : celle d'être le bras armé du pouvoir mais d'agir sans lui rendre compte, celle de se considérer comme les ultimes gardiens de l'État sans disposer d'aucune réelle légitimité démocratique, celle de défendre un ordre social et républicain tout en s'affranchissant des règles élémentaires de la légalité qui en constituent le socle.

C'est que l'époque a changé. Il est loin le temps où même les chefs d'État et de gouvernement, à commencer par le général de Gaulle, tenaient « à bout de gaffe » des services dont l'autonomie – et parfois le manque de professionnalisme – ne cessait de les inquiéter[1]. Les attentats terroristes qui ont frappé la France

1. Sur l'histoire des services français de renseignement et leur relation au pouvoir politique depuis la Seconde Guerre mondiale, on pourra consulter l'excellent article de M. Claude Faure, « Bref historique des services de renseignement et de sécurité français contemporains » (*Revue historique des armées*, 2007, 247, p. 70-81), que nous reproduisons en annexe et que l'on peut consulter en ligne : http://rha.revues.org/1843.

depuis 2012 (mais surtout depuis 2015) ont introduit une profonde rupture dans cette perception. La nécessité de disposer d'un outil de renseignement performant s'est imposée pour une raison évidente : le succès de la lutte contre le terrorisme passe par la capacité à empêcher les terroristes de commettre leur crime. Après l'attentat, il est trop tard. Capturer et juger les coupables reste évidemment indispensable mais n'affecte en rien la capacité d'autres apprentis terroristes à fomenter l'attentat suivant.

Or le système policier et judiciaire français, reflet de l'histoire pluriséculaire de notre État de droit, reste entièrement conçu pour réprimer le crime après que celui-ci a été commis, rarement avant.

Une révolution culturelle s'est donc opérée en quelques années, qui a fait du renseignement la pierre angulaire de la prévention des attentats, élevée au rang de priorité nationale. Elle s'est faite dans la douleur des drames auxquels la France était confrontée, la difficulté du politique à « nommer l'ennemi », la révélation des failles de la société française ayant conduit à laisser se mettre en place, dans le pays, un « milieu djihadiste » d'autant plus difficile à infiltrer et à combattre qu'on ne le voyait pas vraiment. C'est donc dans la plus grande urgence que s'est mise en place cette nouvelle donne, où les méthodes du contre-terrorisme (temps court et partage de l'information) devaient primer sur celles, historiquement bien ancrées, du contre-espionnage (temps long et secret).

Pour comprendre de l'intérieur ce changement de paradigme qui interroge au plus près l'équilibre entre sécurité et liberté, nous avons donné ici la parole à ceux qui ont dirigé les différents services français depuis la fin de la guerre froide. Civils, militaires, policiers ou diplomates, nous souhaitions recueillir leur point de vue et leur « ressenti » personnel devant une telle évolution et leurs préconisations pour l'avenir.

Pour des raisons de cohérence, nous nous sommes entretenus avec eux à partir de trois questions identiques pour tous :

- Quel était l'état de la menace et du service lors de votre nomination ?
- Qu'avez-vous engagé comme changements, et quelles réformes aviez-vous envisagées sans pouvoir les mener à terme ?
- Si vous étiez désigné à la tête d'un service ou auprès du chef de l'État aujourd'hui, que lui proposeriez-vous de faire ?

La diversité des réponses s'articule autour d'une cohérence et d'une clairvoyance partagées. Certes, des visions différentes apparaissent selon que le regard est civil ou militaire, que l'horizon se limite en deçà des frontières ou se porte au-delà, que la priorité est donnée à la collecte du renseignement, à l'analyse ou à l'action. Mais tous avaient vu la nécessité d'une adaptation des services qu'ils dirigeaient, d'une coordination renforcée avec leurs homologues, d'une définition précise de leur mission... Quoi qu'il en soit, les attentats de 2015 marquent un tournant : l'approche globale des questions de sécurité, pourtant prônée par certains depuis 2007, pénètre enfin la culture des services.

Les entretiens montrent que, pour une fois, les choix entre temps long et temps court, investigation opérationnelle ou infiltration lente, contre-espionnage ou antiterrorisme ne sont guère sujets de contentieux ou d'opposition. Pour les responsables de la « communauté du renseignement », tout est bon à prendre. Il ne s'agit pas de choisir mais de hiérarchiser. Quant à partager, c'est le cœur du problème, tant la protection des sources et des agents, aussi légitime qu'indispensable, a fait perdurer une lourde – et parfois dommageable – culture du secret.

On verra que la parole des chefs n'élude en rien les difficultés, voire les errements, des services. Manipulations, instrumentalisations pour des raisons de haute ou de basse politique… Mais elle montre aussi les succès, la qualité des informations et des informateurs, des agents et des opérations spéciales, beaucoup moins connus du grand public. Surtout, elle révèle les transformations successives, voire les révolutions culturelles, qu'ont dû faire les services pour s'adapter à l'environnement international.

La plus récente correspond au passage d'une période de terrorisme « politique » à une période « islamiste ».

La période politique, avec signatures, modes opératoires et dispositifs identifiés (Action directe, Brigades rouges, Fraction armée rouge, CCC, ETA, IRA, FLNC…), avait permis aux services de s'adapter assez rapidement à la menace. Elle était « rouge » et souvent connectée à l'URSS et à ses satellites.

La période islamiste ou djihadiste fut d'abord relativement simple à comprendre. La nébuleuse Al-Qaida était connue depuis longtemps, avant le choc de l'hyperterrorisme du 11 septembre 2001. L'histoire s'écrit alors à partir des unités de combat formées par l'Occident contre les Soviétiques en Afghanistan et qui se révoltent contre leurs créateurs après le départ des troupes russes.

Cette relative lisibilité allait vite s'effacer. Jusqu'en 1995 et les attentats commis par Khaled Kelkal, l'essentiel de ce qui était qualifié comme terroriste (et qui relève plus de l'expérimentation évolutive que de la science exacte) provenait d'un milieu militant utilisant la violence comme mode de revendication. Mais Kelkal est d'abord un délinquant qui passe au terrorisme. Il ouvre une séquence dont il est un prototype et dont le suivant sera Mohammed Merah, dix-sept ans plus tard. Et une longue série non interrompue à ce jour.

Depuis, le terrorisme a muté. Il n'y a plus de profil type mais une diversité de profils, allant du militant en mission au malade mental utilisant des arguments à la mode pour justifier ses actes. Ils présentent des traits communs mais aucun n'entre plus dans les cases traditionnelles de l'action violente. Avec l'État islamique, on passe du terrorisme au menu à une version à la carte, avec multiplicité des modes opératoires, de la signature ou du processus de revendication.

Face à un nouveau continuum criminalo-terroriste, face au booster de l'Internet, aux réseaux sociaux et au cryptage, accélérateurs de ce qu'on appelle maladroitement « radicalisation », les services ont connu une de leurs plus grandes crises d'adaptation. Elle n'était pour une fois ni structurelle ni personnelle, mais culturelle.

Cette évolution apparaît au fil des entretiens. Plus ou moins douloureuse. Car les chefs des services de renseignement n'ont pas masqué leurs responsabilités ni leurs failles. Ils les ont plus ou moins assumées. Ils ont été touchés par les morts et les blessés de *Charlie*, du Bataclan, de Nice. Par les multiples attentats contre les agents des services publics de sécurité, policiers ou militaires.

Est-ce pour cela que, depuis quelque temps, les jeunes affluent qui veulent faire partie de la grande famille du renseignement ? Effet de la prégnance de la menace terroriste ou du succès de quelque série télévisée ? Sans doute les deux. Toujours est-il que l'image des services a récemment changé.

Nul n'imagine plus que ses membres ressemblent de près ou de loin à James Bond. Pour autant, le plus grand flou entoure, dans le grand public et d'abord chez les jeunes, la pratique actuelle des métiers du contre-espionnage ou de l'antiterrorisme. C'est que, là comme dans bien d'autres domaines, nous bénéficions d'une exception française qui, en l'occurrence, est un retard : l'absence de formation universitaire au renseignement. Et son corollaire, la quasi-inexistence de travaux de recherche sur le sujet.

Il nous faut citer ici l'amiral Pierre Lacoste, ancien directeur de la DGSE de 1982 à 1985, qui se préoccupa, au milieu des années 1990, de sensibiliser les élites au renseignement et à la prospective. Il recensa cent dix universités et centres de recherche nord-américains où le renseignement était enseigné et étudié dans les départements d'*intelligence studies*, y compris en premier cycle universitaire[2]. L'Europe était à la traîne, y compris les Britanniques, pourtant gratifiés d'une « culture du renseignement ». Il y a près de trente ans, Christopher Andrew et David Dilks caractérisaient ainsi le renseignement comme une *missing dimension* dans les travaux d'histoire politique et d'histoire des relations internationales au Royaume-Uni.

Fort heureusement, la situation s'améliore lentement, même si l'université aborde la question du renseignement sous un angle exclusivement historique. Hors les écoles militaires, et notamment Saint-Cyr-Coëtquidan, les étudiants peuvent aujourd'hui trouver, à la Sorbonne, à Sciences Po, à Marne-la-Vallée… des lieux d'enseignement et de recherche. Mais il reste difficile de traiter la question, tant le culte du secret d'État submerge la

2. Par ailleurs, dans ces pays, les revues scientifiques sont nombreuses sur le sujet, et il existe, outre les presses universitaires, des éditeurs spécialisés dans ce domaine. L'ancienneté de la recherche afférente explique le nombre élevé d'études de détail – y compris sur le renseignement français – et le développement des études théoriques empruntant autant à l'histoire qu'à la science politique.

défense de l'essentiel pour se répandre sur l'accessoire et l'anecdotique.

Puisse ce livre intéresser le plus vaste public et la parole des anciens inciter de nombreux jeunes à mettre leur talent au service de leur pays, dans le cadre du plus exigeant des métiers d'avenir.

Alain BAUER et Marie-Christine DUPUIS-DANON.

ANNÉES 1980

Liste des principaux attentats contre la France

(activités terroristes sur le territoire français et actes de terrorisme ayant visé des citoyens français)[1]

De 1979 à 1987, une soixantaine d'attentats (bombes, mitraillages, braquages) imputés ou revendiqués par Action directe ou des groupes de sa mouvance. Les plus marquants sont inscrits dans la chronologie ci-dessous.

- *29 janvier 1980* : attentat à l'ambassade de Syrie ; 1 mort, 8 blessés.
- *24 février 1980* : attentat à Paris contre Aeroflot.
- *15 mars 1980* : bombe du FLNC (Front de libération nationale corse) à l'Hôtel de Ville de Paris.
- *19 avril 1980* : bombe au foyer des étudiants protestants à Paris, revendiquée par le Groupe Charles Martel (groupe armé français d'extrême droite) ; 4 blessés.
- *19 avril 1980* : attentats du Front communiste antinucléaire contre cinq entreprises parisiennes.

1. Cette liste, comme les suivantes au fil de cet ouvrage, ne prétend nullement à l'exhaustivité. Elle vise simplement à fournir des éléments de contexte pour éclairer les propos des personnalités interviewées et apporter au lecteur des éléments chronologiques relatifs à l'évolution des actes de terrorisme au fil des décennies. Elle s'ouvre sur le terrorisme des années 1980 et le dernier attentat mentionné dans notre ouvrage est daté du 31 octobre 2017, veille de la remise de notre texte à l'éditeur. Nous ne pouvons que redouter, hélas, que, de là à sa parution, d'autres actions terroristes ne soient venues allonger cette longue et tragique énumération.

- *7 mai 1980* : attentat à la bombe contre l'Association des étudiants musulmans, revendiqué par le Groupe Charles Martel.
- *11 mai 1980* : attentat au consulat d'Algérie à Aubervilliers, revendiqué par le Groupe Charles Martel.
- *14 mai 1980* : attentat contre la police à Paris, revendiqué par le FLNC ; 4 blessés.
- *11 juin 1980* : attentat à l'aéroport d'Orly (perpétré par Action directe) ; 8 blessés.
- *13 juin 1980* : assassinat par le Mossad, à Paris, du physicien nucléaire Yahya al-Meshad, qui travaillait pour l'Irak.
- *26 juin 1980* : bombe au siège du MRAP (Mouvement contre le racisme et pour l'amitié entre les peuples) à Paris.
- *18 juillet 1980* : tentative d'assassinat du Premier ministre du shah d'Iran Shapour Bakhtiar à son domicile ; 3 morts, dont 2 policiers.
- *3 octobre 1980* : attentat de la rue Copernic ; 4 morts et 20 blessés.
- *20 octobre 1980* : bombe désamorcée à la Bourse de Paris.
- *4 janvier 1981* : attentat contre Chanel.
- *5 février 1981* : deux bombes sur les Champs-Élysées, revendiquées par l'ASALA (Armée secrète arménienne de libération de l'Arménie).
- *4 mars 1981* : assassinat par l'ASALA de deux diplomates turcs en poste à Paris.
- *11-12 juin 1981* : bombe à la cité d'urgence du Baou. Une autre est désamorcée devant la cité Bassens à Marseille ; 29 familles sinistrées.
- *29 août 1981* : attentat palestinien à l'hôtel Intercontinental à Paris ; 15 blessés.
- *4 septembre 1981* : assassinat de Louis Delamare, ambassadeur de France au Liban.
- *24 septembre 1981* : prise d'otages au consulat de Turquie à Paris par des membres de l'ASALA ; 1 mort, 3 blessés.
- *25 octobre 1981* : double attentat sur les Champs-Élysées.
- *fin octobre 1981* : six attentats à la bombe dans Paris.
- *16 novembre 1981* : attentat d'un groupe arménien à la gare de l'Est ; 2 blessés.
- *20 décembre 1981* : attentat contre la société polonaise Botrans, revendiqué par le Groupe Charles Martel.
- *18 janvier 1982* : assassinat de Charles Robert Ray, attaché militaire américain, à Paris, revendiqué par les FARL (Fractions armées révolutionnaires libanaises).

• *29 mars 1982* : attentat à la bombe visant le train le Capitole (train Paris-Toulouse), près de Limoges, revendiqué par Carlos ; 5 morts, 77 blessés.
• *3 avril 1982* : assassinat d'un diplomate israélien à Paris, revendiqué par les FARL.
• *22 avril 1982* : explosion d'une voiture piégée devant le siège du magazine *Al Watan Al Arabi* rue Marbeuf à Paris, attentat revendiqué par Carlos ; 1 mort, 63 blessés.
• *19 juin 1982* : triple attentat anti-arabes à Calenzana.
• *9 août 1982* : fusillade dans le restaurant Goldenberg, rue des Rosiers à Paris ; 6 morts, 22 blessés.
• *17 septembre 1982* : attentat contre la voiture du responsable de la sécurité de l'ambassade d'Israël en France, à proximité du lycée Carnot. Revendiqué par l'unité combattante Marcel-Rayman d'Action directe et les Fractions armées révolutionnaires libanaises.
• *15 juillet 1983* : attentat à l'aéroport d'Orly, bombe placée par l'ASALA ; 8 morts, plus d'une cinquantaine de blessés.
• *9 août 1983* : attentat à la bombe au bureau d'Air Algérie à Marseille, revendiqué par le Groupe Charles Martel.
• *19 août 1983* : bombe dans un foyer Sonacotra de Marseille.
• *19 août 1983* : incendie criminel au domicile du trésorier de la Confédération des Français musulmans rapatriés d'Algérie et de leurs amis.
• *23 octobre 1983* : attentat contre le contingent français de la Force multinationale de sécurité à Beyrouth (force onusienne de maintien de la paix) revendiqué, tout comme l'attentat simultané contre le contingent américain, par le Mouvement de la révolution islamique libre puis par l'Organisation du Jihad islamique ; mort de 58 parachutistes français dans l'effondrement de l'immeuble Drakkar.
• *23 décembre 1983* : attentat à la bombe contre le restaurant parisien Le Grand Véfour ; une dizaine de blessés.
• *31 décembre 1983* : deux attentats attribués à Carlos perpétrés à la gare Saint-Charles de Marseille et dans le TGV Marseille-Paris ; 4 morts, 45 blessés.
• *25 janvier 1985* : assassinat de René Audran, directeur des affaires internationales de la Délégation générale pour l'armement, revendiqué par Action directe.
• *29 mars 1985* : attentat à la bombe contre le cinéma parisien Rivoli Beaubourg lors d'un festival du film juif qui projette *Eichmann, l'homme du IIIe Reich* ; 18 blessés.

- *7 décembre 1985* : attentats dans des grands magasins (Galeries Lafayette et Printemps) à Paris ; 41 blessés.
- *Février et mars 1986*. Vague d'attentats revendiqués par le CSPPA (Comité de solidarité avec les prisonniers politiques arabes et du Proche-Orient) :
  - *3 février 1986* : explosion d'une poubelle piégée dans la galerie marchande du Claridge sur les Champs-Élysées ; 8 blessés.
  - *4 février 1986* : explosion d'une bombe dans la librairie Gibert Jeune à Paris Saint-Michel ; 5 blessés.
  - *5 février 1986* : explosion d'une bombe à la FNAC du Forum des Halles à Paris ; 9 blessés.
  - *17 mars 1986* : explosion d'une bombe dans le TGV Paris-Marseille ; blessés légers.
  - *20 mars 1986* : explosion d'une bombe dans la galerie Point Show des Champs-Élysées à Paris ; 2 morts et 29 blessés.
- *12 juin 1986* : attentat contre un disquaire de Draguignan qui vendait des billets d'un concert de SOS Racisme, revendiqué par les Commandos de France contre l'invasion maghrébine.
- *9 juillet 1986* : explosion d'une bombe dans les locaux de la Brigade de répression du banditisme, quai de Gesvres, à Paris, attentat revendiqué par le commando Loïc-Lefèvre d'Action directe ; 1 mort, 30 blessés.
- *19 août 1986* : explosion d'une bombe sur un marché à Toulon, attentat revendiqué par SOS France ; 4 morts.
- *4 septembre 1986* : attentat à la bombe télécommandée contre des soldats de la FINUL au Liban ; 3 morts.
- *Septembre 1986*. Vague d'attentats à Paris perpétrés par le groupe de Fouad Ali Saleh :
  - *4 septembre 1986* : une bombe est désamorcée gare de Lyon dans le RER.
  - *8 septembre 1986* : explosion d'une bombe dans le bureau de poste de l'Hôtel de Ville de Paris ; 1 mort et 21 blessés.
  - *12 septembre 1986* : explosion d'une bombe dans les locaux de la cafétéria Casino au centre commercial Les Quatre Temps à la Défense ; 54 blessés.
  - *14 septembre 1986* : découverte d'une bombe au Pub Renault, avenue des Champs-Élysées à Paris ; 2 morts, 1 blessé grave.
  - *15 septembre 1986* : explosion d'une bombe à la préfecture de Paris sur l'île de la Cité ; 1 mort, 52 blessés.

– *17 septembre 1986* : explosion d'une bombe devant le magasin Tati, rue de Rennes à Paris ; 7 morts et 55 blessés.

• *17 novembre 1986* : assassinat du P-DG de Renault Georges Besse, revendiqué par Action directe.

• *15 décembre 1986* : tentative d'assassinat d'Alain Peyrefitte, ancien garde des Sceaux, attribuée à Action directe ; un employé municipal est tué.

• *7 avril 1987* : assassinat d'Ali André Mécili, avocat et politique algérien, à Paris.

• *29 mars 1988* : assassinat de Dulcie September, représentante de l'ANC sud-africaine, à Paris.

• *9 mai 1988* : bombe au foyer Sonacotra du Cannet (Alpes-Maritimes), attentat faussement revendiqué par le groupe juif Massada, attribué à des néonazis proches du PNFE (Parti nationaliste français et européen) et de la FPIP (Fédération professionnelle indépendante de la police) ; 4 blessés.

• *31 juillet 1988* : bombe au journal *Le Globe* à Paris, attentat attribué à des néonazis proches du PNFE et de la FPIP.

• *23 octobre 1988* : attentat du cinéma Saint-Michel attribué à un groupe catholique intégriste protestant contre la projection de *La Dernière Tentation du Christ* de Martin Scorsese ; 13 blessés, dont 4 grièvement.

• *19 décembre 1988* : attentat contre un foyer Sonacotra à Cagnes-sur-Mer (Alpes-Maritimes), faussement revendiqué par le groupe juif Massada, attribué à des néonazis proche du PNFE et de la FPIP ; 1 mort, 12 blessés.

• *7 mai 1989* : attentat contre l'hôtel de région des Pays de la Loire à Nantes revendiqué par l'Armée révolutionnaire bretonne.

• *19 septembre 1989* : attentat contre le DC10 d'UTA Brazzaville-Paris au-dessus du Ténéré ; 170 morts.

• *21 décembre 1989* : attentat contre un avion de MSF abattu d'un tir de missile au Sud-Soudan ; mort d'un médecin français.

Amiral Pierre Lacoste

Directeur général de la sécurité extérieure (DGSE)
du 12 novembre 1982 au 25 septembre 1985

ENTRETIEN DU 3 OCTOBRE 2016

Ma nomination à la tête de la DGSE a été une vraie surprise. Je venais de quitter le commandement de l'escadre de la Méditerranée et le fils de Gaulle avait persuadé le ministre de la Défense, Charles Hernu, de me nommer à sa place inspecteur général de la marine. Mais, en même temps, et j'ai appris cela après, il a soutenu ma nomination comme patron du service.

Au cours de l'été précédent, Alexandre de Marenches[1] m'avait invité à dîner et il m'avait alors glissé : « J'aimerais bien que vous preniez la suite. » En rendant compte à Raymond Barre[2]

1. (Cette note, ainsi que les suivantes, constitue une précision apportée par les auteurs.) Homme clé du renseignement français pendant les années 1970, Alexandre de Marenches a dirigé le Service de documentation extérieure et de contre-espionnage (SDECE) de 1970 à 1981. Refusant de servir un gouvernement où siégeaient des communistes, il en a démissionné en juin 1981.
2. L'amiral Pierre Lacoste a occupé la fonction de chef du cabinet militaire du Premier ministre Raymond Barre d'octobre 1978 à septembre 1980.

de cet entretien, celui-ci m'avait recommandé d'accepter le poste. Toutefois, les semaines avaient passé sans plus de nouvelles, et j'avais quitté mon commandement à Toulon. C'est une fois installé à Paris qu'un soir un de mes fils m'a transmis un message : « On t'a appelé de l'Élysée, voilà le numéro. » C'était François de Grossouvre[3] qui me signifiait : « Le président souhaite vous voir prendre ces fonctions, passez au bureau. » J'avais déjà planifié un voyage privé dans le Connecticut et je lui ai demandé si je devais annuler. Quinze jours de délai n'étaient pas un problème, m'avait-il répondu, aussi avais-je maintenu mon déplacement. À mon retour, j'ai revu Grossouvre et, dans la foulée, j'ai eu un entretien à Latche chez François Mitterrand. Je lui ai réitéré mon innocence et ma méconnaissance de la Maison de l'intérieur. Et je me suis étonné qu'il s'adresse à moi pour ces fonctions. Il m'avait alors répondu : « Ne vous en faites pas, je vous connais, ça va bien… »

Mon voyage dans le Connecticut m'avait laissé le loisir de réfléchir à ce que j'ambitionnais d'entreprendre à la tête de la DGSE. 1° j'aspirais à établir (je ne dis pas « rétablir » mais bien « établir ») des relations de confiance avec le ministère des Affaires étrangères ; 2° je voulais remonter le niveau technique de la maison ; et 3° je voulais reconstituer le CIR[4] que j'avais connu quand j'étais à Matignon. Le président a été formel : « D'accord pour le un, d'accord pour le deux. Pour le trois : pas question, vous viendrez me voir personnellement et exclusivement. »

3. Conseiller du président François Mitterrand sur les dossiers de sécurité et affaires sensibles.
4. Comité interministériel du renseignement. Créé en 1959, le CIR était placé sous l'autorité du Premier ministre et il élaborait le Plan national du renseignement soumis au président de la République. Il a été remplacé en 2010 par le Conseil national du renseignement.

J'ai accepté cette charge dans ces conditions. J'ai fait le tour des gens que je connaissais du temps de Matignon et je me suis rapproché en particulier de l'excellent directeur de la DST Marcel Chalet[5] avec qui j'avais entretenu des relations de qualité dans les réunions du CIR. Cet homme remarquable, grand spécialiste de l'Union soviétique, avait fait toute sa carrière à la DST. Ses collaborateurs du contre-espionnage étaient de grands professionnels : ils tenaient à jour des fiches très complètes dont je n'ai trouvé aucun équivalent à la DGSE. J'ai organisé des déjeuners avec les principaux responsables de la DST pour me faire expliquer les choses, tout ça dans une bonne ambiance… Le départ de Chalet a été pour moi un très mauvais signe. Il a été remplacé par le préfet Bonnet[6] qui a voulu d'emblée imprimer sa marque en rupture de son prédécesseur. Cela dit, ni le président ni Chalet n'ont évoqué en ma présence l'affaire Farewell[7] dont je n'ai appris l'existence qu'en février ou mars de l'année suivante. J'aurais pu en être vexé, mais j'ai été avant toute chose impressionné par la connaissance des exigences du secret de la part du président Mitterrand. J'ai également revu Marenches et j'ai fait mon parcours d'initiation à partir du mois de novembre. J'ai tenu à faire une petite prise d'armes pour mon prédécesseur Pierre Marion[8] de façon à lui rendre hommage, de même

5. Marcel Chalet a dirigé la DST de 1975 à 1982.
6. Yves Bonnet a dirigé la DST de novembre 1982 à août 1985.
7. L'affaire Farewell constitue la plus importante opération de contre-espionnage offensif conduite par la DST au début des années 1980. La manipulation d'une source par le service français intérieur avait permis de percer l'identité de plus de 400 espions soviétiques et de récupérer des milliers de documents sensibles. Elle avait abouti à l'expulsion de France, le 5 avril 1983, de 47 agents des services soviétiques.
8. Pierre Marion a dirigé les Services extérieurs français de juin 1981 à novembre 1982. Dernier directeur du Service de documentation extérieure et de contre-espionnage (SDECE), où il succédait à Alexandre de Marenches, il est devenu le premier directeur de la Direction générale de la sécurité extérieure (DGSE), le 2 avril 1982. Il a été démis de ses fonctions en novembre 1982, son service étant mis en cause pour

que pour le patron du service action, le général Grillot, que j'ai honoré devant les troupes. Et mon discours, ma ligne de conduite avec le personnel de cette maison ont été : « Du calme et de la confiance. » J'ai clairement signifié que je jugerais les gens non pas sur ce qu'on pourrait venir me rapporter, mais sur leurs résultats propres. J'ai annoncé que nous allions professionnaliser les relations et j'ai appliqué un principe d'étanchéité totale : je ne voulais pas connaître les rumeurs.

Toujours dans cette même idée de reconstruire la maison, je n'ai pas voulu d'une structure classique avec un chef de cabinet et un directeur de cabinet, car j'y ai vu la source de beaucoup de rivalités que je souhaitais éviter. Mais, là encore, pour montrer qu'il y avait quand même continuité, j'ai conservé le même chef de cabinet. Le problème s'est posé très vite d'un directeur adjoint pour les affaires administratives et financières. Il y a eu alors une intervention de Gaston Defferre, alors ministre de l'Intérieur, répercutant d'ailleurs toutes les rumeurs de la « Maison Poulaga » qui militait activement pour avoir un allié dans la place. Et, finalement, j'ai été conduit, sous la pression qu'on a exercée sur moi, à prendre à mes côtés un homme rigide comme un fer de lampe mais de toute confiance : Philippe Parant, devenu par la suite patron de la DST[9]. Je n'ai pas eu à me plaindre de cette décision en ce sens qu'il a complètement rassuré sur ses domaines de compétence ; il participait évidemment aux réunions périodiques que je faisais avec mes grands adjoints, mais je ne l'ai pas

n'avoir pas su anticiper ni prévenir l'attentat de la rue des Rosiers perpétré le 9 août 1982. Il est revenu sur cette période dans un ouvrage publié en 1991 aux éditions Calmann-Lévy, *La Mission impossible. À la tête des services secrets* (réédition numérique en octobre 2015).

9. Philippe Parant a été secrétaire général de la DGSE de 1983 à 1986, puis a dirigé la DST de 1993 à 1997.

associé à la conduite opérationnelle du service. Cela m'a servi au moment de l'affaire du *Rainbow Warrior* lorsque les gens de sa maison, l'Intérieur, lui ont demandé ce qui s'était passé. Il a pu arguer qu'il ne savait rien puisque, en accord avec le principe défini par Mitterrand, je ne l'avais pas mis dans la confidence.

Voilà donc les premières choses que j'ai initiées... Je n'ai pas abusé de l'autorisation que le président Mitterrand m'avait donnée de venir le voir quand je le souhaitais, mais je lui remettais, avant de commencer toute conversation, une petite check-list (des titres simplement) des affaires en cours. C'est ainsi que l'on peut trouver dans les archives de l'Élysée le jour et l'heure où je lui ai parlé du *Rainbow Warrior*[10].

Il y avait un service de contre-espionnage à la DGSE, et précédemment au SDECE. Il était dirigé par le colonel Moreau, un homme sympathique mais qui était complètement imprégné de la doctrine antisoviétique et grand admirateur – je l'ai su beaucoup plus tard – de James Angleton de la CIA, qui voyait des espions partout[11]. J'ai manqué de perspicacité à son égard. Il avait dans son équipe un vieux briscard de la maison SDECE, qui avait une connaissance très avancée du milieu soviétique. Mais, et c'est un point important, la culture des officiers et des spécialistes du SDECE en matière d'espionnage et de contre-espionnage n'était pas comparable à celle des officiers traitants de la DST qui,

10. Navire amiral de Greenpeace, fer de lance de la protestation contre les essais nucléaires français à Mururoa, le *Rainbow Warrior* a été coulé par la DGSE dans le port d'Auckland (Nouvelle-Zélande) le 10 juillet 1985, causant la mort d'un photographe, membre de l'équipage, resté à son bord.

11. James Angleton a dirigé le contre-espionnage de la CIA de 1954 à 1974. Il a été démis de ses fonctions car son zèle extrême confinait à la paranoïa et il voyait des agents doubles partout, aux États-Unis comme à l'international. Il a ainsi soupçonné le SDECE d'être noyauté par le KGB et son directeur général de 1957 à 1962, le général Grossin, d'être un agent de Moscou.

en plus d'être de très grands professionnels formés à l'école de Chalet et de Nart[12], possédaient une culture judiciaire. Je n'avais pas, dans la DGSE, d'officiers de police judiciaire avec des exigences procédurales précises. La cellule Moreau, malgré son obsession antisoviétique, a quand même fait techniquement de bonnes choses en nous apportant directement des éléments très pertinents. Pour vous donner un exemple, j'ai été reçu par Jean-Paul II afin de lui communiquer des informations provenant de chez Moreau *via* la Hongrie, qui mettaient en évidence des vulnérabilités au Vatican. Le pape a tout de suite compris la portée de telles révélations.

Le terrorisme était déjà une préoccupation, mais très différemment d'aujourd'hui. Nous traitions essentiellement du terrorisme algérien. J'ai présidé à la fondation de l'UCLAT[13] qui m'a beaucoup satisfait. Enfin, nous disposions d'une structure qui permettait d'échanger avec les gens d'autres maisons sur ces affaires-là.

Le résidu d'Action directe[14] était un sujet de l'UCLAT, et un peu du contre-espionnage de la DGSE. Nous avons aussi eu à gérer les conséquences de l'attentat de la rue des Rosiers[15],

12. Raymond Nart a travaillé durant trente-deux années à la DST, où il a occupé la fonction de directeur adjoint de 1990 jusqu'à sa retraite en 1998. Grand spécialiste du contre-espionnage durant la guerre froide, il s'est confié aux journalistes Frédéric Poquin et Éric Merlen dans un ouvrage publié en 2003 chez Fayard : *Carnets intimes de la DST. 30 ans au cœur du contre-espionnage français*.

13. L'Unité de coordination de la lutte antiterroriste (UCLAT) a été créée par arrêté du ministre de l'Intérieur le 8 octobre 1984 pour coordonner l'action opérationnelle de ses services impliqués dans la lutte contre le terrorisme et faciliter le partage d'informations, y compris avec les magistrats antiterroristes et l'administration pénitentiaire.

14. Action directe était un groupe activiste français issu de la mouvance d'extrême gauche anarcho-communiste, que ses modes opératoires violents (attentats à la bombe, assassinats) ont qualifié comme terroriste (décret du 24 août 1982). De sa création en 1979 à l'arrestation de ses dirigeants en février 1987, Action directe a revendiqué plus de 80 actions violentes sur le territoire français.

15. Le 9 août 1982, une fusillade dans le restaurant Jo Goldenberg, rue des Rosiers, a fait 6 morts et 22 blessés.

qui n'était pas un sujet DGSE à proprement parler mais un sujet UCLAT. Nous n'avons pas travaillé sur les ramifications internationales de cet attentat alors que nous aurions pu nous emparer du sujet.

J'ai suivi les conflits du Liban où j'ai essuyé un grave échec. Nous avons monté une action de représailles à l'attentat du Drakkar[16], approuvée par le président de la République et complètement ratée dans son exécution. Pendant trente ans, il m'a semblé absolument incompréhensible que les plus grands spécialistes du service action n'aient pas correctement appuyé sur la commande qui aurait dû faire exploser la Jeep piégée postée devant le mur de l'annexe de l'ambassade d'Iran. C'est seulement beaucoup plus tard qu'un participant s'est expliqué, éclairant d'un jour nouveau l'épopée de l'équipe. Depuis leur départ du fort de Noisy, auquel j'avais d'ailleurs assisté, jusqu'à Beyrouth, ils avaient vécu une vie de fous, sans sommeil ni repos. Le véhicule n'ayant pas sauté comme cela était planifié, l'équipe a improvisé en tirant au bazooka sur la Jeep. L'incroyable anti-baraka a été que la roquette se loge dans le radiateur du véhicule. La seule réussite dans ce fiasco a été l'exfiltration de l'équipe, dans des conditions d'autant plus remarquables que nos hommes ont essuyé la détestation des parachutistes français meurtris par la tragédie. Dix jours plus tard, une seconde opération consistant à bombarder une caserne dans la plaine de la Bekaa[17] n'a pas connu meilleur dénouement. Au dernier moment, le président

16. Attentat perpétré le 23 octobre 1983 contre le contingent français de la Force multinationale de sécurité à Beyrouth ayant entraîné la mort de 58 parachutistes français. L'immeuble Drakkar qui abritait la force française a été soufflé par une explosion dévastatrice. Un attentat quasi simultané contre le contingent américain a causé la mort de 241 soldats.

17. En représaille contre l'Iran accusé d'être derrière l'attentat du Drakkar, 8 Super-Étendard ont décollé le 17 novembre 1983 du porte-avions *Clemenceau* à destination

Reagan a renoncé à mener une action commune avec la France et nous nous sommes retrouvés seuls avec notre porte-avions et nos équipes prêtes, que nous avons envoyées à l'assaut de la caserne. Laquelle avait été évacuée depuis vingt-quatre heures à la réception d'une information fournie par le Quai d'Orsay comme quoi on allait l'attaquer. Nos pilotes, au lieu de pouvoir lâcher leurs bombes, ont dû faire face à un mur de feu. Que nous n'ayons perdu ni avions ni hommes tient du miracle. Mais les exécutants de cette affaire-là ont eu ça très longtemps sur le cœur !

Par contre, nous avons quand même enregistré de bons résultats sur un autre théâtre : le Tchad. J'avais mis en place une cellule technique d'appoint à Bangui qui épaulait nos hommes au sol de l'autre côté de la frontière. Ces derniers étaient dotés de leurs propres moyens d'écoute et d'interception. Mais si certains systèmes de chiffrement s'avéraient trop résistants, nos hommes étaient là, en soutien proche et réactif.

Dès mon arrivée, j'ai voulu relancer deux questions urgentes : la relation avec le Quai d'Orsay et les besoins techniques du renseignement moderne.

L'ambiance a été d'emblée excellente avec Claude Cheysson, ministre des Affaires étrangères. Nous sommes convenus de nous réunir tous les deux mois en compagnie de ses principaux directeurs. Nous pouvions également monter une rencontre à la demande. J'ai pu établir des correspondances entre les patrons géographiques du Quai d'Orsay et leurs homologues à la DGSE.

Par ailleurs, il existait une structure de relations entre services alliés dénommée TOTEM qui marchait plutôt bien. J'ai aussi

---

de la plaine de la Bekaa, afin d'y bombarder la caserne Cheikh Abdallah, une position des gardiens de la révolution islamique et du Hezbollah.

hérité d'un Club de la Méditerranée, œuvre de Marenches, qui m'a permis d'avoir un bon réseau dans les pays concernés, à l'exception de l'Algérie qui était alors complètement prise en main par l'Allemagne de l'Est. Enfin, j'ai été reçu très gentiment à Langley[18] et je me suis très bien entendu avec le chef de poste de la CIA à Paris.

Un mot de l'indispensable modernisation de la DGSE. Dans le service de contre-espionnage que dirigeait le colonel Moreau, il y avait une pièce où trônait un instrument assez extraordinaire. C'était une espèce de machine à laver qui récupérait toutes les fiches écrites à la main. Sur demande, on faisait tourner le « grand bidule » et on allait chercher la fiche requise. Il n'y avait pas un seul traitement de texte, rien. Mais j'ai trouvé, dans l'héritage de Pierre Marion, un remarquable ingénieur des télécommunications qui a été le premier à comprendre ce que je voulais faire : un système assez centralisé en relation avec des antennes locales. Tout en prenant en compte les questions de sécurité que je connaissais déjà bien. Il m'a aidé à remettre de l'ordre et de la sérénité, bien nécessaires après l'époque Marion (pour vous illustrer mon propos, celui-ci avait confié à une société britannique la mise à jour de l'informatique de la DGSE !).

J'ai également trouvé dans la maison un noyau technique intéressant composé de gens de bonne qualité qui avaient l'habitude de réaliser les écoutes. En particulier, j'ai découvert en Alsace une excellente station animée par une équipe qui œuvrait dans le sens de ce que je cherchais à faire, malgré des conditions matérielles très pénibles. Je m'en suis ouvert au chef d'état-major

18. Siège de la CIA, situé à une quinzaine de kilomètres à l'ouest de Washington DC.

de l'armée de terre, le général Imbot[19], qui a bien compris mon projet, et nous avons construit une structure moderne dans le sud de Strasbourg pour remplacer ces locaux vétustes.

Si j'arrivais aujourd'hui à la tête de la DGSE, j'hériterais d'une situation mille fois plus satisfaisante que celle que j'ai pu connaître ! À titre personnel, je trouve que le premier coordonnateur national du renseignement, Bernard Bajolet[20], qui est parti ensuite diriger la DGSE, a fait un travail remarquable. Il a su capitaliser sur le travail d'information et d'échange qui a abouti au premier *Livre blanc sur la défense et la sécurité*[21].

Sur un plan plus général, je réfléchis depuis plusieurs années aux conditions d'une future renaissance. Les jeunes générations m'impressionnent par leur inventivité et leur engagement. L'humanité est en train de faire sauter les anciens verrous, portée par ces énergies qui souhaitent construire l'avenir sans avoir rien oublié des leçons de l'histoire.

---

19. Le général René Imbot a succédé à l'amiral Pierre Lacoste à la tête de la DGSE qu'il a dirigée de septembre 1985 à décembre 1987.
20. Bernard Bajolet a été nommé coordonnateur national du renseignement le 23 juillet 2008, le premier dans cette fonction qu'il a quittée en février 2011 pour devenir ambassadeur de France en Afghanistan. Il a ensuite dirigé la DGSE du 11 avril 2013 au 20 mai 2017.
21. *Livre blanc sur la défense et la sécurité nationale*, vol. 1 : *Le Livre blanc* ; vol. 2 : *Les Débats*, Odile Jacob/La Documentation française, 18 juin 2008.

Rémy Pautrat

Directeur de la surveillance du territoire (DST)
du 1er août 1985 au 9 avril 1986

ENTRETIEN DU 19 SEPTEMBRE 2016

J'ai gardé un souvenir fort de mon installation à la DST le 1er août 1985. Le climat qui entourait mon arrivée était exécrable. Je succédais à Yves Bonnet, un ami, très apprécié dans la maison, auréolé du prestige de la célèbre affaire Farewell[1]. Il venait de la conclure en faisant expulser une cinquantaine de personnels de l'ambassade d'URSS à Paris, dont les activités d'espionnage au détriment de la France avaient été établies de façon incontestable. Malheureusement, Yves Bonnet était démis de ses fonctions à la suite d'un entretien accordé au *Monde* et consacré précisément à l'affaire Farewell, dont le cabinet du ministre Pierre Joxe disait qu'il n'avait pas été autorisé, ce que contestait Yves Bonnet qui fut nommé préfet du Finistère.

1. Voir note 7, p. 41.

L'atmosphère, on l'imagine, était très pesante et l'éviction du directeur ressentie comme une grave injustice. Mon cursus n'incitait guère à la détente. En effet, avant ma nomination comme préfet des Hautes-Alpes où j'étais en poste lorsque je fus appelé à la DST, j'avais été depuis l'alternance de 1981, et pendant trois années, chef du cabinet de Claude Cheysson, ministre des Relations extérieures du premier gouvernement nommé par le président François Mitterrand. Le ministre avait la réputation d'être « tiers-mondiste », ce qui n'était pas particulièrement apprécié à la DST. En outre, son conseiller pour les affaires des pays de l'Est, Harris Puisais, suscitait les plus sérieuses réserves du service de contre-espionnage pour lequel il était pratiquement un agent d'influence soviétique. Et j'avais été membre de ce cabinet pendant trois ans ! Ambiance...

Un de mes prédécesseurs à la DST alla jusqu'à communiquer une dépêche à l'AFP qui faisait de ma nomination à la tête du contre-espionnage, compte tenu de mes antécédents, une véritable « atteinte à la sûreté extérieure de l'État ». Alain Madelin déclara à la télévision que cette nomination était un « cadeau à Gorbatchev ».

Ma prise de poste aurait pu se présenter de meilleure façon, et je ressentais physiquement la tension qui accompagnait mon arrivée à la DST. Un membre de l'état-major, qui allait devenir un véritable ami au fil du temps, m'annonça même qu'il refuserait d'exécuter une mission hostile aux services alliés si je décidais d'en engager une. Je m'efforçai de le rassurer en lui indiquant que je n'en avais pas l'intention, *a priori*, et que nous accomplirions notre mission comme elle devait l'être, c'est-à-dire au service des intérêts de la France.

De fait, on peut se demander ce qui avait conduit à me choisir pour ce poste. Claude Cheysson me le révéla. Lors d'un entretien avec le président Mitterrand, celui-ci lui avait fait part de sa décision de se séparer d'Yves Bonnet, suite au funeste article paru dans *Le Monde* sur Farewell. Le président souhaitait un successeur manifestant une ouverture sur la relation de la France avec l'étranger. C'est ainsi que Claude Cheysson lui proposa mon nom, qui fut accepté, et le ministre Pierre Joxe ratifia ce choix.

Je quittai mon poste de préfet à Gap le soir même de ma nomination en Conseil des ministres et me présentai au ministre de l'Intérieur le jeudi matin à 8 heures.

Le président de la République me reçut et m'assena d'emblée un direct : « Monsieur le préfet, votre direction ne m'aime pas, et depuis longtemps. » Je me sentais en confiance ! Et il ajouta : « Dans cette affaire Farewell, la DST a été manipulée par la CIA, elle n'était qu'un sous-traitant. Je vous demande de me faire un rapport précis sur son rôle exact. » Gilles Ménage, le directeur de cabinet, me confirma la commande du président. Le rapport que j'établis était en tout point identique à celui qu'avait produit Yves Bonnet car la DST était bien à l'origine de l'affaire Farewell et nullement l'instrument du service de renseignement américain. Mon premier rapport n'ayant pas répondu aux attentes, on me demanda de le reprendre, ce que je fis, dans les mêmes termes, suscitant de ce fait une réprobation courtoise mais ferme. La demande ne fut pas renouvelée.

Mais ma relation avec la présidence de la République allait connaître une autre raison de dégradation. Je découvris qu'il existait à la DST une « brigade du chef ». Elle recueillait, dans l'ensemble de la direction, informations et renseignements concernant les activités de personnalités diverses auxquelles la présidence accordait de l'intérêt, mais sans aucun rapport avec la mission de contre-espionnage dévolue à la maison. Chaque semaine, la direction rencontrait le directeur de cabinet du président de la République et lui remettait la production.

Pour ce qui me concerne, il était hors de question de consacrer les moyens de ma direction à la recherche et la fourniture de renseignements à caractère privé. Je décidai donc sur-le-champ la dissolution de cette brigade et la réintégration des personnes dans les divisions opérationnelles, privant ainsi l'Élysée d'une documentation à laquelle on attachait beaucoup d'importance. L'explication fut orageuse, mais je maintins ma position comme je renonçai à quelques facilités téléphoniques en usage. Et je décidai de transmettre au procureur de la République une part du dossier de l'affaire dite des « Irlandais de Vincennes[2] », dont la DST avait eu connaissance mais qu'elle n'avait jamais transmis à la justice, comme elle aurait dû le faire, et qu'elle dissimulait sur ordre.

Je dois dire qu'en ces circonstances qui donnèrent lieu à des échanges d'une très grande intensité verbale, le soutien du ministre Pierre Joxe fut total. Il n'était pas informé de ces pratiques et il m'appuya sans réserve pour y mettre un terme. Il portait une trop haute idée du service de l'État pour les tolérer dès lors qu'il en avait connaissance.

Mais, à l'évidence, ma relation de confiance avec le cabinet du président était brisée quelques jours seulement après mon installation. J'en étais affecté car j'étais en lien d'amitié avec

---

2. Scandale d'État d'août 1982 impliquant la « cellule antiterroriste » tout juste créée par le président Mitterrand et dirigée par Christian Prouteau, sur fond de traque contre les soutiens de l'IRA (Irish Republican Army) en France.

la plupart de mes interlocuteurs élyséens, mais je ne pouvais transiger sur ces principes, quoi qu'il en coûtât.

À la DST, l'ambiance changea du tout au tout presque immédiatement. Les positions que j'avais prises, la suppression de la « brigade du chef », qui était mal perçue dans la direction, modifièrent la perception initiale que l'on avait du nouveau directeur et nous commençâmes un travail commun dans la confiance et la sympathie qui ne furent jamais démenties pendant mon passage.

J'ai conservé aussi le souvenir, peu de temps après mon arrivée, d'une demande, double, que me fit Pierre Joxe. Il voulait connaître le contenu de son dossier à la DST et la vérité sur l'affaire dite des « écoutes du *Canard enchaîné*[3] ». Il était curieux de savoir.

Je m'employai à le dissuader de donner suite à ces demandes. En lui expliquant d'abord que les « écoutes du *Canard* » étaient un souvenir pénible pour la direction et que, de toute façon, le dossier qui lui serait présenté avait dû être expurgé depuis longtemps et ne devait contenir que des pièces sans intérêt. La consultation que j'effectuai pour mon compte me donna raison. Quant à son dossier personnel, je tins le même discours à Pierre Joxe : il n'y aurait certainement pas de révélations dans les documents qu'il souhaitait consulter, et j'avais l'intime conviction que toutes les dispositions avaient été prises pour rendre le dossier parfaitement présentable au ministre, comme celui qui fut donné en son temps à Gaston Defferre. Pierre Joxe en convint et se rangea à mes arguments. Il n'insista pas pour obtenir communication des pièces qu'il voulait examiner. Dans ce cas aussi, il montrait qu'il savait où se trouvait l'intérêt de l'État et il renonça sans état

3. Scandale remontant à 1973 et ayant impliqué, alors, de faux plombiers de la DST.

d'âme à faire prévaloir sa préférence personnelle. Et, en agissant ainsi, il m'évitait d'être placé dans une situation délicate à un moment où je gagnais peu à peu la confiance de « ma maison ». Il le comprit très bien.

Sur le fond, je fis part rapidement au ministre de mon étonnement que la DST ne disposât pas d'un plan de recherche donné par le gouvernement, fixant les objectifs, définissant les moyens. La DST déterminait elle-même son plan de travail, défini par la hiérarchie, le redoutable « état-major » dont le ministre de l'Intérieur souhaitait d'ailleurs le renouvellement après les fuites de l'affaire Farewell dans la presse. Il en tenait rigueur non seulement au directeur de l'époque, mais aussi à l'« état-major ». Je lui fis part de ma conviction que le problème urgent à traiter n'était pas celui du remplacement des hommes mais de l'implication beaucoup plus forte du gouvernement dans la définition d'une politique nationale de contre-espionnage. C'est au politique qu'il appartient de fixer un cap en matière de renseignement ; ce n'est certainement pas aux services de s'autodiriger.

Je lui proposai de me donner mandat pour lui remettre dans les deux mois un projet de réorganisation de la DST. Il accepta et nous avons travaillé, beaucoup, en groupes spécialisés avec l'ensemble des personnels pour définir ce que pourrait être la « nouvelle DST ». Le rapport remis au ministre prit le nom de *Réflexion sur une stratégie de la riposte*.

C'est à partir de ces travaux que j'ai créé la « division T » spécialisée dans l'antiterrorisme. J'avais souhaité la constitution de cette unité pour séparer en deux la sous-direction du contre-espionnage dans laquelle l'antiterrorisme était jusqu'alors fondu. Raymond Nart, père de Farewell et personnage considérable à la DST[4], conserva le CE et Jean-François Clair, son adjoint, prit la direction de la division T.

Dans le même temps, nous avons redonné vie à la division du « renseignement de contre-ingérence » qui avait été supprimée pour des raisons que j'ignore. Sa mission était la surveillance des activités des services alliés et amis sur le territoire national. On peut avoir des amis... sans être naïf !

Sur la proposition de Raymond Nart, nous avons également créé la division des « contacts opérationnels de contre-espionnage », sur laquelle je ne donnerai pas de détails en raison du caractère extrêmement sensible de ses activités et de ses méthodes. Je ne sais si elle existe encore.

Une des réalisations les plus novatrices et prometteuses, issue de la *Réflexion sur une stratégie de la riposte*, fut la création du « comité scientifique et technologique ». Pour la première fois, la DST se dotait d'un organisme de conseil composé de spécialistes n'appartenant pas au monde du renseignement. Universitaires, chercheurs, chefs d'entreprise, etc., apporteraient leur expertise pour aider à mieux orienter nos recherches dans les domaines scientifiques et technologiques. La société civile pénétrait dans un service de sécurité. C'était un changement culturel très important, dont la DST tira un réel avantage sur le plan opérationnel.

Il n'est pas utile d'énumérer davantage les autres propositions contenues dans le rapport, mais les trois exemples ci-dessus démontrent, je crois, l'esprit d'innovation qui a guidé les travaux. L'amélioration de la coordination du renseignement, notamment

4. Voir note 12, p. 44. Raymond Nart a livré sa version du rôle de la DST dans l'opération de contre-espionnage dans un ouvrage coécrit avec le commissaire Jacky Debain (et Yvonnick Denoël) paru en mai 2013 : *L'Affaire Farewell vue de l'intérieur*, Nouveau Monde Éditeur.

par une collaboration beaucoup plus étroite et active entre DGSE et DST, ne fut pas oubliée et c'est à cette époque que fut proposé, pour la première fois, l'échange de personnels d'état-major entre les deux grands services de renseignement. La DGSE recevrait un ou deux représentants de la DST et celle-ci accueillerait de façon permanente des officiers du service de renseignement extérieur.

Proposer le renforcement des liens DGSE/DST n'était alors pas chose facile : nous étions dans les tourments de l'affaire du *Rainbow Warrior*[5]. L'amiral Lacoste avait démissionné, remplacé par le général Imbot qui jugeait très sévèrement la fourniture de renseignements par la Direction centrale de la police judiciaire, dépendant organiquement du ministère de l'Intérieur, à la justice néo-zélandaise qui enquêtait sur l'attentat perpétré contre le bâtiment de Greenpeace dans le port d'Auckland. Le directeur général de la sécurité extérieure refusait de participer aux réunions organisées Place Beauvau[6] et, de mon côté, j'avais été fermement encouragé à suspendre les relations avec le service de renseignement ! En fait d'amélioration de la coordination entre nos services, on ne pouvait mieux faire !

Nous avons néanmoins maintenu les contacts et le général Imbot et moi-même avons pris l'habitude de nous retrouver au petit déjeuner, de façon presque conspirative, chez l'un de nos collaborateurs. Nous avons pu de cette façon préserver l'indispensable coopération entre nos services dans un contexte éprouvant et où l'intérêt national ne trouvait pas son compte.

La coordination du renseignement n'est pas une donnée immédiate du comportement de nos services en France. C'est un combat de tous les instants qui conditionne en grande partie

5. Voir note 10, p. 43.
6. Au ministère de l'Intérieur.

l'efficacité de notre politique de renseignement, plus indispensable que jamais en cette période où le terrorisme islamiste est d'une agressivité féroce.

La difficulté tient à la conception française de la nature du renseignement. Ce ne sont pas des matières à partager dans l'intérêt général mais des enjeux de pouvoir. Cela explique en grande partie l'extrême difficulté à les faire circuler.

Je me rappelle l'étonnante mise en scène à laquelle donnait lieu en 1985-1986 le Comité interministériel de lutte antiterroriste (CILAT) présidé par le ministre de l'Intérieur. Le CILAT comprenait l'ensemble des directeurs de cabinet des ministres régaliens : Défense, Justice, Affaires étrangères… Il devait être le lieu privilégié d'échanges de renseignements sur les menaces et activités terroristes. Ce qu'ignoraient les autres participants à cette réunion de haut niveau, c'est qu'auparavant se tenait au ministère de l'Intérieur, un « pré-CILAT » au cours duquel les directeurs des services actifs de police et le préfet de police faisaient le tri des renseignements qui pourraient être communiqués (les moins importants) et ceux dont la sensibilité excluait bien entendu qu'ils fussent partagés avec les autres départements ministériels auxquels, par définition, on ne pouvait accorder qu'une confiance limitée.

Pour dissimuler notre coupable et préalable activité de sélection, lorsque le pré-CILAT était terminé, nous quittions Beauvau pour y revenir en voiture une heure plus tard, en même temps que les autres membres du comité, de façon à ce qu'ils ne puissent soupçonner que nous avions déjà délibéré avant la réunion plénière présidée par le ministre ! Délirant !

Mais ce que le ministre ignorait jusqu'à ce que je lui en fasse la révélation, c'est que le pré-CILAT était lui-même précédé d'une réunion de sélection dans chaque direction de police active. À la DST, nous choisissions en réunion d'état-major les renseignements que nous estimions possible de communiquer aux autres directeurs de la Direction générale de la police nationale. Il était hors de question de faire profiter les Renseignements généraux, par exemple, des renseignements les plus sensibles dont disposait la surveillance du territoire. Et nous savions que les RG et la préfecture de police procédaient de la même façon à notre égard !

Lorsque j'informai le ministre de cette pratique, qui ne favorisait guère les succès opérationnels, je vis sur son visage l'étonnement et une forme de grande lassitude, mais il ne manifesta pas de colère. Plutôt de la résignation devant une fatalité qu'il était sans doute impossible de vaincre.

L'activité de la DST prit une autre ampleur à l'automne 1985 lorsque survinrent les attentats commis par le Comité de soutien aux prisonniers politiques arabes (CSPPA). La maison était totalement mobilisée pour démanteler la filière. Et nous disposions, en plus d'un personnel excellemment formé et motivé, d'un véritable atout en la personne de Philippe Rondot[7] que nous avions recruté et soustrait à la DGSE. La France doit beaucoup à cet éminent connaisseur de la zone proche-orientale, qui a permis l'arrestation puis le jugement du terroriste Carlos[8] quelques années plus tard.

---

7. Personnage majeur du renseignement français, plusieurs fois cité dans cet ouvrage, le général Philippe Rondot a officié pour le SDECE, la DST et comme conseiller pour le renseignement et les opérations spéciales (CROS) auprès de plusieurs ministres de la Défense.
8. Ilich Ramírez Sánchez, *alias* Carlos ou le Chacal, est un terroriste de nationalité vénézuélienne, auteur de nombreux actes de terrorisme dans les années 1970 et 1980. Après des années de cavale, la DST est parvenue à l'enlever à Khartoum, au Soudan, pendant une opération de chirurgie plastique, et à le rapatrier en France où il purge toujours une peine de prison pour ses différents crimes.

Nous n'avions pas « senti » venir les attentats du CSPPA, qui allaient marquer Paris de façon dramatique – FNAC[9], Point Show[10] – et culminer avec l'attentat contre le magasin Tati, rue de Rennes[11]. En contact étroit avec des services étrangers et en particulier algériens, nous orientâmes nos recherches vers la mouvance islamiste radicale, en particulier le foyer Ahl al-Beit au Kremlin-Bicêtre. Ce que nous tenions en revanche pour une certitude, c'était le téléguidage de ces opérations meurtrières par une puissance étrangère. Le terrorisme de cette époque, à la différence de celui que nous combattons aujourd'hui, trouvait son explication dans la rationalité des États. L'identification se faisait donc assez facilement.

C'est dans ces moments-là que la coordination interservices doit être au maximum. Une anecdote, très révélatrice, montre qu'il n'en était rien. En visite chez le directeur de cabinet du ministre des Affaires étrangères qui s'était absenté quelques instants de son bureau, j'aperçus un télégramme qui faisait le point sur la négociation pour la libération de nos otages au Liban. La DST ne possédait pas ce document dont disposait le ministre des Affaires étrangères, probablement remis par la DGSE. Il y était fait mention de la difficulté dans laquelle se trouvaient les négociateurs qui traitaient pour le compte des ravisseurs, et une phrase du télégramme retenait tout de suite l'attention : « Mais comment allons-nous expliquer que Morqi s'est envolé de sa cage ? »

---

9. L'explosion d'une bombe à la FNAC du Forum des Halles à Paris le 5 février 1986 fit 9 blessés.
10. L'explosion d'une bombe dans la Galerie Point Show des Champs-Élysées le 20 mars 1986 fit 2 morts et 29 blessés.
11. L'explosion d'une bombe devant le magasin Tati de la rue de Rennes à Paris le 17 septembre 1986 fit 7 morts et 55 blessés.

Profitant de son absence et avant son retour, je fis au plus vite une photocopie du document que détenait le directeur de cabinet de Roland Dumas et la ramenai à la DST. Après examen par un universitaire spécialiste des langues rares, il apparut que le terme « morqi » signifiait certainement l'« âme ». On pouvait donc en conclure, au mois de décembre 1985, que « l'âme d'un otage s'était envolée », c'est-à-dire qu'il était mort.

L'information était majeure et justifiait que la communauté du renseignement en fût informée dans son ensemble. Malheureusement, seul le ministère des Affaires étrangères et la DGSE en disposaient. Et sans mon prélèvement frauduleux, ni la DST ni le ministère de l'Intérieur, auquel je remis le document, n'en auraient été informés. Nous savions qu'un des otages avait perdu la vie et c'est plus tard que nous avons appris qu'il s'agissait de Michel Seurat.

Les attentats du CSPPA se succédaient et je proposai alors à Pierre Joxe de lancer une vaste opération dans les milieux connus pour leur fondamentalisme religieux, peu développés à cette époque. Le président de la République donna son accord mais fit part de ses réserves devant une opération qui serait la plus importante depuis la guerre d'Algérie et dont les résultats étaient incertains. Ses arguments étaient pertinents, mais nous étions déterminés à lancer le filet et à voir ce qu'il nous ramènerait.

Dans l'immédiat, l'opération « Ardoise », de son nom de code, ne permit pas d'enregistrer des résultats spectaculaires et pourtant, parmi ce qui fut recueilli dans le filet, se trouvait la clé qui allait rendre possible le démantèlement du réseau Fouad Ali Saleh[12],

12. Terroriste de nationalité tunisienne, logisticien des attentats commandités par le Hezbollah commis en France entre décembre 1985 et septembre 1986 et revendiqués au nom du CSPPA.

que dissimulait le sigle CSPPA. En l'occurrence, il s'agissait de la source Lotfi, un informateur que les services de la DST en province purent « accrocher » et qui livra finalement le réseau, permettant de le mettre hors d'état de nuire.

Il y eut d'autres rebondissements dans cette affaire du CSPPA et notamment l'expulsion retentissante de Wahid Gordji[13], en poste à l'ambassade de la République islamique d'Iran, ou encore le simulacre d'exécution de notre malheureux compatriote Michel Seurat que revendiqua le Jihad islamique en représailles à l'opération menée en France, alors qu'il était déjà mort. L'impact médiatique de cette macabre mise en scène fut considérable.

Et, dans le même temps, un redoutable groupe terroriste, le Fatah-CR, plus connu sous le nom d'Abou Nidal[14], voulut profiter du contexte pour obtenir la libération de deux de ses membres détenus à la maison centrale des Murets près de Toulouse et condamnés à de lourdes peines pour l'assassinat à Paris du délégué de l'OLP Ezzedine Kalak[15]. Faute de cette libération, très anticipée, Abou Nidal menaçait de frapper la France et d'y commettre des attentats. Il est facile d'imaginer que de nouveaux attentats auraient puissamment aggravé l'angoisse de la population déjà traumatisée par ceux du CSPPA.

---

13. Officiellement traducteur à l'ambassade d'Iran à Paris et officieusement son numéro deux, Wahid Gordji s'est trouvé au centre de tensions diplomatiques très vives entre la France et l'Iran à la fin de l'année 1987. Refusant d'être auditionné par le juge Boulouque dans le cadre de son enquête sur les attentats de 1985 et 1986, il demanda la protection diplomatique de l'Iran et fut finalement expulsé fin novembre 1987, au terme d'une négociation complexe dont l'enjeu était la libération de deux otages français détenus par le Hezbollah.

14. Le Fatah-Conseil révolutionnaire avait été créé en 1974 par Sabri Khalil al-Banna, connu sous le nom de guerre Abou Nidal, en réaction à la politique du Fatah.

15. Représentant de l'Organisation de libération de la Palestine à Paris, Ezzedine Kalak a été assassiné, avec son assistant, dans son bureau à Paris le 5 août 1978.

Un débat s'engagea au niveau gouvernemental, certains s'opposant fermement à cette libération qui aurait paru être une concession aux revendications d'un groupe terroriste, d'autres faisant valoir que la population supporterait difficilement de nouvelles vagues d'attentats et qu'il convenait d'élargir et d'expulser les deux détenus pour les éviter. Le président François Mitterrand changea plusieurs fois d'avis, balançant entre la libération et le maintien en détention. En définitive, les deux membres du groupe Abou Nidal furent libérés et ils regagnèrent la Libye où leur chef était installé. Leur sortie du territoire français, qui ne pouvait évidemment s'effectuer par les voies normales, fut assez compliquée et même rocambolesque.

Pendant la lutte contre le CSPPA, des opérations secrètes, remarquables à bien des égards, furent organisées par la DST. Il ne peut en être fait état ici mais elles contribuèrent activement à la protection des intérêts de la France et de sa population.

Avec le recul, je pense que nous n'avons peut-être pas suffisamment exploité ce que nous étions parvenus à connaître et à comprendre de l'islamisme radical dans l'action contre le CSPPA. Le réseau Fouad Saleh démantelé, le commanditaire identifié, nous pensions en quelque sorte en avoir terminé. En fait, ce n'était que le commencement de l'histoire qui revêt maintenant un aspect global et dramatique et dont la nature et l'ampleur future nous ont échappé à cette époque.

Je voudrais ajouter que le contre-espionnage n'a pas été oublié, au contraire. J'ai tenu à cette séparation contre-espionnage/antiterrorisme, parce qu'il me semblait nécessaire de maintenir et de développer ce qui était, de mon temps, une véritable école française de contre-espionnage et de ne pas la mélanger avec l'antiterrorisme.

J'ai eu à traiter un cas incomparablement plus modeste que Farewell qui est une référence mondiale. Nous avons ciblé le GRU[16], dont quelques membres à l'ambassade d'URSS en France ont été expulsés après que leur relation avec un Français agissant pour les intérêts soviétiques eut été établie (affaire Sourisseau).

Mon passage, bref, à la DST fut l'une des phases les plus marquantes de ma vie, au-delà même de la sphère professionnelle, car je me suis trouvé confronté à des choix éthiques extrêmement forts.

À la lumière de mon expérience, qui s'est s'approfondie après la DST comme conseiller pour la sécurité auprès du Premier ministre Michel Rocard, puis en qualité de secrétaire général adjoint de la Défense nationale, en charge des questions de renseignement, je crois que trois thèmes sont fondamentaux dans le contexte actuel.

La coordination

Il existe désormais un coordonnateur national du renseignement. Dans mon esprit, ce n'est pas un « super-chef » du renseignement mais plutôt l'animateur du « club » que constitue la communauté du renseignement. Ce rôle doit lui être vraiment reconnu et il n'est pas secondaire. Les plus hautes autorités politiques ont besoin d'un collaborateur qui soit à la synthèse, ayant une vue complète sur ce qui est « fermé » et « ouvert ». Qui puisse être en permanence en situation d'anticipation, de « veilleur », pour développer l'état d'esprit du « coup d'avance ». Car c'est cela qui comptera de plus en plus. Il ne s'agit pas de

16. Service de renseignement militaire de l'armée soviétique, puis russe.

réagir, car alors il est trop tard, mais d'agir en « offensif ». Et d'être conscient que l'on ne gagne jamais seul.

La coordination est difficile, quoiqu'en progrès. Il faut sans cesse la renforcer et peut-être la simplifier en reconsidérant l'organisation dans son ensemble. Le nombre d'organismes, de comités, impliqués dans les questions de sécurité nationale est très important. Un effort de simplification ne serait-il pas opportun ?

L'investissement humain

Il ne s'agit pas seulement des personnels des services mais du recrutement de sources. Un investissement massif et nécessaire a été accompli dans le domaine technologique : une mise à niveau s'imposait. Elle est pratiquement acquise. Il faut donc insister maintenant sur le recrutement de sources humaines qui sont fondamentales. Les exemples récents et dramatiques des attentats à l'initiative de l'État islamique démontrent que cet apport humain fait trop souvent défaut. Dans un grand nombre de quartiers sensibles, on ne connaît plus les familles, les jeunes, les sources manquent. Un plan de recrutement de sources en France et à l'extérieur est une urgence absolue.

L'ouverture à la société civile

Je suis convaincu de l'intérêt de la pluridisciplinarité et du multisectoriel dans l'évolution du renseignement. Je n'ai pas oublié le profit que la DST a tiré de la création du comité scientifique et technologique ouvert aux experts de la société civile. Dans la réforme du Comité interministériel du renseignement de 1989, nous avions prévu la création de comités d'experts auprès des ministres de souveraineté, précisément pour apporter un éclairage nouveau. Ils n'ont jamais été créés. C'est dommage.

Plus que jamais, le renseignement a besoin de la société civile et de l'expertise qu'elle peut apporter. En termes d'efficacité opérationnelle, je ne doute pas des avantages que cette approche ouverte et pluridisciplinaire permettra d'obtenir.

Mieux comprendre pour mieux agir. Au fond, c'est cela l'objet du renseignement. Il faut, malgré la difficulté, tracer un cap dans un monde complexe, presque imprévisible, où tout se joue si vite : cyberespace, guerre économique, économie numérique… La DST m'a enseigné la pertinence de cette phrase du général MacArthur : « Les batailles perdues se résument en deux mots : trop tard. » La clé du succès sera toujours l'anticipation, voir loin et devant. Cela suppose sans doute, dans notre pays, de vrais changements culturels : briser l'esprit de routine, penser l'inimaginable, être offensifs.

Anticiper, investir dans l'humain, ouvrir sur la société civile, voilà trois thèmes qui me semblent, comme hier, toujours d'actualité et qui doivent constituer des champs de réflexion et d'action pour ceux qui œuvrent à la sécurité nationale.

Général d'armée aérienne François Mermet

Directeur général de la sécurité extérieure (DGSE) du 2 décembre 1987 au 23 mars 1989

ENTRETIEN DU 23 JANVIER 2017

Je suis arrivé à la DGSE le 1er janvier 1988 dans des circonstances politiques et géostratégiques très particulières, à la fin de la cohabitation gauche-droite, sur proposition du ministre de la Défense André Giraud. Le ministre avait apprécié la réorganisation de la DIRCEN[1] qui m'avait été confiée par ses prédécesseurs et qu'il avait lui-même finalisée. Nous étions en pleine période de prise d'otages et d'attentats, au Liban comme sur le territoire national. De plus, c'était le moment où se développait un terrorisme islamiste issu de la guerre d'Afghanistan. Enfin, déconsidérée politiquement par l'affaire du *Rainbow Warrior*[2], la DGSE était regardée avec méfiance par le pouvoir politique

1. Direction des centres d'expérimentations nucléaires.
2. Voir note 10, p. 43.

et devait, avec des moyens insuffisants et en partie inadaptés, se transformer pour affronter ces nouvelles menaces.

J'eus un entretien avec le président François Mitterrand le 14 janvier 1988 ; son diagnostic était sévère : « La DGSE ne m'a jamais donné satisfaction, voyez le Tchad ou le Liban… La maison est piètrement commandée. Les opérations sont mal conçues et mal conduites. La production est faible. J'ai pensé la dissoudre. En tout cas, il faut la reconstruire. Il faut voir à obtenir des personnes de qualité, des civils aussi, des professionnels. Je n'admettrai pas de façon durable d'être coupé de l'information. Les relations entre les services extérieurs et intérieurs, DGSE et DST fonctionnent mal : la DST empiète régulièrement hors de ses frontières. Les directeurs généraux ont tendance à vaticiner ; à l'instar de Marenches et même de Lacoste, ils refont la politique étrangère. »

Une première période de six mois et demi s'est ouverte de mon arrivée à la DGSE à la formation du gouvernement Rocard le 24 juin 1988. Je n'ai pas été reçu en audience par Jacques Chirac alors Premier ministre. Je l'ai toutefois rencontré brièvement après l'assassinat, le 2 février 1988, de Jean-Pierre Maranzana, notre agent à Beyrouth. Chirac fit une brève apparition lors d'une réunion qu'il avait fait organiser par Maurice Ulrich, son directeur de cabinet, pour enjoindre le rapatriement urgent de nos personnels. « Ramenez vos gens avant qu'ils ne soient tués ou ne viennent gonfler le nombre de nos otages ! », me dit-il. L'apport de la DGSE aux autres services, aux militaires et à l'ambassade de France au Liban était tel qu'il n'y eut pas de suite…

Avant de recevoir les directives du président le 14 janvier, j'avais reçu mes premières instructions du ministre de la Défense qui m'avait chargé de réorganiser le fonctionnement de la maison, d'écarter les éléments douteux ou incompétents et de me séparer de Pierre Léthier, qui avait été le chef de cabinet de deux de mes prédécesseurs (l'amiral Lacoste et le général Imbot). La passation des consignes fut assez succincte avec le général Imbot, mais j'eus un entretien plus approfondi avec l'amiral Lacoste[3]. Mon coffre était quasiment vide, sauf un Plan de recherche du renseignement établi par le secrétariat général de la Défense nationale et vieux de quinze ans... C'était une liste d'objectifs à atteindre et d'actions à entreprendre sans la moindre indication des moyens pour y parvenir !

Nous étions alors en pleine affaire de la libération de nos otages au Liban ce qui, à l'approche des élections de mai 1988, induisait une compétition interne dans laquelle le ministre de l'Intérieur Charles Pasqua avait très nettement pris la main au sein du gouvernement. Il menait personnellement les tractations sur la libération des otages et il fut d'ailleurs accusé par la gauche d'avoir retardé leur libération tandis que le président nous reprocha de ne pas l'avoir suffisamment informé. M. Pasqua souhaitait que la DGSE recrute M. Marchiani[4] et son équipe, ce qu'avait refusé le général Imbot compte tenu du passé plus que sulfureux du personnage ! Je fus convoqué à une réunion Place Beauvau durant laquelle M. Pasqua expliqua qu'on l'accusait à tort de vouloir être le « ministre de l'Extérieur ». Comme le

3. Voir l'entretien accordé aux auteurs par Pierre Lacoste, p. 39.
4. Proche de Charles Pasqua, ancien officier du SDECE dans les années 1960, Jean-Charles Marchiani a joué les intermédiaires lors de négociations pour la libération d'otages, notamment au Liban.

ministre Giraud lui avait dit que la DGSE était en convalescence après le *Rainbow Warrior*, il proposait simplement ses propres réseaux pour aider à la manœuvre… Anticipant l'objection de la mauvaise réputation de ses affidés, il ajouta : « On ne fait pas ce métier avec des enfants de chœur ! » Je lui dis être prêt à apporter mon soutien à ses gens et à leur signer un contrat s'il leur arrivait malheur, mais je ne souhaitais pas les intégrer au sein de la DGSE. L'entourage de M. Pasqua me fit savoir que si la droite remportait les élections, ce dernier deviendrait ministre de la Défense et se souviendrait de mon refus ! De fait, ces tensions ont compliqué les relations entre la DGSE et la DST, bien que celle-ci fût dirigée par le préfet Bernard Gérard[5] avec qui je m'étais lié d'amitié lorsqu'il était haut commissaire en Polynésie.

Depuis plusieurs années, le ministère de l'Intérieur avait multiplié ses implantations hors du territoire national en les justifiant par la nécessité d'obtenir des renseignements au départ des menées terroristes. Du fait de leur statut de policiers, ces résidents permanents pouvaient s'avérer être mieux placés que ceux de la DGSE pour intervenir et recruter des sources. Néanmoins, une telle politique risquait de générer à terme des conflits franco-français néfastes, car exploitables par l'adversaire. C'était, pour beaucoup, une affaire de personnes : la coopération était généralement bonne – voire excellente – mais, dans un tiers des postes, les gens s'ignoraient, et, dans un petit nombre de cas, la relation était exécrable.

J'eus des rapports difficiles avec le chef d'état-major des armées, le général Schmitt. Compte tenu des réductions d'effectifs imposées aux armées, il remettait en cause le transfert de près de cinq cents emplois budgétaires en majorité civils pour armer le plan de

5. Le préfet Bernard Gérard a dirigé la DST d'avril 1986 à mai 1990.

développement du renseignement d'origine électromagnétique (ROEM) qui devait atteindre son plein effet en 1988. Il aurait même souhaité récupérer des personnels militaires, notamment le 44e RI[6], dont il ne comprenait pas qu'il n'en eût pas la tutelle ! Lors de l'affaire d'Ouvéa[7], à laquelle participa le service action qui y perdit deux de ses membres, j'eus à imposer au CEMA la présence de son chef d'alors, le général Heinrich.

Un événement marquant de la période a été l'assassinat de Dulcie September à Paris le 29 mars 1988, vraisemblablement perpétré par les services sud-africains ou à leur instigation. Elle dirigeait le bureau de représentation de l'African National Congress[8] à Paris et elle aurait enquêté à l'époque sur le contournement par la France de l'embargo imposé par l'ONU sur les fournitures d'armes au régime de l'apartheid. Des articles de presse essayèrent d'impliquer Charles Pasqua et les services français qui, selon des journalistes, auraient été au courant de son élimination. J'opérai alors un démenti formel auprès de M. Pandraud, ministre délégué à la Sécurité au ministère de l'Intérieur.

À l'époque, la DGSE était également soupçonnée par la cellule Afrique de l'Élysée de poursuivre la coopération avec le régime d'apartheid de l'Afrique du Sud. Mon prédécesseur était allé rencontrer dans son maquis Jonas Sawimbi, chef de l'UNITA[9] en

---

6. Le 44e régiment d'infanterie (44e RI) sert de corps support aux personnels militaires affectés à la DGSE.
7. L'assaut de la grotte sur l'île d'Ouvéa, donné le 5 mai 1988, entre les deux tours de l'élection présidentielle, est l'épilogue sanglant d'une succession d'événements violents survenus en Nouvelle-Calédonie en 1987 et 1988, sur fond de revendications indépendantistes, et plus spécifiquement de la prise d'otages de la gendarmerie de Fayaoué, le 22 avril 1988.
8. Fondé en 1912, l'ANC est un parti politique sud-africain défendant les intérêts de la majorité noire contre la minorité blanche, qui fut déclaré hors la loi par le Parti national, entre 1960 et 1990, pendant l'apartheid (lui-même aboli en juin 1991).
9. UNITA : Union nationale pour l'indépendance totale de l'Angola. De 1975 à 1990, une guerre civile a déchiré l'Angola et le pays est devenu un terrain d'affrontement

rébellion contre le gouvernement angolais et soutenu par l'Afrique du Sud, la CIA et initialement la France. J'ai, pour ma part, refusé de me rendre en Afrique du Sud et de rencontrer Sawimbi, mais j'ai gardé le contact avec le représentant des services au sein de l'ambassade d'Afrique du Sud à Paris. Ce fut lui qui m'annonça l'imminence d'une évolution de son gouvernement en faveur de la libération de Nelson Mandela.

L'arrivée du gouvernement de gauche ne simplifia pas pour autant le positionnement du service (sauf avec l'Intérieur et son nouveau ministre Pierre Joxe) car la méfiance était grande entre le président et son Premier ministre Michel Rocard. Ce dernier fut toutefois autorisé à lancer sa grande réforme du renseignement : « Si ça vous amuse ! », lui aurait dit Mitterrand. Nous avions également à souffrir des rivalités entre François de Grossouvre (proche de Rocard) et Gilles Ménage, directeur de cabinet du président, en charge du terrorisme.

Michel Rocard est revenu sur ses échanges avec le président Mitterrand lors de l'ouverture à Sciences Po du premier séminaire du groupe METIS sur le renseignement, le 10 mars 2008. J'ai conservé mes notes tirées de son allocution, car elles éclairent avec beaucoup d'acuité le contexte de l'époque.

> Le renseignement souffre encore de deux handicaps, expliqua-t-il alors. L'un est institutionnel[10] : le renseignement est soumis à deux commandements. C'est probablement dans le domaine du renseignement que

des puissances ennemies de la guerre froide. L'UNITA, dirigée par Jonas Sawimbi et le Front national de libération de l'Angola (FNLA) étaient soutenus par l'Ouest tandis que le Mouvement populaire de libération de l'Angola (MPLA), d'influence marxiste-léniniste, était sous protection soviétique.

10. L'autre handicap était un structurel manque de moyens. « Nous dépensons pour la fonction renseignement le tiers de ce qu'y mettent les Anglais, la moitié de ce qu'y mettent les Allemands et le dixième de ce qu'y mettent les Américains », rappela Michel Rocard lors de cette même allocution.

la dyarchie au sommet de l'État entre le président de la République et son Premier ministre s'exprime le plus nettement, par une incertitude sur la pyramide hiérarchique du commandement. Or il s'agit pourtant d'un des domaines pour lesquels la clarté du commandement serait une consigne absolue. Je ne crois pas ce handicap congénital à la France : je le crois surmontable à la condition d'avoir un jour un pouvoir public qui prenne la fonction au sérieux. Il y a quelques signes favorables porteurs en ce moment. J'ai échangé à ce sujet avec le président ; je vous retranscris notre dialogue de mémoire :
– Du côté de nos services spéciaux, ça marche vraiment très mal, avançai-je.
Il me coupa tout de suite.
– Ah, mon grand échec...
Il monologua alors sur ce qu'il appelait donc « son grand échec ».
– J'ai tout essayé, j'ai beaucoup changé les hommes. Rien n'y a fait.
Je lui brossai une analyse sociologique du fonctionnement des institutions. Son regard devint vite assez vague, sa manière d'approcher le sujet n'était pas celle-là. J'insistai et après un silence, je l'entendis me donner le blanc-seing :
– Si ça vous amuse.
« Si ça vous amuse » a donc été l'ouverture de mon droit dans le domaine réservé du président de la République en matière de services de renseignement.
[...] Le président a changé le patron de la DGSE pendant son mandat pour affirmer qu'il devait relever de lui, mais ça n'a pas touché au point central qui est que la DGSE est toujours rattachée au ministère de la Défense, ce que – je ne vois pas pourquoi je ne vous le dirais pas – je considère une folie.

Présent à ce même séminaire, j'ai également conservé trace de ma réponse :

Les Anglo-Saxons n'ont pas ce problème institutionnel. La coordination des services est effectuée au niveau du président aux États-Unis, du Premier ministre en Angleterre et du chancelier en Allemagne, donc il y a bien une filière directe. Le fait que la DGSE soit rattachée aux armées est un héritage de l'affaire Ben Barka[11]. De Gaulle avait alors demandé à son ministre des Armées de remettre de l'ordre au SDECE qui est resté rattaché au ministère de la Défense. Donc nous avons un problème institutionnel qui devra être résolu un jour ; on ne pourra pas s'abstenir d'avoir une autorité au plus haut niveau qui ait la confiance tout à la fois du président et du Premier ministre pour coordonner les services. À ce sujet, je crois que la condition ultime du bon fonctionnement des services repose sur la confiance de l'autorité politique et l'implication des décideurs, quels qu'ils soient, hommes politiques ou chefs d'entreprise. La tenue à distance des services, avec des fusibles qui sautent au fur et à mesure pour se dédouaner, n'est plus possible. Ce n'est pas correct. Dans certains cas, il y a même une manipulation des services. C'est-à-dire qu'on utilise l'un, on passe un message à l'autre, quand ce ne sont pas les étrangers qui le font. Pour moi, ce n'est pas la caractéristique des vrais hommes d'État qui, comme Napoléon ou Churchill pour n'en citer que deux, appliquaient les recommandations de Sun Tzu, quatre siècles avant notre ère : les agents secrets reçoivent leurs instructions sous la tente du général, ils sont proches de lui et sur un plan d'intimité avec lui. Plus vous les mettrez à distance avec des intermédiaires, plus vous aurez de problèmes.

Michel Rocard me reçut pour un entretien le 21 juillet 1988. L'accueil fut chaleureux car l'homme avait une connaissance fine et un intérêt sincère pour le renseignement. Il m'annonça son intention d'effectuer une visite à la DGSE : « Votre maison a besoin de lustre ! » Je fus surpris d'apprendre qu'il serait le premier

11. Mehdi Ben Barka, principal opposant au roi du Maroc Hassan II, disparut le 29 octobre 1965, et son corps ne fut jamais retrouvé. Il s'ensuivit un scandale retentissant impliquant, entre autres, les services français et qui prit, en janvier 1966, une ampleur considérable. Le 19 janvier 1966, le général de Gaulle décidait alors de limoger le général Paul Jacquier, Compagnon de la Libération, qui dirigeait le SDECE et de soustraire le service de l'autorité du Premier ministre pour le placer sous celle du ministre des Armées.

Premier ministre de la Ve République à visiter la maison. Il précisa enfin qu'il considérait le renseignement comme faisant partie intégrante du concept de dissuasion, qu'il était appelé à monter en puissance dans notre défense, et qu'il faudrait renouveler cet entretien. Il souhaitait proposer au président une réforme de nos services et en particulier améliorer la coopération interservices : « Un travail à dix ans », estimait-il. En réalité, il aura fallu attendre vingt ans pour qu'en 2008 la fonction « connaissance et anticipation » soit inscrite dans la loi de programmation militaire et que soit instauré un Conseil national du renseignement...

Une autre de ses préoccupations concernait les aspects commerciaux et en particulier la Chine : une « jungle économique ». « Il faut en trois ou quatre ans retourner nos alliances dans le Sud-Est asiatique et rétablir la relation avec l'Australie et la Nouvelle-Zélande en apurant le contentieux du *Rainbow Warrior*[12] », me dit-il. Il souhaitait aussi renforcer l'effort sur le Moyen-Orient dans l'objectif de diminuer les délais pour localiser les otages et mieux informer le politique.

À ma remarque sur la nécessité de moyens financiers supplémentaires pour recruter des personnels de qualité et acquérir de nouveaux moyens techniques, il me répondit : « Ce sera difficile, car mon souci prioritaire est de rembourser la dette de la France qui a atteint la somme faramineuse de 600 milliards de francs ! »

Cette visite de Michel Rocard fut très appréciée par le personnel. Il annonça « une réflexion visant à améliorer la coopération entre les différents services de renseignement et de sécurité français » pour parer aux conflits de compétence bien mis en évidence dans l'affaire Farewell[13]. À l'issue de nos présentations,

12. Voir note 10, p. 43.
13. Voir note 7, p. 41.

il développa longuement et avec une très grande franchise – qui d'ailleurs nous surprit – sa vision de la politique étrangère française et de la place de la DGSE pour l'appuyer et la mener à bien dans tous les domaines, y compris celui de l'économie. Dans une maison qui n'était pas particulièrement « rose », il fit un tabac !

Nous reçûmes également la visite de Jean-Pierre Chevènement. Les relations avec le ministre de la Défense et son directeur de cabinet Louis Gallois furent confiantes, mais aucun des deux n'avait pour le renseignement une appétence aussi grande que celle manifestée par Michel Rocard. Lors du tête-à-tête qui suivit sa visite à Mortier[14], peu de temps après celle de Rocard me semble-t-il, et au vu des explications sur les actions clandestines que nous menions, il me recommanda la prudence afin d'éviter qu'une éventuelle nouvelle « affaire » ne vienne frapper le service.

J'entretins une excellente relation avec M. Joxe, après un malentendu initial. Environ cinq semaines après son arrivée à l'Intérieur, le ministre me téléphona : « Général, voici un mois que je suis dans ces fonctions et je n'ai reçu aucune production de votre maison ; est-ce délibéré ? Je vais en Espagne pour un entretien franco-espagnol samedi, pouvez-vous venir me voir dans la matinée avant mon départ ? »

Je rassemblai toute la documentation envoyée au correspondant qui nous avait été désigné par le cabinet de l'Intérieur. Le dossier faisait près de 15 centimètres d'épaisseur, il le tria avec intérêt ; il contenait plusieurs études sur le PKK[15] et d'autres

14. Synecdote désignant la DGSE par son adresse, boulevard Mortier dans le 20e arrondissement de Paris.
15. Parti des travailleurs du Kurdistan, fondé en 1978 et considéré comme groupe terroriste par la Turquie et une partie de la communauté internationale.

mouvements terroristes. « Dorénavant, vous me les enverrez directement ou à mon directeur de cabinet » (M. Roussely, qui assistait à l'entretien). Il conclut en disant qu'il lirait dans l'avion la note détaillée que j'avais fait préparer sur les raisons des échecs des forces de sécurité espagnoles dans leur guerre contre le terrorisme basque et catalan. Leur impuissance provenait en grande partie des rivalités interservices. Mais, pour leur part, les responsables espagnols accusaient notre prétendu manque de coopération pour justifier ou camoufler leurs échecs ! L'édition week-end du *Monde* relata que les deux ministres avaient prolongé fort tard leur entretien à propos du terrorisme…

Le lundi matin, le ministre m'appela : « On a coutume de dire que les services de renseignement ne servent à rien, vous venez de m'administrer la preuve du contraire ! », et il me demanda de passer le voir. « Grâce à votre note, après quarante-cinq minutes de discussions, mon homologue espagnol s'est mis à table et il a reconnu leurs problèmes internes ! » S'ensuivirent de très bonnes relations avec l'Intérieur, notamment à travers l'UCLAT.

Au-delà de ces relations avec le politique, j'effectuai rapidement un diagnostic dont la conclusion était que la DGSE souffrait de trois faiblesses majeures.

La première d'entre elles était sa taille insuffisante au regard de la multiplicité de ses missions. Trois mille agents dédiés à la recherche du renseignement par voie humaine et technique, contre sept mille au BND[16] allemand et cinq fois plus chez les Britanniques qui en comptaient quatorze mille cinq cents

16. Bundesnachrichtendienst. Le BND est le service de renseignement extérieur du gouvernement fédéral allemand.

(deux mille cinq cents au MI6 et douze mille au GCHQ[17]). Or nos missions étant plus larges et moins bien délimitées, il en résultait un effet « saupoudrage » et une absence préjudiciable de taille critique.

Deuxièmement, nous souffrions d'un problème de recrutement hérité de la décennie précédente. Les militaires les plus brillants étaient réticents à nous rejoindre, car cela revenait souvent à sacrifier leur carrière. En outre, le recrutement de civils était handicapé par l'« invisibilité » de la maison, par le recours depuis trop longtemps à un système de cooptation et par de lourdes contraintes de sécurité. Cette inadaptation du recrutement se faisait particulièrement sentir dans l'exploitation du renseignement où nous manquions de techniciens, d'experts en cryptologie, de linguistes et de documentalistes. À la différence de nos voisins, nous n'avions pas les moyens de séparer les fonctions recherche et exploitation. La clandestinité était insuffisante et nos structures, émiettées et rigides, manquaient d'efficacité.

Troisièmement, nos moyens techniques étaient insuffisants, particulièrement en matière de cryptologie et d'interceptions satellitaires. Nous utilisions Spot[18] pour l'imagerie et attendions le déploiement d'Helios[19].

---

17. Government Communications Headquarters. Le GCHQ est le service de renseignement électronique du gouvernement du Royaume-Uni. Le GCHQ a été créé en 1948 et placé sous la responsabilité du secrétaire d'État des Affaires étrangères et du Commonwealth. Il emploie plus de 6 000 personnes et constitue, en taille, la plus importante des agences de renseignement britanniques.
18. Satellite civil d'observation de la Terre, le premier SPOT a été lancé en 1985 par le CNES en aboutissement d'un programme initié en 1977. La septième génération de satellites SPOT a été lancée en 2014.
19. Helios est un programme de développement de satellites de reconnaissance lancé en 1985 et, subséquemment, une famille de quatre satellites mis en orbite entre 1995 et 2009. Deux satellites sont encore en activité mais ils seront remplacés à partir de 2018 par la composante spatiale optique (CSO), un programme français de satellites militaires d'observation.

Nos capacités se limitant à un seul satellite, nous étions constamment confrontés à un choix cornélien entre satisfaire aux requêtes des Affaires étrangères qui demandaient l'écoute permanente des communications pour suivre la guerre Iran-Irak[20] et les affaires du Proche-Orient, ou répondre au ministère de la Défense qui sollicitait l'appui du service pour contrer les opérations de la Libye au Tchad[21] (nous contribuâmes à rendre possible la destruction des Tupolev libyens sur le point de bombarder N'Djamena le 7 septembre 1987).

Nos autres insuffisances concernaient notre cryptographie, ainsi que la capacité de nos calculateurs (le DPS de Bull) et de nos systèmes de tri, impuissants à faire face à l'énorme flux d'informations que nous recevions désormais. Enfin, il nous manquait un système de transmission automatique de données entre nos centres et les différents secteurs à Mortier.

À noter toutefois quelques points forts au premier rang desquels le dispositif des services français à Berlin, en RFA comme en RDA : la Mission militaire française de liaison (MMFL) fournissait des renseignements politiques, diplomatiques et militaires de grande qualité. Nous avions, par exemple, récupéré les caractéristiques du MiG 29 Fulcrum[22] et nous suivions les missions d'entraînement et les exercices opérationnels du pacte de Varsovie. En outre, les analystes du secteur D (dont deux éminentes kremlinologues) nous permirent de déceler précocement les premiers craquements du monde soviétique…

20. Cette guerre a opposé l'Iran et l'Irak entre septembre 1980 et août 1988.
21. Conflit territorial entre 1978 et 1987 pour le contrôle de la bande d'Aozou dans le nord du Tchad, dans lequel la France est intervenue pour soutenir l'État tchadien d'Hissène Habré contre la Libye de Mouammar Kadhafi.
22. Le Mikoyan-Gourevitch MiG-29 (Code OTAN Fulcrum) est un avion de chasse à haute performance, entré en service en 1983 et approché pour la première fois par les Occidentaux en 1986 lors d'une visite des chasseurs soviétiques en Finlande.

Fin octobre 1988 (soit un an avant la chute du mur de Berlin), mon homologue du BND, l'ambassadeur Wieck, nous rendit visite, accompagné de ses spécialistes des pays de l'Est et du désarmement. Alors que nous faisions le point sur la politique extérieure allemande, sur la situation en URSS et sur le sommet Kohl-Gorbatchev à Moscou, Wieck nous dit : « N'ayant pas de politique étrangère globale contrairement à la France et la Grande-Bretagne, nous sommes obligés d'être nébuleux, mais nos idées sont claires ! » Il nous assura qu'il n'y aurait pas de relance des échanges économiques ni de nouveaux prêts à l'URSS avant une réduction significative du potentiel militaire soviétique. En Union soviétique, le BND anticipait une diminution du rôle du Parti communiste – cette analyse se démarquant d'ailleurs profondément de celle de la CIA – ainsi qu'une évolution défensive dans le concept de défense soviétique et un traitement plus subtil des manifestations dans les pays satellites. Nous étions un peu plus dubitatifs quant à l'effacement du Parti et nous pensions que nos homologues allemands sous-estimaient le problème des nationalités. En tout cas, j'ai pu constater le haut niveau de nos deux analystes féminines et l'avantage comparatif que nous apportait notre dispositif d'écoute, d'interception et d'observation, à Berlin.

La direction technique, en expansion depuis 1983 mais objet de tensions budgétaires avec le CEMA, obtenait – elle aussi – quelques bons résultats. J'ai déjà évoqué les interceptions techniques des transmissions par satellite HF et VHF qui nous ont permis de connaître le plan de bataille des Libyens au Tchad et de prévenir l'attaque aérienne de N'Djamena... Autre succès marquant : la découverte de piégeages des télétypes des ambassades occidentales à Moscou.

Le service de recueil du renseignement par voie opérationnelle collectait à l'étranger des documents diplomatiques, commerciaux ou techniques classifiés qui étaient destinés aux seuls hauts responsables. Cette fourniture très appréciée nous causa d'ailleurs un problème avec les Américains, mais j'y reviendrai ultérieurement.

Enfin, notre implantation sur le continent africain, et notamment en Afrique subsaharienne, nous conférait une place particulière au sein des services occidentaux.

En application des directives du président de la République, du ministre de la Défense André Giraud (jusqu'en avril 1988) puis du Premier ministre Michel Rocard, j'ai mené plusieurs actions et réformes de la DGSE.

Tout d'abord, je me suis attaché à reprendre la maison en main et j'ai mis en place un contrôle plus rigoureux des activités les plus sensibles.

J'ai décidé de dissoudre une structure extérieure du contre-espionnage dont l'activité de traque des agents soviétiques sur le territoire national (une mission relevant normalement de la DST) me semblait inadmissible de par son excessive autonomie et son inefficacité.

J'ai réformé le service action en imposant de nouvelles méthodes (vérification auprès du gouvernement des autorisations d'appui du service à l'étranger, élaboration systématique de plans B et exécution sous contrôle permanent de la hiérarchie) et en opérant un recrutement très sélectif (profil psychologique et motivations). Je ne rentrerai pas dans le détail des opérations mais je peux citer à titre d'exemples l'infiltration d'un mouvement terroriste pour le neutraliser, l'exfiltration d'un terroriste au Liban ou encore le prélèvement d'un échantillon de revêtement d'un sous-marin soviétique. Nous avons également mis sur pied des commandos pour le sauvetage d'otages ou de résidents français à l'étranger.

En Afrique, le service est revenu à une stricte neutralité concernant l'UNITA[23] et ses soutiens sud-africains et zaïrois.

Enfin, j'ai réformé la gestion des réservistes du service action en coupant tout lien entre la maison et ceux qui refusaient d'appliquer strictement nos nouvelles règles. Malheureusement, certains continuèrent à ternir l'image de la DGSE par leurs agissements et leurs indiscrétions dans les médias.

Mon deuxième chantier a été d'ouvrir la DGSE à l'extérieur. Résignée et timorée, la maison vivait repliée sur elle-même, dans un culte excessif du secret. Un jour, alors que le responsable des services techniques me parlait à voix basse dans mon bureau, je lui demandai s'il avait des doutes quant au savoir-faire de ses gens en matière de « dépoussiérage » ! On me rapporta aussi que lorsque mon prédécesseur reçut André Giraud à la DGSE, le ministre fut étonné de l'attitude réservée jusqu'à la méfiance des participants qui s'exprimaient à voix basse autour de la table de réunion. Je me souviens enfin de la mine étonnée et réprobatrice de mes adjoints lorsque je leur avais demandé s'il existait une présentation avec des Vugraph pour les exposés à faire à M. Rocard lors de sa visite à la DGSE. Pourtant, ce travail de réflexion fut très utile pour expliquer à nos autorités politiques l'étendue et la difficulté de nos missions et pour essayer de les convaincre de l'ampleur de nos besoins spécifiques. Cet exercice permit aussi une meilleure connaissance du positionnement de chacun dans l'action globale du service.

---

23. Voir note 9 du présent chapitre, p. 71.

J'ai organisé un certain nombre de visites au profit du Premier ministre, du ministre de la Défense et du président de la commission de la Défense nationale pour qu'ils se fassent une idée précise des forces et des faiblesses de cette maison. J'ai estimé possible de faire connaître la DGSE à des personnes qualifiées, des parlementaires, voire à certains journalistes, avec l'accord du ministre de la Défense et bien évidemment sans porter atteinte au secret. Le président de la commission de Défense, Jean-Michel Boucheron, qui était venu voir le service, m'avait demandé si j'étais prêt à venir devant la commission. Je lui avais répondu positivement, sous réserve d'en obtenir l'autorisation de mon ministre et que fût créée une commission renseignement dont les membres seraient assermentés comme chez les Anglo-Saxons. Je n'eus aucun retour ! Ma suggestion était sans doute trop en avance sur son époque.

Les relations que j'entretins avec les Affaires étrangères et le cabinet de Jean-Bernard Raymond puis avec Roland Dumas et son directeur de cabinet Jacques Andreani furent excellentes. Je passerai sur l'indiscrétion d'un de nos diplomates lors d'un entretien avec l'ambassadeur d'Irak, qui entraîna l'arrêt de nos interceptions sur ce pays et l'obligation de changer tous les codes. Il me revient également que, soucieux d'accroître notre soutien aux forces fidèles au roi du Cambodge Norodom Sihanouk et au prince Ranariddh, les Affaires étrangères s'étonnaient que nous n'ayons pas d'avions de transport capables d'acheminer rapidement et discrètement des armements à la résistance cambodgienne *via* la Thaïlande.

Avec les services alliés, je m'attachai à établir les meilleures relations. J'appréciais particulièrement l'ambassadeur Wieck, patron du BND, francophone et francophile, avec qui j'ai poursuivi le projet commun d'interception satellitaire de Kourou et essayé d'obtenir la participation allemande au projet Helios[24]. Il y était très favorable, malgré l'opposition des militaires allemands qui, cantonnés dans un rôle tactique au sein de l'OTAN, ne voyaient pas l'intérêt stratégique d'une autonomie satellitaire. Des maladresses de notre part ont fait plus tard échouer ce partenariat.

J'ai constaté que la réputation du service s'était un peu améliorée auprès de nos partenaires étrangers, dont certains parmi les grands demandaient à avoir des échanges aussi bien avec le service action qu'avec la direction technique ou le contre-espionnage. Le général commandant les forces spéciales américaines, puis le sous-secrétaire d'État américain aux Conflits mineurs effectuèrent même une visite au service action.

Deux réunions tripartites DGSE, MI6 et BND se tinrent fin 1987, juste avant mon arrivée, pour la première, et fin 1988, pour la seconde. Il y fut abordé les problèmes internes des services et les points de vue respectifs sur les pays ou régions en crise, ainsi que la question des otages occidentaux enlevés par le Hezbollah au Liban (de 1985 à 1989, 35 personnes ont été détenues de quelques mois à cinq ans et une dizaine ont disparu ou ont été assassinées). À mon arrivée, quatre Français étaient prisonniers depuis 1985 : Marcel Fontaine, Marcel Carton et Jean-Paul Kauffmann, libérés entre les deux tours de l'élection présidentielle le 4 mai 1988, et Michel Seurat, décédé en détention.

J'ai rendu visite en février 1988 à mon homologue britannique, sir Christopher Curwen, patron du MI6, un diplomate discret et courtois. À son arrivée à la tête des services secrets extérieurs de Sa Gracieuse Majesté, il avait réussi un des plus beaux coups du

---

24. Le programme Helios sera finalement déployé avec une participation minoritaire de l'Italie, de l'Espagne, de la Belgique et de la Grèce.

MI6 : l'exfiltration de Moscou à la barbe des Soviétiques d'Oleg Gordievski, officier du KGB et agent britannique[25].

La coopération fut sans histoire sur nos préoccupations communes contre le terrorisme : Kadhafi en Afrique et l'Irlande (juste avant mon arrivée, en octobre 1987, la marine française avait arraisonné l'*Eksund* avec à son bord 150 tonnes d'armes à destination de l'IRA). En novembre 1988, Curwen fut remplacé par Colin McColl et devint coordinateur du Joint Intelligence Committee[26] dont il m'expliqua avec beaucoup d'affabilité le fonctionnement lorsque je fus chargé après mon départ de la DGSE de la réorganisation de notre renseignement militaire.

Les relations furent moins faciles avec la CIA dirigée depuis 1987 par le juge William Webster, ancien patron du FBI, et par son adjoint Robert Gates qui émargeait à Langley depuis vingt-sept ans, un record ! Gates était très sûr de lui : je l'avais rencontré à un déjeuner organisé en mon honneur par notre ambassadeur Emmanuel de Margerie, un grand diplomate qui avait beaucoup de considération pour le service. Lors d'une visite de Gates à Paris, ses assistants furent éconduits lorsqu'ils manifestèrent l'intention de vérifier l'« insonorisation » de mon bureau !

Nous avions une divergence de vues quant à l'aide apportée à la rébellion afghane. Lors de ma première visite en avril 1988 à mon homologue de la CIA, nous avions vainement essayé

25. Agent double retourné par les services britanniques, Oleg Gordievski était *rezident* (chef de poste) du KGB à Londres lorsqu'il fit l'objet de soupçons et fut rappelé à Moscou par les Soviétiques en mai 1985. Le MI6 parvint à l'exfiltrer de Moscou en juillet de la même année.

26. Le Joint Intelligence Committee (JIC) est placé sous l'égide du Cabinet Office (Premier ministre). Entre autres missions, il coordonne une réunion hebdomadaire qui associe les services britanniques (MI5, MI6, DIS, GCHQ), les correspondants des ministères des Affaires étrangères et de la Défense, mais aussi les correspondants des services parties à l'UKUSA (United Kingdom-United States Communications Intelligence Agreement) : USA, Canada, Australie et Nouvelle-Zélande.

d'attirer l'attention des responsables de Langley sur le danger que représentaient à nos yeux les mouvements islamistes sunnites les plus extrémistes, et notamment celui de Gulbuddin Hekmatyar[27], le plus radical d'entre eux. Dans son ouvrage sur Massoud[28] (que nous soutenions), Michael Barry résume bien l'état d'esprit de la CIA d'alors : « *We're not in the nation-building business, we're in the Russian-bleeding business*[29] » !

Début 1989, le directeur des opérations de la CIA demanda à être reçu. Francophile, il avait combattu avec l'armée américaine dans les Vosges et en Alsace et il avait souhaité y faire un pèlerinage que nous lui avions organisé quelque temps auparavant. Cette fois, il venait tout exprès m'avertir que des sociétés américaines de haute technologie s'étaient plaintes auprès du président Bush (lui-même ancien patron de la CIA) d'être espionnées par les services français, notamment lors du séjour de leurs responsables en France – mais pas seulement. Avertis à temps, nous ne fûmes pas pris la main dans le sac par le FBI (au sens propre du terme car nous récupérions, entre autres choses, des documents abandonnés sans protection par certaines sociétés). Notre dispositif aux États-Unis fut rapatrié et nous avons levé le pied en France. Je me souviens avoir répondu à mon interlocuteur que nous recevions le même genre de plaintes de la part de nos entreprises. Il n'insista pas et me dit : « *I pass you the message and now let's have lunch*[30] » et nous allâmes à la Grande Cascade du bois de Boulogne !

---

27. À la tête du parti islamiste Hezb-i-islami, Gulbuddin Hekmatyar combattit les Soviétiques lors de la guerre d'Afghanistan (1979 à 1989) avec le soutien de la CIA et de l'Inter-Services Intelligence pakistanais.
28. Michael Barry, *Massoud, de l'islamisme à la liberté*, Louis Audibert Éditions, 2002.
29. « Nous ne nous préoccupons pas de la construction des États-nations, mais seulement de saigner les Russes. »
30. « Je vous passe le message, et maintenant, allons déjeuner ! »

Bien que les Américains s'en défendissent, nous savions qu'ils utilisaient les informations économiques récoltées par la National Security Agency[31] (*via* le réseau Echelon) au profit de leurs entreprises. N'ayant pas à l'époque un tel outil technique de recueil, nous devions opérer par des moyens humains classiques, très efficaces mais plus sensibles et vulnérables. C'était, à mes yeux, une raison supplémentaire de développer rapidement nos propres moyens d'interception satellitaire. Toujours est-il que certains ont avancé l'idée que ce contentieux aurait constitué la raison de mon départ du service, pour enterrer l'affaire, mais je pense pour ma part qu'il y en avait d'autres. En tout cas, le président Mitterrand n'y a pas fait allusion lors de l'entretien que j'eus avec lui après mon départ.

À la demande du ministre Giraud, j'effectuai le tour des chefs d'État africains qui souhaitaient connaître l'évolution de nos relations après le départ de mon prédécesseur. Un seul incident survint, avec les services zaïrois. Après avoir confié la formation de la garde présidentielle aux Israéliens, ils nous demandaient de les aider à surveiller les frontières orientales de leur pays. Je leur suggérai de s'adresser plutôt à leurs homologues israéliens, plus compétents sur cette zone. Cette réponse déplut au président Mobutu et elle entraîna l'intermédiation du général Lacaze pour apaiser cette fâcherie – finalement mise sur le compte d'un malentendu… Bien qu'il m'ait invité personnellement dans son palais de Gbadolite, je ne me rendis plus au Zaïre.

À la tête de la DGSE, j'engageai plusieurs réformes structurelles.

---

31. Organisme gouvernemental affilié au Department of Defense américain (DOD) chargé de la collecte du renseignement d'origine électromagnétique, de la sécurité des systèmes d'information et du traitement des données.

Tout d'abord, je lançai l'élaboration d'un véritable plan de recherche, en précisant les orientations et les priorités du gouvernement, et en détaillant les moyens humains, techniques et financiers dans chacun des domaines. Nous avions quatre axes de travail :

- améliorer la production, en accentuant le recueil et l'exploitation à partir de sources secrètes ;
- réexaminer l'implantation extérieure de la DGSE, avec un recours accru aux structures clandestines ;
- améliorer l'exploitation, en créant deux services distincts : l'un chargé de la recherche et l'autre de l'exploitation, comme le faisaient nos grands voisins ;
- redéployer systématiquement à l'interne nos activités de soutien vers le renseignement.

Cette réforme nécessitait l'injection supplémentaire d'un nombre limité d'experts de haut niveau estimé à trois cents emplois civils nouveaux étalés sur cinq ans. Hélas, les armées n'ont cessé de retarder et de contester ces transferts de postes.

Je souhaitais aussi développer le contre-terrorisme. Nous avions une bonne connaissance du terrorisme basque et catalan, comme en atteste l'anecdote que je vous ai relatée au sujet du ministre Joxe et du sommet franco-espagnol. Il nous fallait toutefois revoir la carte et le rôle des postes en Afrique afin de suivre, en sus des problèmes politiques locaux, les mouvements islamistes en essor dans les pays musulmans (surveillance des diasporas libanaises chiites, relais financiers et opérationnels du Hezbollah en Côte d'Ivoire). C'est sans doute le contre-terrorisme qui a le plus fait évoluer la DGSE, et notamment la direction technique.

Dans cette même ligne, nous avons défini un nombre limité d'objectifs à l'Est et surtout dans le monde arabe : Syrie, Liban,

Palestine, Arabie, Algérie, Libye et, bien sûr, Iran. Il s'agissait de suivre attentivement le développement et l'extension des intégrismes.

Pour mener à bien ces missions, nous devions dégager des personnels en allégeant la bureaucratie et en supprimant les doublons, tout en développant le système de formation pour pallier l'insuffisance du nombre et de la qualité des moyens humains (analystes, linguistes, interprètes connaissant le monde arabe). Sur une centaine de cadres de catégorie A, une dizaine seulement travaillaient sur le Moyen-Orient. Autre lacune : chacun, dans nos métiers, sait qu'il faut entre cinq et dix ans de formation pour être capable de réaliser une opération d'infiltration ou de manipulation. Or 30 % des personnels affectés au contre-espionnage avaient entre 35 et 45 ans et moins de quatre années de présence. Il a donc fallu former ou réaffecter des personnels souvent inadaptés techniquement et linguistiquement. Et remplacer des officiers traitants militaires connus à l'étranger par des civils moins repérés et plus qualifiés dans ces domaines nouveaux.

Au plan technique, nous avons adapté et développé nos moyens d'écoute et d'interception satellitaire, jusque-là orientés vers l'Est face au mur de Berlin, afin de les élargir au reste du monde (Moyen-Orient, Afrique du Nord, Amérique...). J'ai fermé des centres devenus obsolètes comme le Service technique de renseignement avancé à Strasbourg. Je vous disais précédemment qu'à mon arrivée, les arbitrages étaient difficiles car nous ne pouvions suivre qu'un seul satellite de communication ; nous en suivions trois à mon départ.

Nous avons poursuivi le projet d'écoutes satellitaires de Kourou, en coopération avec le BND, pour intercepter le trafic sur le continent américain. Les États-Unis ne se sont d'ailleurs pas privés de se dédouaner d'espionner leurs alliés grâce à Echelon en arguant qu'ils n'étaient pas les seuls à agir de la sorte, malgré l'énorme disparité des moyens...

Lors d'une réunion avec le responsable de la direction technique du BND, nous avons appris que nos homologues allemands disposaient d'un calculateur CRAY[32] depuis 1985 et qu'ils envisageaient de se doter d'un supercalculateur supplémentaire en 1991. Il nous fallait d'urgence rattraper notre retard dans ce domaine pour prétendre entrer dans le « club des grands » en matière de cryptologie.

Ayant découvert un « trésor » de 40 millions de francs fléchés pour abriter aux Antilles les archives de la DGSE et « organiser la résistance » en cas d'invasion des Soviétiques, j'ai utilisé ces fonds pour commander un CRAY-1[33] et obtenir le détachement du CEA d'un remarquable ingénieur spécialiste des armes nucléaires. Pour l'histoire, j'ajouterai que le calculateur coûta le double et que ledit ingénieur – qui arriva peu de temps après mon départ – voulut retourner *illico* au CEA en constatant qu'au plan technique, la maison était encore à l'« âge de pierre ». On l'en dissuada. Il retourna toutefois un temps dans sa structure d'origine où il dirigea le LETI[34], l'un des tout premiers laboratoires mondiaux de microélectronique et de nanotechnologie, avant de revenir à la DGSE, suite à un lobbying intense, pour prendre la tête de la direction technique. Au cours de ce deuxième septennat, grâce au plan de recrutement de près d'un

32. Du nom du fondateur de l'entreprise éponyme créée en 1972 aux États-Unis. CRAY conçoit et fabrique des superordinateurs dotés de puissances de calcul considérables.
33. Lancé en 1976, le CRAY-1 atteignait une puissance de calcul de 166 mégaflops et il pesait près de 5 tonnes. La première machine fut livrée à Fort Alamos et, au total, il en fut produit 16 exemplaires.
34. Laboratoire d'électronique et de technologie de l'information.

millier d'ingénieurs et d'analystes autorisés par la loi de programmation de 2008, il construisit la « NSA française » selon l'appellation journalistique...

Pour revenir au calculateur, mon idée était qu'en nous dotant d'un CRAY, dont le CEA possédait déjà trois exemplaires, nous puissions faire du *time sharing*. L'idée fut jugée utopique à l'époque pour des raisons de secret avancées des deux côtés ! Cela finira pourtant par se faire, mais effectivement beaucoup plus tard...

Un mot du renseignement économique. Le secteur E avait été développé par mes prédécesseurs et j'ai poursuivi cet effort. Le recueil d'informations par moyens humains était très efficace, par exemple pour suivre les négociations de la politique agricole commune (la Grande-Bretagne nous accusera d'ailleurs d'espionner à Bruxelles), ainsi que la politique commerciale américaine en France (aéronautique, informatique, automobile) et plus largement en Europe. Cela n'alla pas sans provoquer quelques grincements de dents puisque les sociétés américaines allèrent se plaindre, comme je vous l'ai dit, au président Bush lui-même. Nous suivions enfin les mouvements sur les places financières européennes. Lors d'une visite au directeur du Trésor, j'étais venu accompagné d'une de nos expertes dans ce domaine, ce qui permit de la « brancher » en direct avec son cabinet.

Pour conclure sur mon action à la tête de la DGSE, je parlerai enfin du défaut de coordination entre les services de renseignement qui me semblait présenter de graves inconvénients : risques de faux recoupements et manipulation par les services étrangers notamment. À titre d'exemple du premier de ces travers, il me revient qu'un jour Michel Rocard nous avait dit avoir apprécié une note que nous lui avions envoyée et qui « confirmait » celle du SGDN. Il fut surpris de découvrir que le secrétariat général de la Défense nationale n'étant pas un service de renseignement, il utilisait des informations provenant de divers services et ministères, d'où le risque bien réel de fausse confirmation. Quant aux services étrangers, leurs représentants à Paris visitaient souvent chacun des nôtres sans que nous en soyons informés, leur permettant potentiellement de « vendre » des produits différents. Chez les Anglo-Saxons, il existe un guichet unique pour autoriser les visites étrangères et en informer les différents services ou agences. J'ai donc milité pour que nous ayons une structure de coordination du renseignement dans l'esprit du Joint Intelligence Committee britannique. Sous réserve naturellement de résoudre la particularité institutionnelle de la Vᵉ République avec ses deux niveaux d'exécutif qui posait le problème de son rattachement au chef de l'État ou à son Premier ministre. Mon avis est que le président de la République, comme chef des armées, en serait la tutelle naturelle.

Fin 2008, un Conseil national du renseignement a enfin été créé en France, mais, à l'exception de Bernard Bajolet, ses responsables n'étant pas des connaisseurs du renseignement, ils n'ont pas eu, me semble-t-il, l'autorité pour imposer cette coordination.

Le président de la République a mis fin à mes fonctions de directeur général le 21 mars 1989, après seize mois à ce poste. Il m'a reçu en audience le 11 mai, à ma demande (M. Mitterrand avait refusé la proposition de M. Rocard de me confier la présidence de l'OFEMA[35] et le Premier ministre m'avait incité à le voir personnellement).

35. OFEMA : Office français d'exportation de matériel aéronautique.

François Mitterrand se montra affable tout au long de l'entretien, esquissant même quelques sourires. Il m'assura qu'il me considérait comme un officier loyal et de qualité (il me fut d'ailleurs attribué une cinquième étoile et je fus promu grand officier de la Légion d'honneur). Mais, me dit-il, « j'ai voulu montrer que la DGSE ne dépendait que de moi ». Il ajouta : « Votre prédécesseur ne me tenait pas au courant de ses agissements au Liban, en Iran, en Irak, en Afrique... Et avec vous, je n'ai pas vraiment constaté de changement. Je sais que vous n'avez guère eu le temps et que les circonstances étaient difficiles ! J'ai fait de la peine au Premier ministre qui est revenu par deux fois pour vous défendre [*sourire*]. Monsieur Chevènement vous apprécie également beaucoup. Je ne veux pas être injuste avec vous. Faites-moi savoir ce que vous souhaitez faire par l'intermédiaire du ministre de la Défense. » Il me répéta cette proposition en me raccompagnant à la porte de sa bibliothèque.

En quittant la DGSE, je fus nommé conseiller du gouvernement pour la Défense et je fus chargé de la réorganisation du renseignement militaire et spatial. J'ai lancé la création de la DRM[36] et continué cette mission après avoir atteint la limite d'âge en créant au sein de DCI[37] – avec l'appui de Pierre Joxe – une société de stratégie et de conseil (STRATCO).

Tout occupé à la réorganisation du service, j'avais attendu la mi-février 1989 pour présenter au président le bilan de mon action, les mesures correctives et les réformes que j'avais engagées selon ses directives. Avec le recul, il m'apparaît que j'aurais

36. DRM : Direction du renseignement militaire.
37. Défense conseil international (DCI), organisme chargé notamment par le ministère de la Défense de développer des activités de conseil en amont des exportations françaises d'armement.

peut-être dû forcer sa porte nonobstant son entourage[38]. La rivalité Mitterrand-Rocard sur fond d'intrigues à l'Élysée, la méfiance vis-à-vis de la réorganisation entreprise par le Premier ministre, ou encore la perte de confiance de Mitterrand dans les militaires suite au manifeste de quarante-cinq officiers généraux entre les deux tours de la présidentielle ont sans doute contribué à sceller mon sort.

Le regard que je porte sur les défis d'aujourd'hui est forcément un peu distancié : j'ai quitté le service voici presque trente ans. L'élection de Donald Trump à la présidence des États-Unis fait naître une incertitude sur l'avenir de la coopération antiterroriste et craindre un risque de démobilisation ou de moindre ouverture des services américains. Les choses semblent se passer finalement mieux : de par notre action au Sahel et au Moyen-Orient, nous assumons une partie de l'effort qu'il exige des Européens. Ainsi nos forces spéciales ont-elles participé pour la première fois début mars 2017 à un exercice commun avec leurs homologues américaines.

Créer une agence européenne de renseignement me paraît être une fausse bonne idée. Elle risque d'augmenter la bureaucratie et de gaspiller des compétences et de l'argent qui seraient plus utiles sur le terrain. Certes, il faut accroître la coopération instantanée, ce qui suppose que les équipements soient compatibles pour pouvoir dialoguer en temps réel autant que de besoin. Pour ce faire, nous pouvons nous inspirer, là encore, de l'esprit

38. Lors d'un entretien avec François de Grossouvre début 1989, ce dernier me fit cette confidence : « Le président m'a demandé si vous étiez des nôtres ! » Il lui aurait répondu que je n'étais inscrit à aucun parti mais que j'étais un officier loyal et de confiance. Il me conseilla de prendre garde à un clan à l'Élysée qui souhaitait mon départ, citant le nom de Gilles Ménage alors directeur de cabinet adjoint, devenu directeur de cabinet du président, et qui suivait depuis peu les affaires de terrorisme.

du Joint Intelligence Committee : les Britanniques se sont bien gardés de créer une nouvelle couche d'état-major et de bureaucratie ; ils composent des *assessment teams*, équipes d'évaluation *ad hoc*, en connectant en crypté les meilleurs éléments de chaque service pour analyser les informations en temps réel[39].

Il me semble utopique de vouloir rétablir les contrôles aux frontières. Cela étant, il faudrait faire en sorte que les gendarmes, policiers et douaniers disposent d'écrans affichant le fichier actualisé en permanence des personnes recherchées afin de les neutraliser lors d'un contrôle. Reste la question des faux papiers... Le développement des reconnaissances biométriques pour toutes les cartes délivrées dans l'espace Schengen pourrait être une solution techniquement envisageable, mais dans quel délai et à quel prix ?

Il faudrait également avancer vers une interdépendance réciproque entre tous les services. Mais la CNIL rejette l'idée d'une interconnexion de tous les fichiers, jugée liberticide. Après le Bataclan et avec des terroristes qui passent à travers tous les contrôles de police, cet argument est-il encore de mise ?

Un véritable Conseil national du renseignement doit enfin être installé pour piloter nos six services du premier cercle (DGSE, DGSI, DRM, DRSD, DNRED et TRACFIN[40]), auxquels il faut rajouter les services de police et de gendarmerie. Il manque en effet à cette communauté de services une colonne vertébrale et une doctrine pour imposer une mutualisation plus poussée

---

39. Chaque jour, le JIC établit une synthèse des informations provenant des services de renseignement au bénéfice du Premier ministre.
40. DGSE : Direction générale de la sécurité extérieure. DGSI : Direction générale de la sécurité intérieure. DRM : Direction du renseignement militaire. DRSD : Direction du renseignement et de la sécurité de la Défense. DNRED : Direction nationale du renseignement et des enquêtes douanières. TRACFIN : Traitement du renseignement et action contre les circuits financiers clandestins.

et une réelle interopérabilité dans l'action comme dans les bureaux. Il faut à sa tête un responsable compétent et à poigne, qui sache se faire respecter et qui ait l'oreille et l'accès permanent au chef de l'État (comme le Permanent Secretary[41] en Grande-Bretagne). Seul le premier coordonnateur national du renseignement nommé à ce poste possédait ces qualités, bien que son action ait été rognée par Claude Guéant alors secrétaire général de l'Élysée.

Ceux qui occuperont désormais la fonction de CNR devront s'attacher à résoudre en profondeur le problème récurrent de la compétition entre les services en développant la connaissance de chacun quant aux métiers des autres. L'Académie du renseignement, voulue par Michel Rocard, devrait en être un des premiers éléments, à l'instar du rôle joué par le CHEM[42] pour les militaires. Je m'étonne toutefois que le profil du poste de directeur ne requière ni connaissance ni expérience dans le domaine du renseignement !

Au fil des ans, la DGSE s'est ouverte aux autres. Elle accueille en son sein de nombreux représentants des autres services. Elle a mutualisé avec la DRM ses implantations et ses personnels d'écoute. Elle a supprimé le cloisonnement absolu qui existait du temps de la guerre froide. Vous pouvez aujourd'hui trouver dans une même salle la direction des opérations, la direction technique,

---

41. Haut fonctionnaire le plus gradé des ministères, le Permanent Secretary est non partisan. Son rôle est d'assurer la bonne marche de son ministère : il rend compte des engagements financiers et constitue un élément de continuité lors des changements de majorité politique.
42. CHEM : Centre des hautes études militaires. Institut de formation qui prépare les officiers auditeurs à de hautes responsabilités en dispensant un enseignement dans les domaines politico-militaires et stratégiques. La pédagogie du CHEM fait une grande place aux échanges, réflexions et travaux de groupe, et ses auditeurs sont également membres de plein droit de la session nationale « Politique de défense » de l'IHEDN.

le contre-terrorisme et même des représentants d'autres services français, voire étrangers. C'était impensable jadis...

Est-il possible d'aller plus loin, y compris avec les autres services nationaux, européens et étrangers ? Il est faux de dire, comme nous l'entendons trop souvent, que nous dépendons totalement des Américains. Pour nos besoins et nos intérêts, nous pouvons compter en premier lieu sur nos propres moyens d'observation et d'écoute qu'il conviendrait toutefois d'augmenter[43]. Ceci posé, dans la lutte contre le terrorisme, il est évident que nous avons besoin des autres, mais comme eux-mêmes ont besoin de nous. La France tient fort bien son rang dans les coalitions, y compris dans des zones géographiques particulières.

---

43. Le chef d'état-major de l'armée de l'air, le général André Lanata, constate ainsi avec regret en 2017 qu'au Proche-Orient nous dépendons des Anglo-Saxons dans l'acquisition et la désignation des objectifs, et ce faute de disposer d'un nombre suffisant de drones Reaper.

ANNÉES 1990

Liste des principaux attentats contre la France

(activités terroristes sur le territoire français
et actes de terrorisme ayant visé des citoyens français)

Nationalisme corse

Plusieurs centaines d'actions terroristes chaque année, des dégâts matériels.

- *6 février 1998* : assassinat du préfet Claude Érignac par un groupuscule indépendantiste.

Divers

- *31 décembre 1992* : attentat contre la synagogue de Villepinte (Seine-Saint-Denis), attribué à des néonazis.

Attentats islamistes en France ou visant des Français (ou intérêts français) à l'étranger

- **1994**

- *3 août 1994* : attentat contre le personnel diplomatique français à Alger revendiqué par le GIA (Groupe islamique armé) ; 5 morts, 1 blessé grave.
- *24-26 décembre 1994* : détournement d'un Airbus d'Air France Alger-Paris par quatre commandos du GIA ; 3 otages exécutés.

- **1995-1996. Vague d'attentats attribués au GIA**

– *11 juillet 1995* : assassinat de l'imam Abdelbaki Sahraoui, cofondateur du Front islamique du salut (organisation concurrente du GIA), et de son secrétaire dans leur mosquée de la rue Myrha dans le 18e arrondissement de Paris.

– *25 juillet 1995* : attentat du RER B à la station Saint-Michel (bouteille de gaz bourrée d'écrous) ; 8 morts, 117 blessés.

– *17 août 1995* : attentat place Charles-de-Gaulle à Paris (bombe cachée dans une poubelle) ; 16 blessés.

– *26 août 1995* : tentative d'attentat sur une ligne TGV (bombe supposée exploser au passage d'un TGV).

– *3 septembre 1995* : attentat raté dans le marché parisien du boulevard Richard-Lenoir (cocotte-minute remplie de clous et d'écrous, dissimulée sous un étal. Seul le couvercle de l'autocuiseur a volé en éclats, ce qui correspond probablement à l'explosion du détonateur, la charge principale étant demeurée intacte) ; 4 blessés.

– *4 septembre 1995* : tentative d'attentat dans une sanisette place Charles-Vallin à Paris (bouteille de gaz n'ayant pas explosé).

– *7 septembre 1995* : attentat contre une école juive de Villeurbanne (explosion d'une voiture piégée à proximité de l'une des entrées de l'école juive Nah'alat Moché) ; 14 blessés dont un grave. Activation du plan Vigipirate le lendemain de l'attaque.

– *6 octobre 1995* : attentat avenue d'Italie à Paris près de la station de métro Maison-Blanche (bouteille de gaz avec des clous et des boulons, cachée dans une poubelle). La bombe est repérée avant d'exploser ; 12 blessés légers.

– *17 octobre 1995* : attentat du RER C, explosion d'une bombe entre les gares de musée d'Orsay et de Saint-Michel ; 30 blessés.

– *Dans la nuit du 26 au 27 mars 1996*, enlèvement de sept moines trappistes français du monastère de Tibhirine (Algérie). Les moines sont retrouvés morts décapités après deux mois de séquestration. Revendication du GIA.

– *3 décembre 1996* : attentat contre le RER B à Port-Royal. Explosion d'une bonbonne de gaz et de clous, mode opératoire similaire à la campagne d'attentats de 1995, permettant de supposer l'origine islamiste (mais pas de revendication directe). Réactivation du plan Vigipirate (allégé en janvier 1996) ; 4 morts, 91 blessés.

Liste des principaux attentats islamistes à l'étranger visant des Occidentaux

- États-Unis. *26 février 1993* : attentat au World Trade Center à New York ; 6 morts, 1 042 blessés.
- Arabie saoudite. *25 juin 1996* : attentat des tours de Khobar ; 20 morts, 372 blessés.
- Égypte. *17 novembre 1997* : massacre de Louxor, six terroristes déguisés en forces de sécurité ouvrent le feu sur des touristes présents sur le site archéologique de Deir el-Bahari ; 62 morts, 26 blessés.
- Tanzanie et Kenya. *7 août 1998* : attentats à l'explosif contre les ambassades américaines à Nairobi et Dar es Salam ; 224 morts, plus de 4 000 blessés.

Jacques Fournet

Directeur central des renseignements généraux (DCRG)
de juin 1988 à mai 1990
Directeur de la surveillance du territoire (DST)
du 28 mai 1990 au 11 octobre 1993

ENTRETIEN DU 28 NOVEMBRE 2016

Les auteurs saluent la mémoire de Jacques Fournet,
décédé en juin 2017.

Petite remarque préalable : me concernant, tout cela remonte à plus de vingt ans… L'ambiance, le contexte, les mentalités, la façon d'aborder les dossiers n'étaient pas les mêmes qu'aujourd'hui.

J'ai été nommé en 1988 à la Direction centrale des renseignements généraux et en 1990 à la Direction de la surveillance du territoire.

J'étais préfet de la Nièvre depuis 1985 et le jour du deuxième tour de l'élection présidentielle, le 8 mai 1988, Mitterrand me convoque à Château-Chinon où il était allé voter et il me dit : « Écoutez, monsieur Fournet, vous avez fait votre temps dans la Nièvre, je pense à vous pour les RG, la DST ou la DGSE, réfléchissez-y », sans préciser s'il me voyait prendre la tête de l'un de ces services ou y occuper d'autres fonctions, « venez me voir dans quinze jours ». À bonne date, il me reçoit et me demande : « Avez-vous réfléchi ? » J'acquiesce et il me coupe : « Moi aussi et vous serez nommé mercredi en Conseil des ministres directeur central des Renseignements généraux. » Que représentaient les RG pour moi à l'époque ? J'avais occupé un poste de secrétaire général en Polynésie et m'étais occupé de la sécurité civile de Mururoa[1] – en relation avec les RG, avec la DST et avec les militaires. J'avais également eu à connaître l'activité des Renseignements généraux dans la Nièvre. En raison de la présence dans ce département de François Mitterrand, de Pierre Bérégovoy[2], et d'Hervé de Charette[3], les RG locaux avaient une orientation très politique : il leur fallait, avant tout, savoir ce qui se passait pour protéger ces personnalités. À l'exception de l'implantation d'un centre islamique à Saint-Léger-de-Fougeret, ma connaissance de l'antiterrorisme se limitait à Action directe[4]. Et encore, je n'avais pas été directement impliqué dans le dossier.

---

1. Atoll de l'archipel des Tuamotu en Polynésie française, propriété de l'État français depuis 1964, ayant servi de lieu d'expérimentation des essais nucléaires français de 1966 à 1995 (le dernier essai nucléaire français a été réalisé le 27 janvier 1996 dans l'atoll voisin de Fangataufa).
2. Secrétaire général de la présidence de la République du 21 mai 1981 au 29 juin 1982 ; ministre des Affaires sociales et de la Solidarité nationale du 29 juin 1982 au 17 juillet 1984 ; ministre de l'Économie, des Finances et du Budget du 19 juillet 1984 au 20 mars 1986 ; ministre d'État, ministre de l'Économie, des Finances et du Budget du 13 mai 1988 au 2 avril 1992 ; ministre de la Défense par intérim du 9 au 29 mars 1993 ; Premier ministre du 2 avril 1992 au 29 mars 1993 ; maire de Nevers de mars 1983 à mai 1993.
3. Député de la Nièvre du 16 mars 1986 au 2 avril 1986 ; ministre délégué à la Fonction publique et au Plan du 20 mars 1986 au 10 mai 1988 ; député de la 6e circonscription du Maine-et-Loire du 6 juin 1988 au 1er mai 1993 et du 12 juin 1997 au 19 juin 2012 ; ministre du Logement du 30 mars 1993 au 11 mai 1995 ; ministre des Affaires étrangères du 18 mai 1995 au 2 juin 1997.
4. Voir note 14, p. 44.

À mon arrivée aux Renseignements généraux, j'ai trouvé une maison de quatre mille personnes, dont sept ou huit cents à la préfecture de police de Paris, très indépendantes. J'ai procédé à une analyse fonctionnelle dont il est ressorti que les activités étaient, pour la plupart, très traditionnelles, voire très routinières. Une anecdote amusante et significative à cet égard : deux ou trois fonctionnaires étaient affectés à la Bourse et envoyaient quotidiennement, vers 16 h 30, une feuille de papier A4 avec les cours de Bourse, la variation depuis la veille, etc. Et j'étais censé glisser cette feuille dans le dossier pour l'Élysée et le ministre de l'Industrie. Jusqu'au jour où j'ai décidé que cela n'avait aucun sens, car il était déjà possible de s'abonner à un service spécialisé pour recevoir toutes ces informations. On a cherché à m'en dissuader mais j'ai supprimé cette fonction et, évidemment, il ne s'est strictement rien passé, personne ne s'en est rendu compte…

Les courses et jeux étaient un système également très archaïque. Chaque matin, je trouvais sur mon bureau une fiche avec le nom des principaux casinos, celui des personnes qui avaient joué et avaient soit beaucoup gagné, soit beaucoup perdu. Neuf fois sur dix, vous aviez des gens du Moyen-Orient, quelques noms un peu connus en Europe. Tout cela ne servait à rien.

Dans les mœurs de l'époque, la section politique s'essayait à prévoir les résultats des élections en regardant les scores du scrutin précédent, analysant les variations, pondérant en suivant telle personnalité qui pouvait avoir pris de l'ampleur ou au contraire être un peu vieillissante… Tout ça aux frais de l'État alors même qu'il y avait les premiers financements publics des partis politiques. Pourquoi l'État devait-il faire ce travail alors que les partis en avaient les moyens ? D'autant que les estimations que l'on pouvait donner étaient approximatives.

À mon arrivée, l'informatisation des fichiers des RG en était à la lettre « F », tout le reste était consigné sur des fiches manuelles qu'il fallait trier. Certaines étaient complètement obsolètes. Un beau jour, j'ai demandé à voir comment on traitait le dossier du Parti communiste. On m'a emmené dans les étages, sous des combles occupés par une dame qui découpait et consignait tous les jours *L'Humanité*[5] ou les journaux de Moscou. Certaines des fiches concernaient des gens nés à la fin du XIXe siècle ! On a bazardé tout ça aux archives…

Enfin, l'implantation des fonctionnaires des RG sur le territoire national était le fruit d'un héritage historique qui ne faisait plus grand sens. Par exemple, Gourdon[6] comptait deux agents parce qu'il avait dû y avoir un ministre radical de gauche trente ans plus tôt… Il y en avait un autre, seul, à Saverne[7], trois ou quatre à Ambérieux[8], ancienne gare de triage célèbre où ne passaient plus que des TGV… Une implantation « archéologique » en somme et des personnels qui avaient pour beaucoup une mentalité un peu particulière : ils considéraient qu'ils avaient fait une douzaine d'années dans la police un peu classique et qu'ils allaient aux RG pour « finir leur carrière ». Dans certains endroits, ils étaient devenus des petites personnalités qui avaient un carnet d'adresses, entretenaient des contacts, mais qui ne faisaient plus de travail de « renseignement » à proprement parler.

Par contraste, le service « violences politiques et terrorisme » était très efficace, peut-être parce que cela correspondait davantage à un travail de policier, peut-être parce que les missions y étaient

---

5. Quotidien français fondé en 1904 par Jean Jaurès, organe central du Parti communiste français de 1920 à 1994.
6. Commune du Lot comptant moins de 5 000 habitants.
7. Sous-préfecture du département du Bas-Rhin.
8. Commune du Rhône.

plus excitantes, et sûrement aussi parce que les bons et les plus jeunes choisissaient d'y être affectés. Parmi eux, il y avait entre autres Bernard Squarcini[9], qui était très compétent sur la Corse et sur le Pays basque. En ce qui concernait le terrorisme, le service était essentiellement centré sur les violences indépendantistes (Basques, Corses, Bretons, Kanaks). À l'international, les RG suivaient l'Armée républicaine irlandaise et un petit peu l'islamisme, essentiellement en lien avec l'Algérie confrontée au FIS[10].

Pour résumer, les Renseignements généraux étaient une structure alourdie par des gens nombreux, pas toujours motivés, certains excellents mais d'autres médiocres, et des méthodes un peu surannées.

Mes efforts ont donc porté sur la modernisation de la maison. J'ai obtenu avec difficulté du ministre Joxe l'autorisation de faire réaliser un audit par une société privée. Environ deux cents agents ont été interviewés, ce qui n'a pas manqué de créer des remous. Les conclusions ont été, comme je m'y attendais, que l'utilité réelle de ce service en cette fin de XXe siècle pouvait être questionnée, et qu'il fallait impérativement le moderniser…

Cette modernisation a porté sur l'informatique, sur un toilettage des réseaux sur le territoire, et sur la formation des agents. Par exemple, j'ai fait venir le professeur Bruno Étienne[11] ainsi que Gilles Kepel[12], afin qu'ils fassent des conférences aux personnels.

---

9. Voir l'entretien accordé aux auteurs par Bernard Squarcini, p. 181.
10. Front islamique du salut. Fondé en 1989 par des islamistes influents de courants parfois rivaux, il visait à instaurer en Algérie un État islamique, régi par la charia. Il a été dissous en mars 1992.
11. Anthropologue, sociologue et politologue français, spécialiste de l'Algérie et de l'anthropologie du fait religieux, fondateur de l'Observatoire du religieux au sein de l'université d'Aix-en-Provence, Bruno Étienne est décédé en 2009.
12. Gilles Kepel est un éminent spécialiste de l'islam et du monde arabe contemporain, arabophone, professeur des universités à l'École normale supérieure, membre de l'Institut universitaire de France.

Trouvant que nous manquions de capacités dans le domaine financier, j'ai envoyé des gens des RG se former à l'université pour apprendre à lire un bilan, détecter un abus de biens sociaux, etc. Cela a donné des résultats intéressants : par exemple nous avons mis en lumière des réseaux de financement des Kanaks par la Libye ; c'était la première fois que nous parvenions à suivre des flux financiers internationaux en soutien à des opérations de violence politique ou de terrorisme. Nous avons investigué les financements en Corse, ou encore les moyens utilisés par l'ETA pour trouver des planques et des fonds en France, tout cela passant parfois par des pays tiers.

Je suis resté deux ans aux RG et j'ai lancé ce qui me paraissait important en matière de réforme. Évidemment, j'aurais voulu aller plus vite…

J'ai été nommé directeur de la surveillance du territoire en juillet 1990. Le président Mitterrand était parti en visite en Polynésie et, à son retour, Pierre Joxe m'a fait appeler pour m'informer qu'un mouvement préfectoral avait eu lieu dans l'avion et que le président avait décidé de me nommer à la DST, succédant ainsi à Bernard Gérard.

J'avais un peu fréquenté la DST comme DCRG, et j'étais en tout cas plus familier avec ce service que je ne connaissais les RG à mon arrivée en 1988… J'ai trouvé une maison très différente comptant près de mille sept cents collaborateurs, beaucoup plus centrée sur elle-même car très marquée par le couperet du secret défense. Aux RG, si vous aviez un collaborateur qui ne faisait pas l'affaire ou qui commettait des erreurs, il fallait du temps pour l'écarter car le statut général de la police lui était favorable. C'était tout à fait différent à la DST : vous supprimiez l'habilitation au secret défense et c'était réglé.

Je suis arrivé à un moment charnière : le mur de Berlin venait de tomber[13] et la DST était en train de basculer, avec beaucoup de réticences, du contre-espionnage classique structuré sur le temps long et sur la connaissance des agents, vers une DST où le contre-espionnage demeurait certes important mais où il devait se réinventer. Cela libérait des disponibilités de personnels, dispensés désormais de suivre les obscurs secrétaires d'ambassade, ainsi que des moyens d'écoute, mis à disposition de deux missions en plein essor : la protection du patrimoine et la prolifération, d'une part, et le terrorisme que l'on sentait frémir, d'autre part.

La transition du contre-espionnage à l'antiterrorisme s'est faite par la force des choses mais avec une certaine inertie. On me reprochait ma jeunesse (j'avais une petite quarantaine d'années à l'époque) : « Monsieur le directeur, vous n'avez pas vécu ce que nous avons vécu », et tout de suite Farewell[14] et d'autres gros dossiers ressortaient… « Vous ne tenez pas compte de la nature profonde de l'Union soviétique, du KGB, du SVR[15] ; ils reviendront et ils feront la même chose donc il ne faut pas baisser la garde. » De fait, c'est redevenu un sujet d'actualité.

Comme aux Renseignements généraux, je me suis attaché à développer ou à renforcer les compétences des personnels. J'ai fait suivre aux fonctionnaires de la DST en reconversion des formations sur l'Europe de l'Est qu'ils ne connaissaient qu'à travers le prisme déformant du contre-espionnage. J'en ai d'ailleurs profité pour me former moi aussi. Mitterrand m'avait demandé de

13. Érigé dans la nuit du 12 au 13 août 1961, le mur séparant la ville de Berlin, entre l'Est et l'Ouest, est tombé le 19 novembre 1989.
14. Voir note 7, p. 41.
15. Service d'espionnage politique extérieur de la Fédération de Russie, le SVR est le successeur de la première direction générale du KGB.

reprendre des contacts à l'Est et en particulier dans les Balkans pour contribuer, à notre mesure, à y favoriser la démocratie.

J'ai également œuvré à reconvertir peu ou prou, de manière supportable pour tout le monde, l'activité traditionnelle de la DST vers des activités nouvelles. J'ai mis l'accent sur l'antiterrorisme et la connaissance de l'islamisme en travaillant, au-delà de l'Algérie et du Maghreb, sur plusieurs zones géographiques nouvelles : Moyen-Orient, Afghanistan, Pakistan, jusqu'aux Philippines. À titre personnel, je n'avais pas de culture étendue sur l'islamisme ou le Moyen-Orient mais j'ai trouvé de bons spécialistes à la DST.

Avec le Renseignement militaire créé par Joxe, la DST s'occupait de suivre les jeunes Français qui choisissaient de faire leur service militaire en Algérie. Cela représentait de mille à mille cinq cents jeunes par an, des binationaux qui « fantasmaient le bled » comme terre du père, du frère, de la famille… Plus des trois quarts de ces engagés volontaires « en bavaient » et nous revenaient bien contents de rentrer en France. Mais, pour quelques-uns, on sentait une forme de rupture potentiellement problématique, qui a d'ailleurs donné à certains l'idée de les instrumentaliser contre notre pays.

Nous avons alors créé une section spécialisée pour analyser plus en profondeur le mouvement islamiste et anticiper ses développements. C'est un monde où chaque individu a un nom et deux ou trois *alias*. Nous nous sommes donc attelés à mettre en place des outils d'analyse informatique qui permettaient de suivre à la trace une personne, quand bien même elle utilisait plusieurs identités, ce que je n'avais jamais eu à faire avec les Corses, les Basques ou autres.

En complément des formations universitaires suivies par certains policiers, il m'est rapidement apparu nécessaire d'élargir plus significativement le recrutement aux universitaires, aux militaires, aux ingénieurs des télécoms, aux ingénieurs atomistes pour la prolifération. La valeur ajoutée de ces spécialistes était substantielle. Par exemple, mon prédécesseur avait recruté un militaire ingénieur atomiste qui avait réalisé les premiers essais dans le Sahara et qui m'a proposé la construction d'une filière atomique en blanc. Nous étions conscients du risque élevé de prolifération et nous avons ainsi scruté tout le processus, du minerai à la bombe : matériels, matériaux, connaissances techniques, etc. Nous suivions de près les évolutions au Pakistan et nous avons pu établir que le pays aurait la bombe, à la différence de l'Algérie. En effet, pour faire des centrifugeuses, il faut de l'acier maraging[16]. J'ai mis quelques agents sur sa fabrication et son commerce ; ils ont rencontré toutes les sociétés européennes de manière relativement ouverte, regardé tout ce qui passait autour et c'est ainsi que nous avons « pris » des Pakistanais qui faisaient leurs courses… Quant à l'Iran, nous avions effectué un très gros travail sur les étudiants et les stagiaires iraniens dans le monde et nous nous étions aperçus qu'il y avait une vraie politique de captation des compétences où qu'elles soient, de Stanford à Grenoble.

La nécessité d'expertises extérieures était également évidente en matière de communication, de téléphonie et de cryptage, même si ce n'était rien à côté d'aujourd'hui… Même chose pour les facteurs humains : j'ai recruté deux psychologues qui assistaient aux interrogatoires des individus que l'on soupçonnait

16. Alliage particulièrement résistant, dur et ductile.

d'action terroriste potentielle, ou qui avaient commis des infractions graves, de manière à analyser leurs réactions, leurs réflexes, etc.

Et, naturellement, ces recrutements ont créé de la valeur ajoutée mais aussi des tensions avec ceux qui étaient formatés pour considérer que la ST étant un service de police, rattaché de surcroît à la Direction générale de la police nationale, elle ne devait compter que des policiers.

J'aurais aimé œuvrer à un rapprochement entre les RG et la DST mais je n'ai jamais réussi à convaincre le président Mitterrand de la pertinence de cette réforme. Il me semblait pourtant qu'en matière de contre-espionnage, de protection du patrimoine et d'antiterrorisme nous aurions pu ainsi bénéficier d'évidentes synergies, tout en maintenant une police de proximité pour préserver le maillage territorial des RG.

Que dire de la situation actuelle ? Un État a le devoir de protéger sa population et, à cet égard, le terrorisme islamiste constitue une menace avérée. Si le rapprochement RG/DST avait été bien fait, nos résultats auraient pu être sensiblement meilleurs. J'ai le sentiment que cette fusion s'est effectuée en prenant tout, en rassemblant sans trier. Vous avez donc aujourd'hui encore un nombre non négligeable de gens pas vraiment motivés, qui n'ont pas la mentalité aiguisée qu'exige l'antiterrorisme… On a beaucoup écrémé aux RG, il fallait le faire aussi à la DST. En étant outrancier, je dirais que nous n'avons pas profité de l'occasion pour élaguer un certain nombre de choses et d'éléments qui n'ont pas leur place dans un service moderne.

Je ne suis personnellement pas favorable à une structure ou une *task-force* intégralement dédiées au terrorisme. Un service antiterroriste classique aurait-il la capacité de détecter une évolution de la menace vers des risques de prolifération par exemple ? Rien n'est moins sûr ; on souhaiterait alors intégrer cette dimension et changer la structure. Et ainsi de suite à chaque nouveau développement.

Quoi qu'il en soit, il faudrait se donner le temps de la réflexion pour conduire le plus intelligemment possible cette transformation profonde d'une mentalité de long terme et du cloisonnement à une culture de la réactivité et du partage des informations.

Général de corps d'armée (CR) Jean Heinrich

Chef du service action et directeur des opérations de la DGSE de 1987 à 1992
Directeur du renseignement militaire (DRM) du 30 juin 1992 au 23 novembre 1995

CONTRIBUTION ÉCRITE

À votre arrivée à la tête du service, quels étaient les problèmes auxquels vous avez été confronté ?

À la différence de mes homologues qui ont pris la direction d'un service en place et rodé, j'ai dû faire face à de nombreux problèmes liés au fait que j'ai reçu du ministre de la Défense de l'époque, Pierre Joxe, la mission de créer de toutes pièces un service de renseignement. Un des enseignements de la première guerre du Golfe avait été la carence totale du renseignement opérationnel militaire français. La division Daguet[1] engagée aux côtés des Américains[2] avait été,

1. Division de l'armée de terre constituée le temps de l'opération éponyme (septembre 1990-mars 1991) menée suite à l'invasion du Koweit par l'Irak du 2 au 4 août 1990.
2. La division Daguet a été engagée dans l'opération Desert Storm (Tempête du désert), dirigée par les Américains, déployée du 17 janvier au 28 février 1991, dans le cadre d'une coalition internationale mandatée par les Nations unies.

de ce fait, totalement dépendante du renseignement fourni par leurs services. D'une manière assez paradoxale, cette insuffisance majeure avait surtout marqué le ministre de la Défense qui m'avait convoqué pour me demander d'y remédier dans les meilleurs délais.

Pour concevoir ce service de renseignement dans toutes ses facettes, je me suis entouré d'un spécialiste par armée ainsi que d'un ingénieur général de l'armement. Ma première tâche a consisté à me présenter aux chefs d'état-major des trois armées et à la Direction générale de l'armement. À l'exception de la DGA et à ma grande surprise, je n'ai rencontré que des réactions négatives, voire hostiles, chacun ayant le souci de conserver toutes ses prérogatives et considérant le renseignement comme superfétatoire.

Dans un domaine différent, mes relations avec le monde politique, dans mes responsabilités antérieures, m'avaient fait prendre conscience que la prospective ou même les perspectives de moyen et long terme faisaient gravement défaut. Sans vision stratégique, les directives de court terme ne laissaient pas le temps d'investir dans le domaine du renseignement.

La création de la Direction du renseignement militaire a eu lieu peu après l'écroulement du bloc soviétique. Pendant la guerre froide, le monde occidental avait un ennemi commun sur lequel il s'informait en attribuant à chaque pays de l'OTAN un secteur de recherche. Les échanges permettaient à chacun d'avoir une connaissance bien supérieure à ses propres capacités. La nouvelle situation internationale a aussi eu pour conséquence une révolution dans le renseignement. Au lieu d'avoir à faire face à une organisation structurée, hiérarchisée et rationnelle, il a fallu affronter une nébuleuse à géométrie variable, hors du temps et de l'espace, capable d'agir partout par des actions terroristes dans un but difficile à cerner. Par ailleurs, la solidarité occidentale s'est vite estompée lorsque les cibles visées ont concerné non plus une alliance mais des pays. Il a fallu imaginer un autre concept, de nouvelles méthodes, des moyens adaptés pour répondre à ces nouvelles menaces.

D'une manière plus générale, j'ai essayé d'œuvrer pour que le renseignement gagne ses lettres de noblesse et attire des candidats, civils ou militaires, de grande qualité. Cela m'est apparu indispensable pour contrer de vieilles traditions solidement ancrées jusqu'à récemment, notamment dans le milieu militaire. Pendant longtemps, les carrières offertes étaient peu attractives, ce qui avait des conséquences sur la qualité des postulants.

Qu'avez-vous fait, changé, modifié ou essayé de modifier ?

Pour faire face à ces difficultés, diverses dispositions ont été prises. Quel que fût le prix à payer, nous avons décidé d'aller au bout de nos convictions pour ne pas déboucher sur un projet édulcoré qui aurait vite fait d'être mis au rebut dès que le ministre en fonction aurait quitté son poste. Nous avons rencontré un grand nombre de responsables de tous niveaux et avons surtout pris en compte les avis des experts des différents domaines qui allaient être les acteurs de la nouvelle organisation. Neuf mois après la décision du ministre, la Direction du renseignement militaire était en ordre de marche. Le ministre ayant exigé que le projet soit présenté pour approbation aux autorités de la Défense, le besoin s'est fait sentir, bien que nous fussions persuadés du bien-fondé de nos idées, d'obtenir l'approbation d'une autorité incontestable en la matière. Malheureusement, une telle personnalité n'existait pas en France. J'ai alors pris l'initiative d'appeler le directeur de la Defense Intelligence Agency (DIA)[3], l'agence de renseignement des forces américaines, pour lui proposer de lui présenter notre projet afin de recueillir ses observations. Bien que la démarche lui eût paru surprenante, il m'a reçu avec mon équipe et a organisé

3. Rattachée au Department of Defense (DOD), le département de la Défense américain, la DIA est le principal producteur et analyste du renseignement militaire aux États-Unis.

avec un grand nombre de ses experts des différents domaines une séance d'échanges du plus haut intérêt. Fort des avis très favorables de la DIA, l'« examen de passage » avec les chefs d'état-major s'est très bien passé. À dater de ce moment, nous avons par ailleurs noué des rapports de très bonne qualité avec la DIA.

Ce qui intéressait particulièrement la DIA était un secteur qui n'existait pas dans leur organisation et qui me semblait indispensable dans le contexte français : la prospective. J'ai en effet souhaité disposer d'un organisme de prospective car j'avais la conviction que, pour avoir un renseignement de qualité dans une zone, il fallait disposer d'un temps suffisant pour la mise en place d'un dispositif de recueil et d'exploitation (agents, linguistes, analystes, moyens d'investigation, etc.). Or je savais bien que les demandes et sollicitations des décideurs se situeraient toujours dans le court terme. La mission de cet organisme était donc de m'informer sur les zones dans lesquelles une crise risquait d'éclater dans un laps de temps d'un à cinq ans, en risquant d'une manière ou d'une autre d'impliquer notre pays. Des analystes et des scientifiques ont mis au point un dispositif qui m'a donné toute satisfaction en permettant la mise en place de senseurs et d'analyses en temps utile dans différentes zones.

La création de la DRM a correspondu à un changement géostratégique majeur avec la fin de l'affrontement Est-Ouest. Il a donc fallu imaginer une nouvelle manière d'organiser le recueil du renseignement. À la différence des Américains, nous n'avons pas considéré que le renseignement humain perdait de son intérêt du fait qu'il devenait extrêmement difficile d'infiltrer un réseau terroriste. Nous sommes au contraire partis du principe que, quoi qu'on puisse en penser, nous aurions affaire à des amateurs qui laisseraient des traces ou commettraient des indiscrétions de faible niveau. Nous avons alors décrété que toute personne sur un théâtre d'opérations ou dans une zone sensible devait se considérer comme un agent de renseignement. La collecte d'un très grand nombre d'informations, quelquefois anodines, analysées par des experts, devait ainsi nous permettre de reconstituer un puzzle. Ce concept a montré toute sa pertinence dès le conflit en ex-Yougoslavie où des résultats spectaculaires ont été obtenus. Pendant l'opération IFOR[4] de l'OTAN, plus de 80 % du renseignement provenait de la DRM.

Comment voyez-vous les problèmes de l'heure et que feriez-vous si vous étiez chargé d'y faire face ?

Je ne suis pas très à l'aise pour répondre à cette question ; d'une part, parce que je n'aime pas me retrouver dans la peau de l'« ancien » qui n'est plus en charge de responsabilités et qui distribue des jugements sans avoir les éléments d'appréciation et, d'autre part, parce que la génération en place est largement aussi qualifiée que celles qui l'ont précédée.

Que ferais-je si j'étais en charge de faire face aux problèmes de l'heure ? Avec beaucoup d'humilité, car je ne suis pas informé des mesures mises en place, j'adopterais peut-être la même démarche que celle des armées : mettre tout à plat, faire une analyse réfléchie de la menace, écrire une doctrine adaptée, entreprendre des formations et des entraînements correspondant à la doctrine, les adapter pour qu'ils répondent aux besoins de tous les niveaux, des plus exigeants aux plus « basiques », multiplier les « senseurs » jusqu'au plus bas niveau, organiser la circulation de l'information, former des analystes et des linguistes, spécialiser les éléments d'intervention pour éviter toute redondance, etc. Au total, avoir le courage de reconnaître qu'il y a des moments ou des circonstances où il faut savoir tout remettre en question.

4. Force opérationnelle de l'OTAN, l'Implementation Force (IFOR) a succédé à la Forpronu en décembre 1995, dotée d'un mandat de maintien de la paix en Bosnie-Herzégovine.

ANNÉES 2000

Liste des principaux attentats contre la France

(activités terroristes sur le territoire français
et actes de terrorisme ayant visé des citoyens français)

Nationalisme corse (FLNC)

Plus d'une centaine d'attentats recensés. Des dommages matériels.

Nationalisme basque (ETA)

1er décembre 2007 : 2 gardes civils espagnols abattus par un commando d'ETA sur le parking d'un centre commercial à Capbreton (Landes).

Divers

- *19 avril 2000* : attentat à Quévert (Côtes-d'Armor) contre un McDonald's, attribué à des indépendantistes bretons, mais non résolu par la justice ; 1 mort.
- *24 novembre 2000* : colis piégé dans les locaux du syndicat intercommunal de La Baule-Escoublac ; 1 mort.
- *10 octobre 2001* : incendie dans un centre de recrutement de la marine nationale à Pau, revendiqué par l'Association totalement antiguerre.

– *12 mai 2002* : incendie du bureau régional du Secours populaire à Toulouse par des néonazis.
– *14 juillet 2002* : tentative d'assassinat du président de la République pendant le défilé militaire par le militant d'extrême droite Maxime Brunerie.
– *8 janvier 2004* : attentat à la voiture piégée contre le préfet Aïssa Dermouche à Nantes. Affaire non résolue.
– *2007-2008* : attentats contre des radars automatiques, certains étant revendiqués par la Fraction nationaliste armée révolutionnaire.
– *28 mai 2008* : mitraillage d'une cité à Saint-Michel-sur-Orge par deux membres du groupe néonazi Nomad, proche de la Droite socialiste.

Attentats islamistes en France ou visant des Français (ou intérêts français) à l'étranger

• **2002**
– *8 mai 2002* : attentat à Karachi (Pakistan) contre des employés de la Direction des constructions navales (DCN) ; 14 morts dont 11 Français, 40 blessés.

• **2003**
– *16 novembre 2003* : assassinat par les talibans d'une employée française du Haut-Commissariat pour les réfugiés (HCR) des Nations unies en mission en Afghanistan.

• **2004**
– *26 septembre 2004* : assassinat par balle d'un Français expatrié en Arabie saoudite sur un parking de Djedda.
– *8 octobre 2004* : attentat contre l'ambassade d'Indonésie à Paris, revendiqué par le Front islamique français armé ; 10 blessés.

• **2007**
– *26 février 2007* : attentats contre trois familles françaises expatriées en Arabie saoudite attaquées lors d'une excursion dans le désert ; 4 morts.

- *21 septembre 2007* : véhicule kamikaze lancé contre le convoi d'un groupe français de BTP à Lakhdaria, en Algérie. Revendication du Groupe salafiste pour la prédication et le combat ; 9 blessés.
- *24 décembre 2007* : attaque contre un groupe de touristes français en Mauritanie. Les assaillants sont proches d'AQMI ; 4 morts et 1 blessé grave.

• **2008**

- *8 juin 2008* : double attentat à la bombe contre la voiture d'un ingénieur français travaillant pour un groupe français de BTP à Lakhdaria en Algérie ; 13 morts dont l'ingénieur français.
- *16 décembre 2008* : un groupe inconnu, le Front révolutionnaire afghan, informe les autorités après avoir déposé des bâtons de dynamite (sans détonateurs) au Printemps à Paris.
- *20 décembre 2008* : arrestation à Paris de Rany Arnaud, 29 ans, un islamiste isolé soupçonné d'avoir voulu faire exploser plusieurs bâtiments dont la DCRI.

• **2009**

- *22 février 2009* : attentat à la bombe contre un groupe scolaire de jeunes français au Caire ; 1 jeune fille tuée, 24 blessés.
- *8 août 2009* : attentat suicide devant l'ambassade de France en Mauritanie ; 2 gendarmes blessés.

Liste des principaux attentats islamistes à l'étranger visant des Occidentaux

- Yémen. *12 octobre 2000* : attentat à l'embarcation suicide piégée contre l'*USS Cole* dans le port d'Aden ; 17 morts, 39 blessés.
- États-Unis. *11 septembre 2001* : « attentats du 11 Septembre ». 4 avions sont détournés par 19 terroristes, deux percutent le World Trade Center, un est précipité sur le Pentagone et le dernier s'écrase en Pennsylvanie. Les attentats sont revendiqués par Al-Qaida ; 2 977 morts, 6 291 blessés.
- Tunisie. *11 avril 2002* : attentat-suicide visant une synagogue à Djerba ; 19 morts, 30 blessés.

- Indonésie. *12 octobre 2002* : attentats à la bombe de Bali dans le quartier touristique de Kuta ; 202 morts, 240 blessés.
- Russie. *23-26 octobre 2002* : prise d'otages dans le théâtre de la Doubrovka à Moscou par des terroristes tchétchènes ; 130 morts pendant la libération.
- Maroc. *13 mai 2003* : attentats-suicides à Casablanca ; 33 morts, 100 blessés.
- Indonésie. *5 août 2003* : attentat-suicide à la voiture piégée à l'hôtel Marriott de Jakarta ; 12 morts, 150 blessés.
- Turquie. *15-20 novembre 2003* : série d'attentats-suicides à Istanbul, visant des synagogues, le consulat britannique et un immeuble de la banque HSBC ; 57 morts, 700 blessés.
- Espagne. *11 mars 2004* : attentats à Madrid. Explosions de bombes posées par des islamistes marocains dans des trains de banlieue ; 191 morts, 1 800 blessés.
- Russie. *1er septembre 2004* : prise d'otages de l'école de Beslan par des terroristes séparatistes tchétchènes ; 344 morts, dont 186 enfants.
- Royaume-Uni. *7 juillet 2005* : attentats dans les transports publics londoniens (métro et bus) ; 56 morts, 700 blessés.
- Égypte. *23 juillet 2005* : attentats à l'explosif de Charm el-Cheikh ; 88 morts, 200 blessés.
- Indonésie. *1er octobre 2005* : série d'attentats à la bombe à Jimbaran et Kuta à Bali ; 20 morts, 100 blessés.
- Jordanie. *9 novembre 2005* : série d'attentats-suicides terroristes coordonnés dans des hôtels d'Amman ; 59 morts, 115 blessés.
- Inde. *11 juillet 2006* : sept attentats à l'explosif coordonnés à Bombay dans des gares et trains ; 209 morts et plus de 700 blessés.
- Inde. *13 mai 2007* : attentats à la bombe dans la ville touristique de Jaipur ; 63 morts, 216 blessés.
- Inde. *26-29 novembre 2008* : 10 attentats au fusil d'assaut coordonnés à Bombay ; 188 morts, 312 blessés.
- Indonésie. *17 juillet 2009* : attentats-suicides à la bombe dans deux hôtels de Jakarta ; 7 morts, 53 blessés.

Jean-Claude Cousseran

Directeur de la stratégie de la DGSE 1988-1991
Directeur général de la sécurité extérieure (DGSE)
du 14 février 2000 au 25 juillet 2002

ENTRETIEN DU 10 OCTOBRE 2016

J'ai été directeur général de la DGSE pendant trente mois, de février 2000 à juillet 2002, en période de cohabitation. J'avais été, de 1988 à 1991 directeur de la stratégie, dans le même service, après une carrière de diplomate.

Dans les années 2000, la DGSE était encore marquée par deux événements majeurs de son histoire récente : l'affaire du *Rainbow Warrior*[1] en 1985 et la fin de l'Union soviétique, son adversaire principal depuis cinquante ans.

L'affaire du *Rainbow Warrior* avait constitué pour le service un traumatisme profond. L'échec de l'opération avait mis en cause le professionnalisme, la gouvernance et les capacités de la DGSE qui étaient publiquement questionnés. L'affaire

1. Voir note 10, p. 43.

cristallisait aussi le ressentiment des personnels, à l'égard d'un État lointain et oublieux de ses devoirs. La DGSE allait devoir surmonter l'épreuve et se réformer rapidement.

La confrontation avec le monde soviétique avait façonné le service, son organisation, ses méthodes, le comportement de ses agents. Le savoir-faire sophistiqué du contre-espionnage (CE) était encore, en 2000, une référence prestigieuse et indépassable. Le service communiait sur ce qui faisait la force et la cohérence du CE : l'image de l'officier traitant, le culte de la manipulation, le cloisonnement et le secret comme règles de fonctionnement. Le service en tirait d'évidents avantages en termes de crédibilité et d'efficacité mais le payait sans doute d'un formalisme et de rigidités parfois dommageables pour une machine si complexe.

Avec le recul, il m'apparaît aujourd'hui que le service avait géré ces deux ruptures majeures à sa façon, à son rythme, en conformité avec sa nature profonde d'une organisation fermée et tournée sur elle-même.

Il était évident que l'on ne pouvait pas réformer une machinerie de cette nature de l'extérieur ou d'en haut. Le pouvoir politique – hors des déclarations de principes et de quelques encouragements formels – ne s'était d'ailleurs pas beaucoup investi sur le sujet. Le passage d'un contexte de guerre froide à un univers de menaces terroristes diversifiées comme la réévaluation des principes de fonctionnement interne se sont faits lentement, à différents niveaux du service. La transition a débuté tout d'abord au niveau de la plupart de ses agents, très conscients des échéances, puis elle s'est déployée au niveau des directions, véritables colonnes vertébrales du service. Dans le même temps, elle s'était imposée aux directeurs généraux qui ont eu à ordonner vingt années de transition.

La vraie inflexion, la seule réforme d'ensemble, qui avait porté une authentique reconfiguration du service, tiré les leçons du *Rainbow Warrior* et posé les bases d'une direction générale modernisée, avait été initiée par le préfet Silberzahn, directeur général de 1989 à 1995. Il avait su imposer un nouvel état d'esprit, installer une autorité, imprimer des normes et des structures simples, articulées autour de cinq directions, chargées chacune de l'une des fonctions centrales du service : la recherche de renseignement, les opérations, la technique, la stratégie et l'administration.

L'état des lieux en 2000

Au moment où j'ai pris mes fonctions, au début 2000, la maison travaillait sur la stratégie et sur les moyens qui lui permettraient de faire face aux défis d'un monde en mouvement et à des menaces recomposées. La machinerie était apparemment en état de marche : une structure simple, des responsabilités clairement définies entre les directions, des personnels mieux recrutés, mieux formés, plus diversifiés et déjà rajeunis, un budget convenablement doté et en croissance.

Mais si la maison tournait assez bien, le système, malgré les réformes, avait dans l'ensemble conservé ses références et son état d'esprit « historiques ». Le contre-espionnage était toujours là et actif, les directions vivaient et travaillaient dans une autonomie et dans une vision quelquefois exclusive de leur mission. La direction du renseignement, qui exerçait la responsabilité majeure de l'organisation de la recherche, dominait naturellement le système qu'elle contribuait d'ailleurs à rationaliser. Les autres directions s'efforçaient de développer leur domaine propre et y parvenaient souvent. La direction de la stratégie qui avait pour tâche de constituer, dans l'État, un réseau de contacts utiles, peinait à remplir, à l'intérieur du service, son rôle de conception et d'analyse stratégique, tel que l'avait envisagé le préfet Silberzahn.

En réalité, dans le quotidien, le système fonctionnait par métiers et par directions, sans beaucoup d'autres liens entre elles que ceux qu'imposent une mission commune et l'action d'une direction générale respectée et obéie, mais un peu dépourvue de moyens.

Tel est le premier diagnostic que je formai en février 2000.

Deux observations plus générales sur le contexte qui prévalait alors.

Tout d'abord, les rapports avec ce que l'on appellera plus tard la « communauté du renseignement » (la DST et la DRM pour l'essentiel) étaient compliqués et manquaient de l'esprit qu'aurait justifié l'importance de la mission commune. Pourtant, traditionnellement, le directeur du renseignement à la DGSE est un homme de l'Intérieur et le directeur de cabinet, un officier supérieur. La relation quotidienne était professionnelle et, dans l'ensemble, fonctionnelle mais elle se faisait dans un climat de défiance à l'évidence dommageable. Chaque service avait le sentiment que l'échange n'était pas satisfaisant et marqué d'arrière-pensées. L'idée que la coopération masquait en réalité une concurrence dissimulée était présente et les efforts sincères des directeurs généraux respectifs pour éviter les tensions peinaient à modifier l'atmosphère.

La seconde observation concerne les rapports avec le politique. Les services français obéissent. Ils sont soumis aux directives gouvernementales et ils veillent à se maintenir en conformité avec les orientations du pouvoir politique. Malheureusement, cette relation du service avec le pouvoir n'était à l'époque ni structurée ni réellement organisée. Sauf exception, le pouvoir politique n'édictait pas de stratégie d'ensemble pour le service, rien qui ressemblât à un plan d'action, à un ensemble d'instructions coordonnées, suivies, évaluées et éventuellement corrigées. L'État donnait, au cas par cas, par tel ou tel canal d'autorité, sur telle ou telle thématique d'actualité ou plus rarement, en relation avec un objectif stratégique, des instructions ponctuelles ou des orientations élargies. Mais il n'y avait pas de processus central et permanent d'évaluation politique et d'orientation de l'action du service, ni évidemment de contrôle parlementaire, hors de tel ou tel contact ponctuel. Rien en tout cas qui ressemblerait au PNOR, au CNR ou au coordonnateur national du renseignement que nous connaissons aujourd'hui[2]. En pratique, le DG bénéficiait d'une large délégation et il lui revenait de conduire son action face à un pouvoir qui l'avait nommé, mais qui demeurait assez lointain, méfiant, quelquefois ombrageux et peu disposé à engager son image et son autorité dans une mission comportant une part d'incertitude. Il est vrai que j'ai exercé mes fonctions dans une période de cohabitation.

Pour le formuler autrement, dans la pratique de ces années-là, le président de la République était le seul interlocuteur essentiel.

---

2. Le coordonnateur national du renseignement rapporte devant le Conseil national du renseignement (CNR) qui arrête la stratégie nationale en termes de renseignement. Le coordonnateur prépare cette stratégie et élabore le Plan national d'orientation du renseignement (PNOR). Depuis juin 2017, le coordonnateur a vu ses prérogatives élargies en devenant « coordonnateur national du renseignement et de la lutte contre le terrorisme », à la tête du Centre national du contre-terrorisme (CNCT). *Cf.* décret n° 2017-1095 du 14 juin 2017 relatif au coordonnateur national du renseignement et de la lutte contre le terrorisme, à la coordination nationale du renseignement et de la lutte contre le terrorisme et au centre national de contre-terrorisme.

Le directeur général le voyait – trop rarement – en tête à tête, le plus souvent à sa demande ou quand l'actualité l'exigeait, dans des entretiens sans périodicité fixe, pour des conversations substantielles où tout propos présidentiel valait vision, cadrage et instructions. Entre deux rencontres présidentielles, le DG voyait ses collaborateurs, le secrétaire général, le chef de l'état-major particulier, le directeur de cabinet, selon le sujet, le moment ou les centres d'intérêt. Matignon était un interlocuteur important mais principalement technique, procédural, budgétaire et relativement peu décisionnel, sauf pour les questions traitées à l'époque par le CIR[3] et pour le terrorisme. Le SGDN[4], qui tenait de son décret fondateur[5] un rôle dans la coordination du renseignement, était un interlocuteur régulier mais parfois difficile.

Quant aux relations de la maison avec la Défense, à laquelle le service était rattaché depuis l'affaire Ben Barka[6], le cabinet de la Défense était, à l'époque, la seule structure avec laquelle une relation permanente était nouée et organisée. Le service disposait au sein du cabinet d'une représentation (le bureau réservé). Il participait régulièrement à certaines activités du cabinet et le directeur général avait un accès régulier au ministre. Le général Rondot[7] était, à l'époque, le conseiller chargé du service et, à ce titre, il était tenu très régulièrement informé de son activité. Il intervenait relativement peu dans la conduite de la DG, sauf sur les sujets où la Défense était elle-même engagée.

3. Voir note 4, p. 40.
4. SGDN : Secrétariat général de la défense nationale, devenu le 13 janvier 2010 Secrétariat général de la défense et de la sécurité nationale (SGDSN).
5. Décret n° 62-808 du 18 juillet 1962 relatif à l'organisation de la défense nationale.
6. Voir note 11, p. 74.
7. Voir note 7, p. 58.

Cette relation État/service a souvent été commentée et caricaturée, comme le montre la phrase apocryphe prêtée injustement à un président de la République, qui, répondant à un DG qui aurait sollicité une autorisation, lui aurait dit : « Allez-y, je vous désavouerai. »

Le terrorisme

Pendant mes années d'exercice à la tête de la DGSE, le terrorisme s'est imposé comme un sujet crucial et critique. L'adversaire soviétique disparu, il nous fallait renforcer nos capacités et adapter nos moyens, nos méthodes de travail, la formation de nos agents, aux nouvelles menaces : en premier lieu le terrorisme, mais aussi la prolifération nucléaire, l'ingérence économique, la nouvelle criminalité organisée et enfin la redistribution de la puissance et des influences politiques en Méditerranée, au Moyen-Orient et en Afrique.

L'expérience du service en matière de terrorisme était reconnue. La DGSE professait à l'époque une doctrine, explicitée plus tard par Alain Chouet[8], selon laquelle un acte terroriste n'était jamais le fait du hasard mais traduisait le plus souvent une situation de tension, de conflit, d'antagonismes peu perçus, insuffisamment analysés et mal gérés. Les services devaient se mettre en mesure de déceler, bien avant la première action concrète accomplie, le contexte annonciateur, les signaux, les intentions, les préparatifs d'une possible action terroriste. La DGSE était le

8. Alain Chouet a occupé les fonctions de chef du service de renseignement de sécurité à la DGSE en 2000-2002. Il est l'auteur, avec Jean Guisnel, de l'ouvrage *Au cœur des services spéciaux. La menace islamiste : fausses pistes et vrais dangers*, La Découverte, 2013.

seul de nos services à mettre en œuvre une politique organisée d'anticipation opérationnelle sur le terrorisme – il est vrai hors du territoire national et grâce à la coopération internationale. La DST avait été, pour sa part, longtemps soumise à un cadre juridique qui lui interdisait d'intervenir en amont de la commission d'un acte terroriste puisque la notion d'association de malfaiteurs en liaison avec une entreprise terroriste était encore très récente[9].

Sans remonter aux guerres coloniales, la DGSE avait été mobilisée, d'abord sur les terrorismes d'extrême gauche et régionalistes européens, irlandais tant que basque. Elle avait également longtemps travaillé sur le terrorisme palestinien dans ses différentes incarnations et avait dû investir sur le terrorisme sponsorisé par des États (Syrie, Iran et Libye avec l'attentat de la rue Marbeuf[10], l'assassinat de Louis Delamare[11], l'affaire des otages du Liban[12] ou encore l'affaire Valente[13]). Enfin, au cours de la décennie 1990, les services français avaient eu à traiter les attentats du CSPPA[14] et les formes successives du terrorisme islamiste algérien (FIS[15],

---

9. L'article 421-2-1 du Code pénal stipulant que « constitue également un acte de terrorisme le fait de participer à un groupement formé ou à une entente établie en vue de la préparation, caractérisée par un ou plusieurs faits matériels, d'un des actes de terrorisme mentionnés aux articles précédents » découle de la loi n° 96-647 du 22 juillet 1996.
10. L'attentat à la voiture piégée perpétré le 22 avril 1982 rue Marbeuf dans le 8ᵉ arrondissement de Paris, devant l'immeuble abritant les locaux du journal *Al-Watan al-Arabi*, avait fait 1 mort et 66 blessés. Le terroriste Carlos a été condamné pour une série d'attentats commis au début des années 1980, dont celui de la rue Marbeuf. Voir note 8, p. 58.
11. Diplomate français, ambassadeur de France au Liban où il a été assassiné le 4 septembre 1981. La Syrie aurait commandité ce crime pour punir la France de son ingérence dans les affaires intérieures du Liban.
12. Voir l'entretien accordé aux auteurs par Rémy Pautrat p. 49.
13. Jacqueline Valente a été enlevée avec des amis belges le 8 novembre 1987 alors qu'elle naviguait sur un voilier au large de Saïda, par le Fatah-Conseil révolutionnaire d'Abou Nidal. Elle est demeurée en captivité près de deux ans et demi.
14. Comité de solidarité aux prisonniers politiques arabes, antenne européenne du Hezbollah libanais dirigée par Fouad Ali Saleh. Voir note 12, p. 60.
15. Voir note 10, p. 109.

GIA[16] puis GSPC[17]) dont l'action terroriste sur notre sol avait ensanglanté Paris (attentats de Saint-Michel[18] et de Port-Royal[19]). Ce dernier sujet était traité en liaison et en parallèle avec la DST, non sans différences d'approche et d'analyse, quelquefois très marquées.

Sur toutes ces questions difficiles, le service s'était acquis, par ses moyens propres, par le savoir-faire de ses agents, par les contacts noués avec ses partenaires étrangers, une réelle compétence. Il avait appris à identifier les acteurs, à évaluer leurs capacités, à déceler leur vulnérabilité. Dans une démarche de prévention et de protection des intérêts français, il engageait, quand il le fallait, soit des actions d'entrave, soit, dans certains cas, des actions de contact et de dissuasion quelquefois couronnées de succès.

Avec Al-Qaida, une nouvelle forme de terrorisme islamiste est apparue dans les années 2000, émancipée des tutelles étatiques et des stratégies transnationales. Ce terrorisme, construit à partir du djihad afghan, était bâti sur une vision plus idéologique et plus globale de l'affrontement Islam/Occident, et se révélait plus élaboré en termes de stratégie, de savoir-faire et de communication.

Du fait de sa présence ancienne sur le théâtre afghan, le service avait clairement perçu les développements intervenus après le djihad contre les Soviétiques. Il avait senti la force

---

16. Groupe islamique armé. Nébuleuse armée établie en Algérie en juin 1992 et recourant à des moyens terroristes pour établir un régime islamiste en lieu et place du pouvoir algérien.
17. Groupe salafiste pour la prédication et le combat, fondé en dissidence du GIA en 1998 et devenu, le 25 janvier 2007, Al-Qaida au Maghreb islamique (AQMI).
18. Une bombe placée dans une rame du RER B fit 8 morts et 117 blessés le 25 juillet 1995 à la station Saint-Michel. L'attentat est attribué au GIA.
19. Dans le même RER B, l'explosion d'une bonbonne de gaz le 3 décembre 1996 fit 4 morts et 91 blessés. Là encore, l'acte est relié au GIA.

des réactions apparues en Arabie saoudite, en opposition à la présence de troupes américaines lors de la première guerre contre l'Irak. Il avait pris acte du premier attentat contre le World Trade Center en 1993[20] et des actions menées contre les intérêts américains à Al Khobar[21], à Nairobi et à Dar es Salam en août 1998[22].

Le 11 septembre 2001

Le 11 Septembre a toutefois été un choc. Depuis des mois, l'idée s'était répandue qu'il allait se passer quelque chose, que des préparatifs s'étaient intensifiés, qu'une montée en puissance d'Al-Qaida était possible. À l'été 2000, des rencontres entre les Américains et les Européens avaient clairement souligné la possibilité imminente d'une affaire majeure. Le service, comme ses homologues, raisonnait et travaillait sur une action conduite contre les intérêts américains ou français, mais nous imaginions surtout une action en Europe et en France contre des cibles américaines.

Dans mon souvenir, nous n'avions pas envisagé une action au cœur des États-Unis, malgré le précédent qu'avait constitué le premier attentat contre le World Trade Center, et surtout pas une attaque sur un objectif si important, dans une opération si

20. L'explosion d'une voiture piégée sous la tour Nord le 26 février 1993 avait pour dessein de faire basculer l'immeuble sur sa tour jumelle et de détruire l'ensemble du World Trade Center. Ce projet échoua, mais l'attentat fit 6 morts et plus de 1 000 blessés.

21. L'explosion d'un camion piégé le 25 juin 1996 devant un immeuble hébergeant du personnel de l'US Air Force fit 20 morts (dont 19 Américains) et 372 blessés.

22. Deux attentats quasi simultanés à la voiture piégée, perpétrés le 7 août 1998 devant les ambassades américaines au Kenya et en Tanzanie, firent 224 morts et plusieurs milliers de blessés.

complexe, d'une conception si moderne, si sophistiquée dans ses aspects de communication.

Au lendemain de l'attentat, le service a recensé parmi ses publications celles qui avaient identifié quelques-unes des caractéristiques du 11 Septembre. Le résultat montrait que nous avions perçu nombre d'éléments significatifs mais que nous ne les avions pas suffisamment mis en relation, ni imaginé le résultat d'ensemble qu'ils pouvaient provoquer. Cela constitua une prise de conscience de la difficulté de percevoir les mutations psychologiques, politiques et idéologiques de l'adversaire, de mesurer son savoir-faire, de comprendre sa façon de raisonner, ses références culturelles, historiques et politiques, mais aussi une incitation majeure à reconsidérer nos façons de réfléchir et d'agir sur ce phénomène.

Dans la phase qui a suivi, le service a pris un certain nombre de mesures relatives au renforcement rapide des moyens à mettre en œuvre face à la menace terroriste (effectifs, méthodes, moyens techniques) sans mesurer encore l'ampleur des bouleversements que la priorité antiterroriste allait constituer pour la DGSE. Dans l'immédiat, le service allait surtout amplifier sa coopération avec les Américains, poussée jusqu'à la constitution de la « Base Alliance[23] » (et ce malgré quelques réserves initiales).

23. Structure de coopération opérationnelle entre les services de renseignement de six pays (États-Unis, France, Royaume-Uni, Allemagne, Canada et Australie), la Base Alliance a été mise en place fin 2002 pour lutter contre Al-Qaida. Elle était hébergée en France aux Invalides et visait à mutualiser les échanges d'information entre les pays membres. Elle a été stoppée à l'été 2009, suite à une forte tension entre la France et l'administration Obama.

L'émergence de nouveaux centres d'intérêt : la prolifération nucléaire, les otages, l'Afghanistan, l'Afrique

La centrale a eu, dans cette période, à travailler sur la prolifération nucléaire en Irak et sur le risque de voir le régime de Saddam Hussein poursuivre le développement de son ancienne politique d'accession à l'arme atomique. Au cours des années 2000, la recherche, qui avait accumulé depuis plusieurs années des connaissances sur les programmes nucléaires irakiens, avait étudié un certain nombre d'informations – aujourd'hui bien documentées –, dont plusieurs semblaient accréditer la réalité de préparatifs irakiens en matière nucléaire et bactériologique. Le service, qui avait sérieusement évalué la valeur de ces indications et les sources concernées, était tout à fait sceptique sur leur réalité et l'avait fait savoir. Notons qu'elles ont joué un rôle important dans la définition des politiques américaines en 2003[24].

Une prise de plusieurs otages français sur l'île de Jolo en 2000[25], aux Philippines, a mobilisé le service dans des conditions difficiles, en raison de l'éloignement et de l'isolement des lieux.

24. Déclenchée officiellement le 20 mars 2003, l'invasion de l'Irak par les troupes américaines a été présentée par les États-Unis comme une « guerre préventive » destinée à parer au risque d'usage d'armes de destruction massive par le régime de Saddam Hussein. Les Américains avaient préalablement exposé leurs « preuves » devant le Conseil de sécurité des Nations unies le 12 septembre 2002. La France refusa pour sa part de s'engager dans l'intervention militaire.
25. Le 23 avril 2000, 21 personnes ont été prises en otages sur l'île malaisienne de Sidapan par le groupe séparatiste musulman Abu Sayyaf, puis acheminées et détenues sur l'île philippine de Jolo. Le 9 juillet 2000, 3 journalistes de France 2 venus interviewer les otages ont à leur tour été capturés. Les tractations ont duré plusieurs mois ; le 20 septembre 2000, tous les Français ont été libérés sains et saufs.

La DGSE, qui disposait d'une expérience avérée des questions d'otages, a dû développer une méthodologie et des procédures adaptées à une intervention dans un pays lointain et tout à fait éloigné de ses zones d'action habituelles. Le service aura acquis, à cette époque, un savoir-faire qu'il saura utiliser plus tard dans d'autres libérations d'otages.

Au plan géographique, le service était traditionnellement actif dans l'espace méditerranéen et au Moyen-Orient. Comme je l'ai déjà évoqué, il menait aussi depuis plusieurs années une politique de présence en Afghanistan où il avait noué des contacts privilégiés avec l'Alliance du Nord. Cela lui avait permis d'être très bien informé sur la situation dans ce pays, avant et après le 11 Septembre, et d'y disposer d'une structure de renseignement efficace au moment crucial de l'intervention de la coalition en Afghanistan[26].

S'agissant de l'Afrique, le service avait perçu dans la région sahélienne les premières menaces d'une action subversive conduite dans le Nord-Sahel par des éléments venus d'Algérie. Cette préoccupation était venue renforcer l'intérêt que la maison portait depuis de longues années déjà à la question touareg et à la stabilité des régions nord du Mali et du Niger. En juin 2002, j'avais effectué un voyage dans cinq pays de la bande sahélo-saharienne et j'avais ainsi pu mesurer sur le terrain la pertinence

26. L'offensive anglo-américaine contre le régime des talibans a été lancée le 8 octobre 2001 en représailles aux attentats du 11 Septembre et à leur refus de livrer Oussama ben Laden. Elle s'est appuyée sur l'Alliance du Nord et a infligé aux talibans une série de revers. À la mi-novembre, le Premier ministre Lionel Jospin a annoncé l'envoi du porte-avions *Charles-de-Gaulle* et de son groupe aéronaval, qui ont appareillé le 1er décembre. Le 20 décembre 2001, la résolution 1386, adoptée à l'unanimité par le Conseil de sécurité des Nations unies, a autorisé la création de la Force internationale d'assistance à la sécurité (FIAS), dont le commandement militaire était assuré par l'OTAN.

et la portée des inquiétudes exprimées dans la correspondance du service. Les conditions qui pouvaient conduire au développement de structures islamistes commençaient à être réunies. Cette même année 2002, le service avait formulé un certain nombre d'idées sur la nécessité de mettre en place, dans quelques zones de vulnérabilité des pays sahéliens, des structures opérationnelles capables – avec le soutien du service et des moyens français – de faire face à la menace de ces groupes subversifs.

Nouvelles orientations techniques

La DT[27], qui était en charge du renseignement technique à l'extérieur du territoire national avait, bien avant mon arrivée, envisagé les étapes de sa modernisation. Celle-ci passait notamment par une considérable montée en puissance des dispositifs d'interception et des capacités de traitement qui lui étaient associées, ainsi que par la maîtrise de nouveaux développements technologiques qu'il était déjà possible d'anticiper. Les actions de la direction s'étaient déployées à plusieurs niveaux. Nous avions d'abord essayé d'avoir une meilleure concertation sur la cohérence des investissements engagés dans les domaines techniques. De même, nous nous étions efforcés de consolider la couverture juridique protégeant certaines activités du service. Nous avions aussi, en marge des décisions prises pour renforcer les capacités de la France dans le domaine technique, engagé une réflexion sur la répartition des responsabilités entre les différents acteurs du renseignement français. Une coopération technique existait déjà entre la DGSE et les services du ministère de l'Intérieur,

27. Direction technique de la DGSE.

même si, en parallèle, la DST s'efforçait de renforcer ses capacités propres. C'est dans ce contexte que nous avons commencé, dans les années 2000, à discuter des principes d'une coopération élargie et refondée sur l'idée d'une mutualisation des moyens technologiques de la DGSE, au profit des autres services français.

Comment réformer un service de renseignement ?

Un directeur général est comptable de la capacité de son service à faire face aux responsabilités qui lui sont confiées. Il est, en même temps, conscient tout à la fois de la nécessité des évolutions et de la rigidité du système. Il sait aussi que le temps de la réforme, dans le contexte du service, n'est pas le temps de la politique ni celui de la menace.

Dès mon arrivée, j'avais indiqué que mon objectif serait de consolider les réformes qu'avait initiées le préfet Silberzahn et que je ferais seulement évoluer un certain nombre de pratiques, dans le cadre défini par la réforme Silberzahn. C'est ce qui a été fait.

Création d'un cabinet

J'ai d'abord souhaité renforcer les moyens du DG. Le directeur général du service était respecté, obéi, parfois craint. Toutefois, les directions avaient historiquement, dans la marche du service, de grandes capacités d'initiative – ce qui était positif – mais aussi beaucoup d'autonomie et de moyens en propre. De sorte que le DG dépendait largement pour son information, pour son travail d'évaluation, pour sa mission de contrôle, d'impulsion et de coordination, des moyens des directions.

Ayant pu constater, lors de mon précédent passage à la DGSE[28], quelques dysfonctionnements, j'ai souhaité renforcer les moyens de la direction générale. J'ai regroupé au niveau de la DG des moyens jusque-là dispersés, tels le chiffre ou le courrier, c'est-à-dire la fonction information. J'ai créé un secteur juridique qui n'existait pas ; j'ai institué des comités décisionnels pour l'affectation des personnels et l'examen des projets d'investissement, en particulier des projets d'investissement technique jusque-là débattus au sein de chaque direction. J'ai souhaité constituer, autour d'un « dircab[29] » doté de caractère, d'expérience et d'autorité, un cabinet capable de structurer autour du DG une capacité d'information, de réflexion et de conseil qui lui soit propre. Ce cabinet était constitué de jeunes agents, issus des différentes directions du service. Ils ne disposaient d'aucune autorité personnelle mais ils devaient être associés, sans restriction, à l'activité des différentes directions. Ces réformes ont été apparemment utiles puisque mes successeurs les ont maintenues.

Un centre de situation

La seconde réforme que j'ai souhaitée a été la création d'un centre de situation, qui n'existait pas dans le service, mais dont une visite en Allemagne, où un tel centre était depuis longtemps en place, m'avait convaincu de la pertinence. Les objectifs poursuivis étaient simples sur le papier mais difficiles à mettre

28. Comme directeur de la stratégie de 1988 à 1991.
29. Directeur de cabinet.

en œuvre en raison de la résistance du milieu. Il s'agissait tout d'abord d'avoir un lieu de concentration de l'information et des ressources des différentes directions. Il s'agissait ensuite d'établir une structure de travail en commun. En temps de crise, je souhaitais que nous puissions disposer d'une cellule capable d'abriter les experts de toutes les directions et de les faire travailler ensemble, ce qui n'était pas une pratique fréquente au sein du service. Ce centre allait constituer le seul espace opérationnel de décloisonnement de la maison pour donner au DG et à l'ensemble des directeurs la capacité d'accéder ensemble à toute l'information disponible pour construire un processus d'analyse, d'évaluation et de décision concertées. Notons que de telles structures de gestion de crise existaient, depuis des années, dans les autres pays.

Nous avons également créé une inspection générale. Le service fonctionnait jusqu'ici sans une structure chargée du contrôle, de l'évaluation et du conseil. Il m'était apparu qu'une inspection générale composée de membres du service pourrait avoir, au-delà des fonctions normales d'une inspection, deux missions supplémentaires : une vocation de conseil qui répondrait à un besoin évident en matière d'administration et de gestion des postes extérieurs et des directions, et une capacité à promouvoir un espace de dialogue social qui ne semblait pas tout à fait rempli par l'organisation d'alors.

De la même façon, nous avons modifié l'organigramme de la direction du renseignement sans toucher à sa logique, pour structurer de manière plus précise à l'intérieur de cette direction deux services qui correspondaient aux deux grands métiers de la DGSE : un service du renseignement de sécurité chargé du terrorisme, de la prolifération, de la criminalité organisée et des ingérences économiques, et un service du renseignement politique regroupant les anciennes divisions géographiques.

Échecs

Dans cette action de réforme, j'ai le sentiment d'avoir enregistré, entre autres déceptions, deux échecs.

Le premier échec concerne l'analyse. Dès mon arrivée au service, j'ai eu le sentiment que la fonction analyse n'était pas réellement assumée. Il y avait de bonnes raisons à cela. Le service, comme ses homologues, considérait que sa mission essentielle était de produire du « brut », une information secrète, incontestable et vérifiée. Beaucoup pensaient avec raison que le service n'avait pas pour mission de se livrer à de vastes analyses géopolitiques ou de refaire le travail des diplomates. J'avais assez vite constaté que l'analyse politique était un domaine souvent réservé aux jeunes agents ou à ceux qui n'avaient pas l'expérience des postes. D'une manière générale, il y avait une méfiance réelle à l'égard de tout ce qui dépassait l'analyse contextuelle du renseignement « brut » qui était regroupé sous le terme générique d'« exploitation ». Il faut cependant reconnaître que le service déployait de réelles capacités d'analyse, en ayant recours à toutes les subtilités du raisonnement politique pour organiser la recherche du renseignement, évaluer ses sources, préciser ses objectifs ou concevoir ses opérations de recherche.

L'idée que faire vivre une réflexion nourrie par une compréhension approfondie des risques et l'analyse stratégique des menaces, par l'évaluation des vulnérabilités extérieures de la France, procédant d'une authentique anticipation opérationnelle, puisse être une mission dévolue au service n'avait pas convaincu.

Mon second regret est de n'avoir pas suffisamment conduit le service à renforcer ses capacités sur les pays de l'« arc de crise » (Sahel, Méditerranée, Moyen-Orient). Nous avions déjà une politique ciblée de recrutement – d'ailleurs très efficace – de linguistes, en particulier arabisants, mais nous avions besoin aussi d'hommes et de femmes connaissant ces sociétés, leurs mécanismes psychologiques, leurs ressorts économiques et politiques. Cela impliquait un effort de recrutement, de formation et une gestion des carrières propre à en faire des spécialistes.

Avec quinze ans de recul, mon passage à la DGSE a été pour moi une expérience humaine, professionnelle et aussi politique dont je retiens deux réflexions.

La première porte sur les relations entre le pouvoir et le service. Notre histoire a légué aux responsables politiques une culture de la méfiance à l'égard des services et l'idée qu'il y a là un pouvoir hors normes, difficile à contrôler, qui constitue potentiellement un risque. Ce sentiment, enraciné chez les responsables politiques que j'ai connus, est partagé par une partie de l'opinion éclairée et par ceux qui militent, dans notre démocratie, pour un État dépourvu des moyens du secret.

Les services en France ne constituent pourtant plus, depuis longtemps, une menace pour la République. Ils peuvent être mal dirigés, sujets à des erreurs, mais ils obéissent à l'État et ils sont républicains. L'enjeu réside donc bien davantage dans l'établissement d'une relation de travail normale, organisée, fonctionnelle, entre deux milieux profondément différents et prisonniers, l'un et l'autre, de logiques et de cultures évidemment distinctes. Depuis quelques années, l'évolution va dans le bon sens : peu à peu, l'État se dote à son sommet d'une architecture de sécurité nationale. Il installe des structures de délibération et de décision en matière de renseignement, en particulier à la présidence de la République. Tel est le sens des réformes Sarkozy, et notamment la création du Conseil national du renseignement et du coordonnateur national du renseignement[30]. C'est le sens également de la pratique récente des convocations régulières de conseils restreints axés sur la sécurité. Ou de l'importation à Paris de pratiques inspirées du Joint Intelligence Committee[31] qui réussissent à Londres. C'est, semble-t-il, le sens qu'il faut donner à la création d'un Centre national du contre-terrorisme, lequel « appartient » à la coordination nationale du renseignement et de la lutte contre le terrorisme au sein de la présidence de la République[32].

Une seconde réflexion porte sur la fragmentation du système français. Quelle que soit la pertinence de certains projets d'unification ou de regroupement de telle ou telle entité administrative, les structures héritées du passé ne sont pas toutes irrationnelles ou dépassées. Il est toujours possible et sans doute recommandé d'unifier des objectifs, de rapprocher des structures, de redessiner des processus. Mais le défi est tout autre d'unifier, par décret, des machineries si complexes et engagées dans l'action.

En revanche, il demeure tout à fait nécessaire de bâtir, entre tous les services de la communauté du renseignement, une culture commune et de renforcer l'habitude de travailler ensemble. C'est dire si le projet d'Académie du renseignement doit être tenu pour une priorité, de même qu'une politique de mobilité gérée avec rigueur. C'est seulement en apprenant

30. Voir note 2, p. 133.
31. Voir notes 26, p. 85 et 39, p. 95.
32. Le CNCT a été établi par le décret n° 2017-1095 du 14 juin 2017 relatif au coordonnateur national du renseignement et de la lutte contre le terrorisme, à la coordination nationale du renseignement et de la lutte contre le terrorisme et au centre national de contre-terrorisme. Il est chargé de l'analyse de la menace et de la stratégie de lutte contre le terrorisme.

aux uns et aux autres l'impératif collectif de la coopération entre structures différentes que la culture traditionnelle de l'entre-soi, qui marque encore les services, pourra véritablement évoluer.

Général de corps d'armée (2S) André Ranson

Directeur du renseignement militaire (DRM)
du 31 mai 2001 au 13 mai 2005

ENTRETIEN DU 3 OCTOBRE 2016

Lorsque j'ai pris mes fonctions à la tête de la DRM, un grand changement doctrinal et conceptuel venait de se produire avec le glissement fondamental de ce qu'on appelait alors le « renseignement militaire » vers ce qui s'appelle maintenant le « renseignement d'intérêt militaire ».

La période de la guerre froide était derrière nous, durant laquelle le renseignement militaire s'était concentré sur tout ce qui avait trait au pacte de Varsovie, à sa doctrine et sur ce qui se passait de l'autre côté du rideau de fer. Et cette menace ayant disparu, il est apparu nécessaire de se préoccuper non seulement de l'ennemi quel qu'il soit et quelle que soit la difficulté de le cerner, mais également de tout ce qui concourt à l'application de la force militaire, c'est-à-dire à l'environnement des conflits.

Ce constat s'était imposé très nettement en Bosnie et au Kosovo, lorsqu'il s'était agi d'essayer de faire plier Milosevic[1]. Par exemple, la décision avait été prise de bombarder les installations électriques ; mais encore fallait-il savoir comment fonctionnait un circuit électrique depuis la production jusqu'à la distribution de courant. Cela nécessitait d'avoir des vues sur des éléments en dehors de la pure connaissance de l'ennemi. Ce qui ne signifie pas pour autant qu'aller chercher ce type d'information relève des militaires. Mais, en tout état de cause, il faut aller la recueillir quelque part… Nous venions donc d'opérer ce changement doctrinal et il fallait le mettre en œuvre.

Deuxièmement, ce qui m'a beaucoup frappé, c'est l'ignorance, notamment de la part des décideurs politiques, de la spécificité du renseignement des armées. Lorsque l'on parle renseignement, beaucoup de nos interlocuteurs pensent qu'ils connaissent le sujet mais ils en ont en fait une vue stéréotypée. Et, de plus en plus fréquemment, les décideurs qui avaient autrefois une certaine connaissance de ce qu'étaient les armées sont aujourd'hui largement dépourvus de culture militaire. Le renseignement militaire n'est qu'une fonction de l'emploi des armées, comme la logistique et comme bien d'autres. C'est donc très différent du renseignement que faisait à l'époque la DST ou que fait maintenant la DGSI, et ce n'est pas du tout la même chose que ce que fait la DGSE. Vouloir tout traiter sous le même terme générique de « renseignement » amène à des confusions regrettables.

À la DRM, le focus est placé sur l'ennemi, avec la double difficulté de le cerner à court terme et de le traiter à long terme.

---

1. Slobodan Milosevic, président de la République de Serbie au sein de l'ex-Yougoslavie du 8 mai 1989 au 23 juillet 1997, soit pendant la guerre qui vit l'éclatement de celle-ci.

La Direction du renseignement militaire est pourvoyeuse d'informations au profit du chef d'état-major des armées. Même si, dans les textes, la direction a un certain rôle vis-à-vis du ministre, dans la réalité, elle travaille pour le CEMA à qui elle doit donner les renseignements nécessaires pour la planification et la conduite des opérations. Elle doit aussi lui fournir les informations nécessaires à la préparation de l'outil de défense futur. Cela suppose d'avoir une vue prospective des ennemis potentiels et de leurs capacités. Et de concevoir, en réponse, la stratégie de la France à l'horizon de quinze ou vingt ans puisque c'est le délai nécessaire pour les programmes d'armement.

La DRM doit ainsi impérativement mener de pair les approches court et long termes et faire preuve d'une agilité constante : que doit-on chercher entre le court terme pour le CEMA, le long terme pour le ministre ? Sachant de surcroît que le ministre a des besoins qui sont souvent radicalement différents de ceux du CEMA. J'ai une bonne illustration de la divergence d'intérêts entre ces deux acteurs au sujet du continent sud-américain. Au plan strictement militaire, la Guyane où nous avons notre centre spatial constitue la zone la plus cruciale. Sa protection aurait supposé de focaliser notre attention sur les menaces éventuelles liées aux pays limitrophes (Brésil, Suriname) et sur les éventuels périls venus de la mer. Pour la ministre de la Défense Michèle Alliot-Marie, la priorité était toute différente et elle portait sur le Pérou et le Chili, leur politique de défense et les prospects pour les ventes de sous-marins français. Comment arbitrer sur nos capacités réduites de recueil d'informations entre ces différentes orientations ? Et, de manière plus large, quels sont les besoins de nos décideurs politiques et notamment les besoins à long terme ? Étant entendu que les décideurs politiques ne se passionnent pas pour le long terme… Savoir quelle est la stratégie du pays à horizon de dix ou quinze ans vis-à-vis de telle ou telle zone du globe n'est pas chose aisée. Et, par conséquent, identifier les informations pertinentes à rechercher pour venir en appui de telle ou telle décision ou de tel ou tel scénario est souvent une gageure. Il a pu arriver que nous soyons amenés à nous substituer un petit peu aux décideurs en choisissant nous-mêmes ce qu'on allait chercher. Il est évident que l'on regarde de près l'avenir de la capacité militaire chinoise. Mais il y a peut-être d'autres zones qui intéresseraient les décideurs sans que nous en soyons informés.

Une difficulté supplémentaire provient de nos moyens qui sont non seulement limités, mais dont le directeur du Renseignement militaire n'a pas la maîtrise. La DGSE est une direction générale – « générale » signifiant qu'elle a le contrôle de ses flux financiers, de son budget et de ses recrutements. La DCRI n'était qu'une direction centrale et elle s'est battue pour devenir une direction générale[2]. La DRM demeure une direction, donc le directeur n'a de maîtrise ni des moyens financiers ni du recrutement de ses personnels. Je ne pense pas que transformer un jour la DRM en direction générale soit réaliste, mais il faut être conscient de cette difficulté qui amène à des problèmes. Pour n'en citer qu'un, nous sentions très bien à l'époque la nécessité de faire un effort sur la formation des linguistes en chinois et en conséquence, nous avions monté un cours de mandarin. Mais comme les stagiaires étaient envoyés par les différents directeurs du personnel des Armées dont la préoccupation n'était pas du

2. La Direction centrale du renseignement intérieur est devenue Direction générale de la sécurité intérieure le 12 mai 2014. *Cf.* décret n° 2014-445 du 30 avril 2014 relatif aux missions et à l'organisation de la Direction générale de la sécurité intérieure.

tout de former des personnels en chinois, il n'y a jamais eu de stagiaires désignés. Au bout de quelques années, nous avons donc fermé le cours...

Le troisième élément significatif est évidemment la concurrence avec la DGSE dans ce qui concerne tous les aspects du renseignement hors de nos frontières et sur des théâtres d'opérations potentiels. La DGSE a une culture bien particulière qui est de travailler en mode centralisé : tout ce qui remonte du terrain va à la centrale et la centrale en dispose comme elle l'entend. Elle diffuse ou elle ne diffuse pas et, si elle diffuse, ce sont exclusivement des analyses synthétisées mais jamais de l'information brute. Contrairement à ce qu'elle prétend, il est possible de donner du brut en protégeant la source. Or, à certains moments, nous souhaiterions avoir des échanges d'information brute parce que c'est utile. En effet, à partir de la même information brute, deux services vont en tirer des conclusions différentes, compte tenu de leur culture et de leur objectif. La ministre de la Défense Michèle Alliot-Marie s'est un jour étonnée : « Je ne comprends pas, la DRM et la DGSE vous m'envoyez deux fiches traitant d'un même sujet et vous n'avez pas les mêmes conclusions. Ce n'est pas normal. » Et j'ai eu beaucoup de mal à lui faire comprendre qu'au contraire, il est sain d'avoir plusieurs conclusions en fonction de la perspective privilégiée. Les Anglo-Saxons appellent cela les « *dissenting views*[3] ». Et après, c'est au politique de se forger son opinion.

La déperdition qui découle de cet état de fait est souvent désastreuse et les exemples sont légion. Lorsque nous sommes

3. Opinions ou vues contradictoires.

entrés au Kosovo, la brigade s'est trouvée face à des champs de mines. Nous ne savions pas que, du côté de l'UÇK[4], des personnels de la DGSE étaient en mission. Aurions-nous été au courant que nous eussions pu, avec grand profit, demander ou échanger des informations. Plus tard, lors de la traque des criminels de guerre en ex-Yougoslavie, les armées étaient d'un côté de la frontière en Bosnie, et la DGSE travaillait sur la Serbie depuis le Montenegro de l'autre côté de la frontière. Malgré la coordination censée être faite par le général Rondot[5] qui officiait alors comme conseiller pour le renseignement et les opérations spéciales (CROS) auprès du ministre de la Défense, nulle opération conjointe n'a pu être montée.

La DGSE est dépourvue de toute culture du travail en commun, ni au plan de l'échange de renseignements, ni à celui de l'analyse élaborée à partir des informations brutes, ni *a fortiori* pour la coopération opérationnelle. C'est très regrettable. Sur le théâtre afghan, nous savions que la DGSE avait tissé des liens avec le commandant Massoud[6] et l'Alliance du Nord. Mais nous ne savions pas qu'il y avait des agents sur le terrain qui auraient pu nous aider quand les premières forces du COS[7] sont arrivées sur place. Lorsque nos armées sont intervenues en Côte d'Ivoire à partir de 2002, les informations de la DGSE Côte d'Ivoire remontaient à Paris, puis elles m'étaient transmises et enfin je les

4. Sigle en albanais de l'Armée de libération du Kosovo, organisation paramilitaire créée en 1991 et active durant la décennie 1990 pour obtenir l'indépendance du Kosovo.
5. Voir note 7, p. 58.
6. Ahmed Shah Massoud, couramment appelé le « commandant Massoud », dirigeait l'Alliance du Nord en lutte contre l'armée soviétique puis le régime des talibans, jusqu'à son assassinat le 9 septembre 2001 par deux membres d'Al-Qaida.
7. Commandement des opérations spéciales. Placé sous les ordres du CEMA, le COS rassemble sous une même autorité opérationnelle, permanente et interarmées, l'ensemble des forces spéciales des différentes armées françaises.

renvoyais au général Poncet[8] qui était sur le terrain. Ce dernier avait donc quelqu'un d'extrêmement utile à quelques kilomètres de lui mais l'information transitait par Paris. Je donnerai pour dernier exemple l'affaire des armes de destruction massive en Irak en 2003. Là encore, nous avons manqué de coordination avec la DGSE sur l'exploitation du brut. Nous avons fourni des analyses séparées, heureusement convergentes, mais nous aurions probablement pu faire un meilleur travail. Nous n'avons pas trouvé ces armes et nous étions dans l'incapacité de certifier s'il y en avait ou pas. Et je crois d'ailleurs que tous les services de renseignement étaient un peu dans le même cas. Ce genre de situation place le décideur politique dans la situation de trancher seul du cours des choses. Après cet épisode, il n'y a jamais eu de retour d'expérience comme ont pu le faire les Anglo-Saxons. Il aurait fallu réunir tous les protagonistes, passer les faits au crible, reprendre l'agenda, examiner les processus décisionnels. C'est dommage parce que c'est là que l'on pourrait faire avancer les choses. Peut-être le coordonnateur a-t-il depuis pris cela en charge ?

Une autre difficulté avec la DGSE, et ce n'est pas un scoop, réside dans le fait qu'elle est le leader en termes d'interception des communications électromagnétiques. Être leader ne veut pourtant pas forcément dire accaparer tous les moyens. Pendant les quatre années que j'ai passées à la tête du renseignement militaire, j'ai dû batailler contre le souhait de la DGSE de récupérer l'intégralité des moyens d'interception. À mon sens et au plan conceptuel, lui céder aurait constitué une grave erreur parce que le CEMA est responsable devant le président de la

8. Le général de corps d'armée Henri Poncet a dirigé l'opération Licorne en Côte d'Ivoire de mai 2004 à juin 2005.

République des opérations militaires. On ne peut pas admettre que le CEMA, pour une part importante de son recueil d'information par les moyens électromagnétiques, dépende des priorités que voudra bien donner ou non le directeur de la DGSE. Il faut qu'il conserve un certain nombre de prérogatives. Cela étant, il ne faut pas forcément conserver des organisations séparées. En général, dans notre pays, quand il y a une difficulté, on essaye de la résoudre par une solution organisationnelle : on crée quelque chose de nouveau alors que la plupart du temps, il suffit de résoudre des problèmes de procédure.

Au final, nous sommes parvenus à bien fonctionner ensemble et à coopérer à la fois sur le plan de l'interception et sur celui de l'imagerie. Le DRM a la responsabilité opérationnelle du contrôle de l'imagerie satellitaire *via* le satellite militaire Helios[9]. Nous tenions donc une réunion quotidienne avec la DGSE pour fixer les priorités à égalité. La difficulté est venue de nos relations avec l'armée de l'air. Nous aurions souhaité conserver l'avion Sarigue[10] de l'armée de l'air sur lequel nous venions de réaliser d'importants investissements de rénovation, mais nous avons perdu dans l'arbitrage parce que le DRM n'a pas la priorité dans l'emploi de ces moyens. L'armée de l'air a finalement décidé d'arrêter cet avion alors que nous étions partisans de le conserver. Au même moment, les deux Gabriel[11] sont entrés en rénovation ; ils appartenaient à l'armée de l'air mais la DRM pouvait les employer. L'armée de l'air les utilisait aussi pour

9. Voir notes 19, p. 78 et 24, p. 84.
10. Appareil Douglas DC8 équipé du système aéroporté de recueil des informations de guerre électronique (Sarigue). Le premier Sarigue a été retiré du service en août 2001 et remplacé par un Sarigue nouvelle génération qui a été à son tour remisé en septembre 2004.
11. Deux appareils Transall C160G configurés pour la guerre électronique, livrés en janvier et juillet 1989.

ses propres raids, d'où une évidente concurrence. Si la DRM voulait le Gabriel, la boucle décisionnelle remontait chez le CEMA mais après, je n'étais pas maître de tout ce que l'armée de l'air pouvait trouver comme prétexte pour que le Gabriel ne puisse pas décoller... Sur le renseignement maritime, les choses étaient plus carrées.

Dernier sujet technique : les drones. Il se trouve qu'en 1995, j'étais en poste à l'état-major des armées et j'ai effectué la première mission en Israël qui a amené à l'achat des Hunter[12] israéliens. Le projet initial, dont plus personne ne se souvient, consistait à acheter des drones, à les utiliser pour se « faire une culture » et à les « casser » pour construire français. Partant de là, les industriels français se sont livrés à une concurrence mortelle, tout à leur obsession d'éviter qu'un concurrent remporte le marché plutôt que de faire sortir un drone. Au final, la situation dans les années 2005-2006 était pour nous celle que j'avais vue en Israël dix ans plus tôt. Pour compliquer encore ce dossier, l'armée de l'air était à l'origine radicalement antidrones parce que ça allait évidemment ennuyer les pilotes. Mais, une fois que les décisions ont été prises, elle n'a eu de cesse que de les récupérer au motif qu'il fallait un terrain d'aviation pour les faire décoller. Notons qu'en Israël, ils partaient d'une route nationale...

Je vais terminer ce tour d'horizon de nos relations avec les armées et les autres services par la DST avec laquelle nous avions relativement peu à voir. La lutte antiterroriste telle qu'on la conçoit, c'est-à-dire essayer de remonter des réseaux, n'est pas dans la mission de la DRM. La seule contribution de la DRM

12. De conception israélienne, les drones de reconnaissance Hunter ont été utilisés dès 1995 par l'armée américaine.

est de transmettre l'information trouvée dans le cadre d'une opération militaire à l'extérieur du territoire, à ceux qui vont être chargés de remonter ces réseaux. La coopération était très bonne avec la DST mais sur des créneaux extrêmement ciblés. Nous lui sommes venus en soutien technique lorsqu'il y avait des réquisitions. Je me souviens de l'aide que nous lui avons apportée avec les Moudjahidines du peuple en région parisienne[13] : nous possédions des capacités techniques que ne possédait pas la DST, nous leur avons prêté des caméras longue distance et des hélicoptères. Mais il y avait un officier de police judiciaire qui était chargé de l'affaire et notre apport se limitait à cette mise à disposition de capacités. Nous avions aussi une bonne coopération dans le traitement des informations trouvées sur des théâtres d'opérations. Par exemple, nous avons remonté du renseignement des Balkans, en lien avec la diaspora établie chez nous, qui a permis de trouver des caches d'armes sur le territoire français. Et réciproquement, la DST nous a donné des informations sur des caches que nous avons pu effectivement localiser au Kosovo.

Cette bonne entente avec la DST ne doit pas masquer une réalité plus sombre : la coordination entre les services a fait défaut tout le temps que j'ai passé à la DRM. Au départ, la coordination assurée par le général Rondot dans ses fonctions de CROS était une coordination parcellaire, centrée sur quelques dossiers. Après le 11 septembre 2001, des réunions récurrentes ont été

13. L'Organisation des Moudjahidines du peuple iranien a été fondée en 1965 à Téhéran en opposition au régime du shah puis de la République islamique d'Iran. Son chef, Massoud Radjani, s'est installé en exil en France au début des années 1980 et, après son expulsion du sol français par Jacques Chirac alors Premier ministre en cohabitation, sa nouvelle épouse Maryam Radjavi a pris le relais de son action. En juin 2003, des perquisitions ont été effectuées par la justice française au QG de l'organisation.

instituées, qui sont devenues quasi hebdomadaires, voire quotidiennes, au niveau du cabinet du Premier ministre. Le directeur de cabinet réunissait les directeurs des services à Matignon pour faire un point de situation. Mais l'exercice se limitait à un échange d'informations sans coordination véritable ni élaboration d'une feuille de route. Cela manquait gravement : chacun sentait qu'il aurait fallu un échelon supplémentaire dont j'imagine qu'il a été rempli depuis par le coordonnateur. Le CIR[14] travaillait sur des dossiers géographiques, mais ce n'était pas un organe de coordination. Il réalisait des produits de synthèse dont je me demande d'ailleurs quel était leur impact réel dans les boucles de prise de décision. Nous nous sommes également aperçus qu'il y avait un besoin évident de développer la prospective, qui est apparu d'ailleurs clairement dans le *Livre blanc* de 2008[15] avec la fonction « connaissance-anticipation ». L'école française de prospective de la grande époque de Jouvenel[16] avait un peu disparu or la prospective est très importante pour orienter le renseignement. Quels sont les objectifs de l'État en termes de stratégies pays ? Quel est le chemin que l'on veut parcourir ? Quels sont les scénarios qui permettent d'aboutir à ces objectifs et comment peut-on faire pour influer sur le cours des événements pour favoriser tel scénario plutôt que tel autre ? C'est d'ailleurs là que devraient converger les échanges avec les experts, les universitaires, toutes ces personnes qui devraient travailler en synergie avec les services de renseignement.

14. Voir note 4, p. 40.
15. *Livre blanc sur la défense et la sécurité nationale* publié le 18 juin 2008. Voir note 21, p. 48.
16. Bertrand de Jouvenel (1903-1987) fut l'un des pionniers de la prospective en France. Il créa en 1974 la revue *Futuribles*, néologisme formé des mots « futur » et « possibles ».

Au sein de la DRM, je n'avais pas de service de prospective. Nous n'en avions ni les capacités ni les ressources humaines. Ça ne signifie pas que nous n'aurions pas dû en avoir un. Simplement, avec mille huit cents personnes aux effectifs théoriques et mille six cents aux effectifs réalisés (comme la DRM n'est pas maîtresse de ses recrutements, elle prend ce qu'on lui attribue et il y a un décalage entre le budget affiché et la réalité), affecter des ressources à la prospective était impossible. Nous avions des analystes, de niveau très variable : quelques jeunes civils sortant d'études diverses et une majorité de sous-officiers (environ deux tiers de l'effectif). La formation des interprètes signaux, images, analystes se faisait au plan technique dans les armées et toute la formation linguistique était effectuée à Strasbourg.

Je n'ai pas initié de bouleversement de la DRM. J'ai lancé un plan d'amélioration concentré principalement sur des problèmes de personnel. J'ai également modifié la répartition des cellules d'analyse qui étaient cloisonnées entre la géographie d'une part et les capacités militaires d'autre part. J'ai préféré mélanger les deux pour qu'un pays soit abordé sous toutes ses facettes. Enfin, au plan doctrinal, il fallait mettre en application ce nouveau « renseignement d'intérêt militaire ». J'ai donc monté la taille critique et me suis efforcé de contourner les lourdeurs trop préjudiciables à l'efficacité. Par exemple, l'implantation de la DRM est répartie entre Paris et le site de Creil[17] où se fait l'interprétation de l'image. À l'époque, il n'y avait pas de tuyau informatique et j'ai essayé en vain de nous faire affecter quelques motards afin de réduire de moitié le temps de circulation pour apporter

17. Commune située dans le département de l'Oise.

le renseignement sur la capitale. Pour finir, mon successeur a disposé d'un tuyau.

Si je devais formuler un conseil pour l'avenir, cela serait d'abord de ne rien faire, c'est-à-dire de ne pas changer l'organisation actuelle du renseignement en France. Dans le contexte de la présidentielle qui s'annonce[18], je vois circuler des propositions de restructuration qui préconisent la suppression de tel ou tel service, pour ne conserver qu'un service de renseignement intérieur et un service extérieur. J'y suis résolument opposé. Par contre, il faut se pencher sur les procédures et forcer les gens à travailler ensemble, tout en connaissant les limites à ne pas franchir. La difficulté, c'est que seul quelqu'un qui a la connaissance des différents services aurait l'autorité nécessaire pour mettre cela en œuvre. C'est un profil certes rare tant chacun est dans son rail. Mais la trajectoire de certains camarades montre que cela existe ; je pense par exemple au général Bolelli[19] qui a travaillé pour la DGSE puis dirigé la DPSD et DRM. Le seul conseil que je pourrais donner au futur président serait : « Choisissez le personnage que vous mettrez pour coordonner le renseignement sur des critères de connaissance des divers services. » Ce n'est pas forcément la peine que ce soit un préfet ou un diplomate, mais qu'il connaisse les maisons. Ainsi, il saura fixer les limites à ne pas franchir et qui ne peuvent certainement pas être décrétées de l'extérieur.

Mon deuxième message, qui sort certes de la sphère du renseignement à proprement parler, c'est : « Ayons des idées claires sur ce que nous voulons comme stratégie vis-à-vis du

---

18. L'entretien a été réalisé en octobre 2016, soit six mois avant l'élection présidentielle de mai 2017.
19. Voir l'entretien accordé aux auteurs par Didier Bolelli p. 209.

monde autour de nous. » J'ai été très frappé par ce que font les Britanniques. Le cabinet du Premier ministre dispose de comités par pays, dans lesquels il y a à la fois des diplomates, des gens du renseignement, des gens des autres ministères, qui travaillent de concert à l'élaboration des stratégies pays. Chacun sort de ces réunions avec une fiche de stratégie qui va être déclinée par tous les acteurs. Nous n'avons pas d'équivalent. Je lisais encore récemment l'autobiographie du général Richards[20] qui était le chef de l'EMA britannique et qui a été le patron de l'ISAF[21]. Je suis frappé de voir comment les liens se tissent entre les grands responsables du renseignement, les grands responsables du cabinet du Premier ministre, les ambassadeurs. Tout cela vient de très loin, relève de la culture et de l'éducation et ne peut pas se bâtir en un jour par une simple restructuration structurelle. Mais, en France, cela nous fait véritablement défaut.

Lorsque je suis arrivé à la DRM au printemps précédant le 11 septembre 2001, le terrorisme n'était absolument pas la préoccupation de l'époque. L'Afghanistan – qui a concentré la riposte après les attentats – est un pays auquel nous nous intéressions depuis longtemps, mais sous le prisme militaire beaucoup plus que terroriste. En 1989, dans mon régiment, j'avais d'ailleurs effectué une mission au Pakistan où la France formait au déminage des moudjahidines qui repartaient ensuite en Afghanistan. Il ne nous était pas venu à l'idée à l'époque de relever tous les noms de nos stagiaires parce que jamais nous n'aurions pu penser que, des années après, ces informations eussent pu s'avérer si précieuses.

---

20. Général David Richards, *Taking Command*, Headline, 2014.
21. International Security Assistance Force ou FIAS. Voir note 26, p. 141.

Le défi terroriste nous oblige maintenant à repenser nos schémas et nos habitudes. On peut s'interroger sur la pertinence d'intégrer l'antiterrorisme au renseignement militaire. Prenons l'exemple de la destruction ciblée réalisée par nos forces armées, sur un théâtre extérieur, d'une équipe ayant commis, ou projetant de commettre, un attentat sur le sol français. Le renseignement qui permettrait de prendre cette décision n'est toutefois pas nécessairement du renseignement militaire. Est-ce que ça devrait aussi faire partie du renseignement militaire ? À mon avis, non, si chaque service remplit correctement son office. Je m'explique en m'appuyant sur l'exemple américain vécu en Afghanistan. Le général Flynn[22] qui commandait le deuxième bureau en Afghanistan et est devenu plus tard le patron de la DIA[23], se plaignait constamment que la CIA ne lui donnât pas les bonnes informations. Il a alors été conduit à créer un *human service* pour faire du renseignement clandestin sur les théâtres d'opérations. Cela a donc été le moyen de contourner un manque alors que la logique eût été que la CIA remplisse son office… Dans le cas français, la DRM ne devrait pas avoir à faire ce genre de travail si l'information vient de la DGSI ou de la DGSE de manière correcte.

Au-delà du partage de ce que l'on sait, la vraie valeur ajoutée stratégique réside dans l'analyse du produit de la collecte de

---

22. Directeur du renseignement de la Joint Task Force 180 en Afghanistan en 2001-2002 ; directeur de la 111e brigade de renseignement militaire de juin 2002 à juin 2004 ; directeur du renseignement pour le Joint Special Operation Command de juillet 2004 à juin 2007 ; directeur du renseignement au United States Central Command de juin 2007 à juillet 2008 ; directeur du renseignement au Joint Staff de juillet 2008 à juin 2009 ; directeur du renseignement pour la Force internationale d'assistance et de sécurité en Afghanistan en juin 2009 à octobre 2010 ; directeur de la DIA de juillet 2012 à août 2014.
23. Defense Intelligence Agency. Voir note 3, p. 119.

renseignement. Relire Auguste Comte[24] : « Savoir pour prévoir, afin de pouvoir. » De mon point de vue, les difficultés se trouvent le plus souvent à la jointure entre la compréhension et la décision, plus que sur le savoir lui-même.

24. Philosophe français du XIXe siècle, fondateur du positivisme.

Pierre de Bousquet de Florian

Directeur de la surveillance du territoire (DST)
du 4 juillet 2002 au 28 juin 2007
Coordonnateur national du renseignement
et de la lutte contre le terrorisme
Directeur du Centre national contre le terrorisme
(depuis juin 2017)

ENTRETIEN DU 29 NOVEMBRE 2016

J'ai été nommé en 2002 après avoir été préfet de la Mayenne les trois années précédentes. Jacques Chirac m'a « proposé » de prendre la DST car j'avais été son collaborateur à l'Élysée de 1995 à 1999 et qu'il souhaitait dans ces fonctions une personne de confiance. Il s'était en effet forgé l'idée que les services de renseignement pouvaient être une source de soucis qu'il voulait s'épargner. Voilà donc résumées les conditions de mon arrivée à la DST, à peu près vierge de toute idée autre que très générale sur ce monde et cette activité, et fort du soutien du chef de l'État. La maison était vaguement inquiète, redoutant une sorte de chasse aux sorcières qui n'a évidemment pas eu lieu.

J'ai trouvé la DST en très bon état, encore très « classique » dans sa façon de procéder, tout inspirée de la technique et de la rigueur du contre-espionnage, avec des méthodes elles-mêmes héritées de la Seconde Guerre mondiale dans leurs fondements et leurs traditions britanniques. Du fait des nécessités sur le territoire national, elle en était venue à s'intéresser à l'antiterrorisme parce que les menaces provenaient de l'étranger. Ainsi, il y avait une répartition fonctionnelle entre les deux services intérieurs : aux Renseignements généraux les menées produites sur le territoire français, c'est-à-dire les nationalismes basque, corse, breton ou l'anarchisme dur type Action directe, et à la DST toute menace venant de l'extérieur. Nous nous intéressions alors au terrorisme islamiste, qui venait s'ajouter aux menées des Palestiniens, Iraniens, Kurdes, et autres Tchétchènes.

La menace principale quand je suis arrivé en 2002 était bien évidemment la menace terroriste liée à Al-Qaida : j'ai pris mes fonctions quelques mois après les attentats du 11 septembre 2001[1]. Les Américains étaient obsédés par la traque de Ben Laden, et Al-Qaida était pour eux l'incarnation du Mal. Nous avons travaillé à débusquer à l'étranger tous ceux qui étaient inspirés par ce fanatisme, c'est-à-dire à la fois les gens d'Al-Qaida et, plus près de nous, le GSPC[2] algérien (qui allait devenir AQMI). Il nous fallait, tout à la fois, empêcher les volontaires de rallier les zones de combat – Pakistan, Afghanistan ou Tchétchénie – et nous s'occuper de ceux qui revenaient et constituaient déjà

1. Le 11 septembre 2001, quatre avions de ligne ont été détournés par des terroristes d'Al-Qaida. Deux appareils ont été précipités sur les tours jumelles du World Trade Center à New York, qui se sont effondrées sur elles-mêmes. Un troisième appareil a percuté le Pentagone. Le dernier s'est écrasé dans un champ en Pennsylvanie. Cet attentat est le plus souvent évoqué sous la référence du « 11 Septembre » ou de « 9.11 ». Il a fait 2 977 morts et 6 291 blessés.
2. Voir note 17, p. 137.

une menace redoutée. Nous commencions aussi à envisager que certains ne partent pas mais frappent directement notre territoire. Cette crainte, cette obsession même, était déjà présente à la DST en 2002-2003. Du reste, lorsque nous avons démantelé la bande dite « des Buttes Chaumont[3] » en 2005, toute une partie du groupe envisageait de commettre des attentats en France et bien peu étaient partis faire le djihad en Irak.

En 2003, l'Irak est donc venu s'ajouter au terrain pakistano-afghan, ce qui a eu pour effet de doubler à la fois notre travail et nos inquiétudes. Beaucoup de jeunes gens sont partis pour aller s'opposer aux Américains en Irak et en Syrie et nous avons très activement essayé de les en empêcher.

Une figure qui illustre bien le travail que l'on conduisait à l'époque est Saïd Arif, un Algérien ex-membre du GIA[4] et du GSPC, qui est allé en Afghanistan, dans le Caucase, en Syrie et en Irak. En Afghanistan, il a rencontré des gens d'Al-Qaida qui l'ont renvoyé en Europe, en Allemagne notamment où il s'était lié avec l'équipe de Francfort qui allait préparer l'attentat sur le marché de Noël de Strasbourg en 2000[5]. De là, il est reparti après les attentats du 11 septembre 2001 en échappant au coup de filet des autorités ; il a filé au Pakistan, d'où il est repassé dans le Caucase avant de repartir au Pakistan. Durant toutes ses

3. Filière djihadiste organisée autour de la mosquée Adda'wa, sise rue de Tanger, dans le 19e arrondissement de Paris, et dont la vocation était d'envoyer des candidats au djihad combattre en Irak. Son leader, Farid Benyettou, proche du GSPC, emmenait ses disciples s'entraîner et s'aguerrir dans le parc voisin des Buttes-Chaumont qui a donné son nom à la bande.

4. Voir note 16, p. 137.

5. Quatre islamistes, trois Algériens et un Franco-Algérien, vivant à Francfort et liés à Al-Qaida, ont été arrêtés fin 2000 avant de passer à l'action. Leur cible était le parvis de la cathédrale de Strasbourg où se tient à cette période un marché de Noël très fréquenté par les touristes. Ils ont été condamnés en mars 2003 à des peines allant de dix à douze ans de prison ferme par un tribunal de Francfort.

pérégrinations, il a rencontré des gens dont on allait entendre parler et il est devenu un séide d'Abou Moussab al-Zarqaoui[6]. Saïd Arif est revenu en Europe avec la responsabilité d'organiser les filières djihadistes vers l'Irak et la Syrie, jusqu'à repartir en Syrie et se faire attraper par les Syriens qui nous l'ont renvoyé. Il a été arrêté, condamné, libéré et il est reparti. Il a été éliminé l'an dernier par une action américaine sur laquelle je n'ai pas d'information précise. J'ai pris l'exemple de Saïd Arif car il est emblématique du mode de terrorisme que l'on avait repéré et que l'on avait à gérer : des gens qui voyageaient beaucoup, qui rencontraient du monde, qui revenaient en France, qui galvanisaient leur entourage, qui organisaient des filières, mais assez difficiles à attraper et que l'on traitait par la voie judiciaire. Avec toute la difficulté de judiciariser les renseignements qui pouvaient nous parvenir d'autres Services et qui pouvaient mettre en cause d'autres opérations... On a toujours trouvé des moyens légaux pour conduire nos actions mais c'était d'une vraie complexité.

Nous avons été proactifs par rapport à Al-Qaida et cela procédait d'une volonté clairement conceptualisée et organisée de passer à un traitement préventif du terrorisme, que les lois françaises étaient à peu près seules à permettre. L'incrimination d'« association de malfaiteurs en vue de commettre un acte de terrorisme » a été une arme extrêmement efficace que, avec le juge Bruguière[7] et le parquet de l'époque, nous avons utilisée au maximum, la distendant le plus que l'on pouvait pour remonter

6. Chef d'Al-Qaida en Irak, tué le 7 juin 2006 lors d'un raid aérien.
7. Jean-Louis Bruguière, ancien juge français spécialisé dans la lutte antiterroriste ; ancien premier vice-président de la section d'instruction « lutte antiterroriste » du TGI de Paris. Dans un livre d'entretiens coécrit avec Jean-Marie Pontaut, il est revenu sur trente ans de combat contre le terrorisme : *Ce que je n'ai pas pu dire*, Robert Laffont, 2009.

vers l'amont et agir avant la commission des attentats. Pendant les cinq années où j'ai dirigé la surveillance du territoire, il n'y a pas eu un seul attentat. Il y a certainement un « facteur chance » ; mais, avec mon équipe, nous avons maximisé le bénéfice que l'on pouvait tirer de nos dispositions législatives.

C'est aussi après les attentats du World Trade Center que l'on a ouvert, beaucoup plus qu'avant, la collaboration inter-services et surtout la communication. C'est un choix stratégique que j'ai assumé : j'ai sans doute été le premier directeur à communiquer, à recevoir les journalistes, à aller sur les plateaux télévisés où à y envoyer mes adjoints. J'estimais que la situation était suffisamment grave pour qu'on éclaire nos concitoyens et que, comme nos méthodes étaient vertueuses, on pouvait sinon les exposer du moins les expliquer. Cette doctrine a été initiée par la DST en lien avec les magistrats, chacun dans son rôle. Nous avions noué avec la section antiterrorisme du parquet de Paris[8] et avec l'instruction, des relations d'une proximité qui a pu nous être reprochée mais qui étaient d'une efficacité redoutable.

J'ajouterai pour conclure que c'était sans doute plus facile à l'époque car nous n'avions pas à faire face à la dimension quantitative à laquelle nos collègues sont aujourd'hui confrontés.

---

8. Suite à la vague d'attentats commis sur son sol, la France s'est dotée en 1986 d'un arsenal juridique spécifique pour lutter contre le terrorisme. La loi n° 86-1020 du 9 septembre 1986 a défini pour la première fois la notion d'acte de terrorisme et a attaché des règles de procédure spéciales. Les articles 706-16 à 706-22 du Code de procédure pénale prévoient la centralisation à Paris des affaires de terrorisme. La centralisation des poursuites a entraîné la création de structures spécialisées dans la lutte contre le terrorisme au sein du tribunal de grande instance de Paris, de la Direction centrale de la police judiciaire et de la direction centrale des Renseignements généraux du ministère de l'Intérieur. Un service central de lutte antiterroriste a été créé le 15 octobre 1986 au sein du parquet de Paris, plus communément appelé « quatorzième section », rebaptisée en 1999 « section A6 ». Le service porte désormais le nom de « section C1 ».

Pour répondre à ces défis, nous étions un petit service – mille trois cents personnes en 2002 – que je n'ai cessé de vouloir renforcer, aidé en cela par le directeur général de la police nationale de l'époque, Michel Gaudin, et la bonne compréhension des enjeux stratégiques des ministres successifs. Parmi ce personnel, il y avait encore à mon arrivée sans doute à peu près pour moitié des commissaires et des officiers, et pour une autre moitié des gradés et gardiens. Et puis la réforme des corps et carrières[9] a largement changé cela ; l'esprit des officiers y a certainement contribué, estimant leur pouvoir en fonction du nombre de gens sous leur commandement, sans bien comprendre qu'on pouvait être un spécialiste, ne commander à personne et avoir beaucoup plus d'importance et de pouvoir qu'en commandant une brigade nombreuse. Cela dit, nous avions encore des gens qui vouaient leur carrière à la DST : des commissaires et des officiers qui y avaient consacré toute leur vie professionnelle.

Cette réforme des corps et carrières et des règles de mobilité – qui se comprennent sans doute pour d'autres directions de police – a été handicapante pour un service aussi spécialisé qu'un service de renseignement. La mobilité géographique ajoutée à la mobilité fonctionnelle, toutes les cases devant être cochées par les commissaires s'ils voulaient progresser en grade, a très rapidement entraîné un mouvement brownien déstabilisant. J'ajoute à cela que la diminution du nombre de commissaires et d'officiers,

9. Le protocole d'accord dit « de réforme des corps et carrières de la police nationale » a été conclu le 17 juin 2004 et suivi d'une série de protocoles additionnels (2007, 2008, 2009). Cette réforme a conduit à une restructuration profonde de l'organisation de la police nationale : réduction d'effectifs, repyramidage des corps, revalorisation des grilles indiciaires et des régimes indemnitaires. En février 2015, la Cour des comptes a remis au ministre de l'Intérieur Bernard Cazeneuve un rapport très critique sur les effets de la réforme (Réf. n° 71735, https://www.ccomptes.fr/sites/default/files/EzPublish/20150420-refere-71735-gestion-carrieres-police-gendarmerie-nationales.pdf).

l'augmentation corrélative du nombre de gradés et gardiens, tout cela a induit une nouvelle mentalité dans nos troupes et introduit un peu d'instabilité.

Au final, nous avons pu augmenter notre capacité d'intervention en passant de mille trois cents à mille six cents personnes, même si j'ai regretté à l'époque que cela ne se fasse pas par affectation d'un supplément de commissaires ou d'officiers ou l'ouverture à davantage de contractuels, apporteurs d'une expertise différente.

À mon arrivée, la DST était en effet presque exclusivement policière, à quelques ingénieurs près dans notre service technique (moins d'une dizaine…). J'ai personnellement beaucoup bataillé pour intégrer des ingénieurs et des analystes, non pas tant dans l'antiterrorisme que dans une autre branche qui se développait à l'époque : la sous-direction du renseignement économique, du suivi des entreprises et de l'intelligence économique. J'ai pu procéder à un certain nombre de recrutements, y compris dans les dimensions plus internationales, pour suivre le multilatéral, l'OTAN, le Club de Berne[10], Bruxelles etc. Cette politique d'ouverture n'a pas été poursuivie par mon successeur mais elle a été reprise ensuite à la DGSI par Patrick Calvar[11] avec grand bénéfice.

Un autre petit combat a été à l'époque de faire rentrer des fonctionnaires non policiers dans des fonctions non policières de la DST. Cela n'a pas été plus simple : il était alors impensable

10. Forum de coopération et d'échange de renseignements fondé en 1971 et regroupant les 28 pays membres de l'Union européenne, ainsi que la Norvège et la Suisse. Après les attentats du 11 septembre 2001, un groupe spécialement dédié au renseignement en matière d'antiterrorisme a été créé au sein du Club de Berne (Counter-Terrorism Group) pour faciliter les échanges d'information entre ses membres.
11. Voir l'entretien accordé aux auteurs par Patrick Calvar p. 237.

que le bureau des officiers ne soit pas contrôlé par des officiers et celui des commissaires par des commissaires… Jusqu'à la gestion des congés, des gommes et des crayons, tout devait être administré par des policiers. L'ensemble de la police a beaucoup évolué là-dessus : les attachés de police ont aujourd'hui toute leur place et rendent de grands services mais cela n'a pas été sans résistance…

Durant ces cinq années, j'ai déployé trois stratégies. J'ai parlé de la première : une stratégie d'action policière et judiciaire menée avec les juges Bruguière, Ricard[12], les magistrats et les parquetiers de l'antiterrorisme, pour « décramponner » nos adversaires, prévenir leurs actions violentes et les poursuivre systématiquement.

La deuxième dimension sur laquelle j'ai investi est celle de la prévention à long terme. Nous étions en avance par rapport à nos partenaires sur la compréhension du phénomène islamiste. Je me rappelle avoir saisi toutes les occasions de rencontres au sein des instances qui réunissaient les chefs de services européens, et notamment du Club de Berne et du comité spécial de l'OTAN, pour sensibiliser mes homologues à la gravité de la menace islamiste qui n'allait faire que croître, et pour militer en faveur d'actions communes. Ce n'était pas si évident car beaucoup de pays ont attendu d'être frappés par le terrorisme pour bouger. Les Espagnols, par exemple, ont attendu les attentats de Madrid[13] pour s'intéresser au sujet. Faire comprendre cela aux Allemands, aux Italiens… Les Anglais ont vite saisi les enjeux.

12. Jean-François Ricard est un ancien juge français spécialisé dans la lutte antiterroriste.

13. Le 11 mars 2004, une série d'explosions de bombes placées dans des trains de banlieue a fait 191 morts et près de 2 000 blessés à la gare madrilène d'Atocha.

J'ai également effectué une tournée asiatique. J'ai ouvert un poste à Kuala Lumpur pour qu'un commissaire couvre la région. Je suis allé en Asie centrale. J'avais d'ailleurs été frappé en roulant de Bichkek[14] à Almaty[15] : 300 à 400 kilomètres de steppe à perte de vue, quelques villages misérables et un seul bâtiment neuf, la mosquée, financée par l'Arabie saoudite…

Nos alliés les plus sûrs étaient les gouvernements du Maghreb qui avaient déjà compris comme nous la nature et la dangerosité de la menace islamiste. Les Algériens, les Libyens, les Marocains et les Tunisiens étaient très efficaces dans la recherche et l'échange d'informations, même si des motivations moins directement liées à l'antiterrorisme pouvaient parfois s'inviter dans leur agenda. Quoi qu'il en soit, nous avons toujours opéré avec eux dans un strict cadre judiciaire.

À mon départ, la DST entretenait à peu près cent cinquante relations avec des services étrangers homologues. Cet effort avait été initié sous mes prédécesseurs et je l'ai poursuivi.

La troisième dimension à laquelle je m'étais employé concerne l'organisation et la coordination de la réponse entre nos services nationaux, à commencer par un rapprochement avec la DGSE. Je m'entendais très bien avec l'ambassadeur Brochand[16], il était plus puissant que je ne l'étais mais nous avons considéré qu'il fallait faire taire les querelles de boutique. Nous avons commencé à nous voir très régulièrement, à faire des conférences communes, à l'IHEDN, à l'École de guerre, etc. Sous l'égide du SGDN, nous avons commencé à coordonner

14. Capitale du Kirghizistan.
15. Ancienne capitale et principale ville du Kazakhstan.
16. L'ambassadeur Pierre Brochand a dirigé la DGSE du 25 juillet 2002 au 9 octobre 2008.

les investissements et c'est à cette occasion que j'ai découvert à quel point la DGSE était mieux lotie que la DST. Mais nous faisions beaucoup de petites choses très bien que les autres ne savaient pas nécessairement faire. Par exemple, les Américains étaient très preneurs de nos analyses !

Par ailleurs, au plan institutionnel, j'ai commencé à préparer de façon très active la fusion entre les RG et la DST, ce qui n'était pas évident car le président Chirac n'en voulait pas et les RG y allaient à reculons. J'ai fait quelques notes et si j'ai eu une frustration en partant, c'est de ne pas avoir pu réaliser la fusion moi-même. J'aurais aimé terminer ce travail qui avait été mûri sur le plan intellectuel avec Joël Bouchité qui dirigeait alors les Renseignements généraux.

Pendant quatre ou cinq ans, j'ai plaidé – mais sans grande vigueur car j'étais très lié au directeur général de la police nationale – pour une autonomie de la DST hors de la DGPN. Je trouve donc qu'avoir sorti la DGSI de la police pour en avoir fait une direction autonome est une très bonne chose. S'agissant de la fusion des RG et de la DST, elle était absolument nécessaire et il fallait évidemment rattacher à la sécurité publique toute une partie des Renseignements généraux qui traitaient de la gestion de l'ordre public et des manifestations. Le mal est venu non pas de la fusion elle-même mais d'un défaut de pédagogie : les patrons des directions départementales de la sécurité publique (DDSP) n'ont pas su se servir de l'instrument « renseignement territorial ». Cette réforme leur a été imposée et ils n'y ont vu qu'une bonne occasion de récupérer des moyens, du personnel, un commissaire de plus pour faire la permanence… Il aurait fallu déployer une pédagogie beaucoup plus active auprès de la sécurité publique : « Voilà ce qu'est cet instrument, voilà comment il faut vous en servir, voilà ce qu'il ne faut pas casser, voilà ce qu'il faut garder. » Ceux qui étaient les plus professionnels dans le renseignement et les plus convaincus ont rejoint la DCRI. Et de fait, on a largement perdu le contact avec le terrain, pourtant indispensable.

J'ai un second regret, qui est d'ordre géographique. J'ai trop négligé la bande sahélo-saharienne, la BSS, et c'est le résultat de notre relation très complexe, et anciennement complexe, avec la DGSE. La DST avait des positions fortes en Algérie, au Maroc, en Tunisie, en Libye et en Syrie, que n'avait pas la DGSE (même si elle y disposait évidemment de postes et de correspondants). Ces pays préféraient travailler avec les services intérieurs plutôt qu'avec les services extérieurs considérés comme un peu trop offensifs. Ceux qui étaient au pouvoir en Algérie étaient des anciens du FLN, qui avaient connu la guerre mais respectaient la DST dont ils ne manquaient jamais une occasion de dire combien elle les avait fait souffrir trente ans auparavant. Il y avait cette espèce de référence commune d'anciens combattants… Donc, autant nous avions des positions extrêmement fortes dans les pays du pourtour méditerranéen, autant nous n'étions pas implantés au Sahel (Niger, Mali, Mauritanie, etc.). Or nous sentions bien en participant à la traque des bandes dans le Sahara, Abderazak el Para[17] et autres, que les choses bougeaient. Ces bandes passaient les frontières, il y avait des trafics que nous connaissions. J'ai effectué de très nombreuses missions en Algérie, au Maroc ou en Tunisie mais je ne me suis jamais rendu en Mauritanie par exemple. Nous n'avons pas été

17. Amari Saïfi surnommé Abderazak el Para est un des leaders du GSPC, responsable de plusieurs actions armées et enlèvements d'Occidentaux dans le Sahara. Il a été arrêté au Tchad, remis à la Libye et extradé en Algérie, son pays d'origine, en 2004.

investir ces pays pour ne pas tendre la relation avec la DGSE parce que c'était son pré carré. Et quand on voit la façon dont les choses ont évolué, je pense en conscience que nous aurions dû en faire davantage. J'ai manqué ce développement dans la BSS et je l'assume.

Si nous abordons maintenant la situation actuelle et la menace terroriste, je crois qu'il faut continuer à traquer les délinquants, les criminels, et ne jamais avoir de complaisance vis-à-vis de tous ceux qui portent l'idéologie mortifère de l'islam radical. Ceux-ci doivent être systématiquement contredits et corrigés dès qu'ils franchissent la ligne jaune. Bien évidemment, s'agissant des criminels, la traque sans rémission s'impose. Sans jamais cependant sacrifier nos valeurs, ni le respect du droit.

Il me semble également fondamental d'adapter nos outils pour mieux comprendre et anticiper la menace. J'ai été très intéressé par l'initiative de Bernard Cazeneuve[18], alors ministre de l'Intérieur, qui m'a demandé il y a quelques mois de structurer la prospective au sein de son ministère. La prospective, la recherche, l'enseignement universitaire sont des outils précieux pour analyser finement la situation et trouver des concepts opératoires qui permettent de peser en amont sur l'idéologie et sur ceux qui la relaient. Culturellement, cette manière de voir les choses est assez nouvelle dans la police. En tout cas, lorsque je dirigeais la DST, la culture de l'anticipation était très insuffisante. Le directeur de la DGSI l'a bien compris et il a recruté en masse des analystes.

Démonter les ressorts de l'idéologie islamiste radicale est un travail de très longue haleine. Tout ne se joue pas dans le registre

18. Bernard Cazeneuve a été ministre de l'Intérieur du 2 avril 2014 au 6 décembre 2016.

sécuritaire : lutter contre la pauvreté et l'ignorance, ou améliorer l'insertion sociale est également déterminant. Nos pays occidentaux hébergent des réservoirs de volontaires au martyre terroriste. C'est un cycle assez long mais dont on viendra à bout.

Bernard Squarcini

Directeur central adjoint des Renseignements généraux
de 1995 à 2004
Directeur de la surveillance du territoire (DST)
du 26 juin 2007 au 2 juillet 2008
Directeur central du renseignement intérieur (DCRI)
du 2 juillet 2008 au 31 mai 2012

ENTRETIEN DU 15 NOVEMBRE 2016

J'ai cette petite particularité d'avoir travaillé très longtemps pour les Renseignements généraux avant d'intégrer la Direction de la surveillance du territoire, pour ensuite créer la Direction centrale du renseignement intérieur. Étant passé des deux côtés du miroir, il y a ainsi une forme de continuité qui sous-tend mon analyse et nourrit ma réflexion.

Au niveau de la DCRG, nous avions en charge la partie domestique de la lutte contre le terrorisme. Nous n'avions pas de rivalité particulière avec les autres services sur l'ultragauche, l'extrême droite, les nationalismes corse ou basque, ou des Caraïbes : personne ne venait « manger dans notre gamelle ».

En revanche, le problème s'est vite posé lorsque nous sommes sortis de notre champ traditionnel pour nous attaquer au terrorisme issu du Proche-Orient avec les premiers attentats perpétrés sur le territoire national au milieu des années 1980. Nous avons alors été confrontés à des actions dont le soubassement était clairement téléguidé par les services d'États étrangers, nous amenant à empiéter sur les domaines réservés de la DST et de la DGSE. Ce qui n'a pas été sans créer de frottements.

J'ai expérimenté une deuxième fois le manque de coordination flagrant au niveau des services de renseignement intérieur avec la première affaire Djamel Beghal[1] puis lors de la vague d'attentats du GIA en 1995. Nous étions déjà dans du salafisme exporté : un émir spécialement mandaté venu d'Algérie pour actionner des cellules dormantes mi-droit commun, mi-islamisées[2] (le réseau de Chasse-sur-Rhône, le réseau Kelkal à Lyon, puis Slimani[3] à Lyon qui a fait la jonction avec l'émir Bensaïd à Paris et la cellule lilloise). Il n'y avait pas de

1. Djamel Beghal (*alias* Abou Hamza) a été arrêté une première fois en 1994 pour appartenance au GIA et relâché sans être condamné. Son parcours d'islamiste radicalisé ne s'est pas arrêté là : il part en Afghanistan en 2000 pour s'entraîner dans les camps d'Al-Qaida, est arrêté à son retour, puis suspecté d'avoir fomenté des attaques sur le sol français (et notamment un attentat contre l'ambassade des États-Unis à Paris). En 2005, il est finalement reconnu coupable d'association de malfaiteurs en relation avec une entreprise terroriste et placé en détention à Fleury-Mérogis, où il côtoie Chérif Kouachi et Amédy Coulibaly (deux des trois auteurs des attentats de janvier 2015). Libéré en mai 2009 et placé en résidence surveillée dans le Cantal, il est condamné à une peine de dix ans et incarcéré depuis mai 2010 pour avoir préparé l'évasion de Smaïn Aït Ali Belkacem, auteur de l'attentat du RER C en octobre 1995.

2. Le réseau dit « des poseurs de bombes du GIA » s'est constitué en 1994. Il s'articulait autour d'Ali Touchent (*alias* Tarek), venu en France en 1988 pour y mettre en place un réseau en capacité de conduire des actes terroristes, et du financier Rachid Ramda, basé à Londres et en contact avec l'émir du GIA Djamal Zitouni. Quatre réseaux avaient été constitués : Chasse-sur-Rhône autour de Safé Bourada, Vaulx-en-Velin autour de Khaled Kelkal, Lille autour de Smaïn Aït Ali Belkacem et Paris autour de Boualem Bensaïd (*alias* Mehdi), acteur pivot entre Lyon, Lille et Paris.

3. Nasserdine Slimani, membre du réseau Kelkal, a mené les enquêteurs à son insu jusqu'à Boualem Bensaïd qui, a été arrêté à Paris le 1er novembre 1995.

revendication et tous les services étaient sous pression car la fréquentation touristique était très affectée par les attentats et l'impact économique, majeur. C'est alors que la guerre des polices a fait rage entre la préfecture de police de Paris et la Direction centrale de la PJ. Des articles paraissaient dans *Le Monde* sous la plume de « Ciceron[4] » et le linge sale se lavait en public. De fait, dans toutes ces affaires, chaque service (DST, RG, DGSE) détenait un morceau du puzzle, jalousement gardé. Jusqu'au moment où le président Chirac a durci le ton : « S'ils ne se coordonnent pas, je vais les coordonner moi-même. » En trois mois, suite à cette impulsion ferme, nous sommes pourtant parvenus à éradiquer toute la structure terroriste. Mais lorsque, au cours d'une réunion sur l'affaire Beghal organisée à la DGSE avec le FBI et la CIA, je me suis aperçu que les services américains nous coordonnaient sur notre propre territoire, je me souviens m'être dit que nous devions absolument instaurer une discipline.

La DCRG avait investi sur la « mouvance islamiste » normale, modérée, dès 1990, sans attendre les attentats de 1995. La maison opérait un suivi de l'état d'esprit des populations installées sur le sol français (on comptait alors quelque cent vingt minorités étrangères arrivées en métropole depuis le début de la décolonisation) alors que la DST se concentrait sur l'action des services étrangers sur notre territoire national. Lorsque les attentats sont survenus et en l'absence de revendication, nous avons hésité un moment entre des pistes serbe ou islamiste, même si les services algériens avec lesquels nous entretenions d'excellentes relations nous avaient mis en garde…

4. Pseudonyme adopté par un groupe de hauts responsables de la police, de la magistrature et de l'administration.

Mais ce travail de terrain a tout de même payé. Par exemple, l'identification du réseau lillois a débuté alors que les RG suivaient, comme il se doit, une manifestation contre l'interdiction du port du voile, au lycée Faidherbe à Lille. Des individus bizarres ayant été repérés, nos équipes les ont filés et sont tombées sur le réseau d'Aït Ali Belkacem[5] qui devait positionner une voiture piégée sur le marché de Wazemmes près de Lille et qu'on a interpellé le 1er novembre 1995. C'est en enquêtant sur l'économie souterraine que nous avons été en capacité d'apporter à la PJ le réseau de Chasse-sur-Rhône. Le réseau Kelkal n'est apparu que bien après : plutôt profilé « droit commun », Kelkal n'était pas dans les radars et personne n'avait observé sa conversion à l'islam en prison, d'autant que le renseignement pénitentiaire n'était pas sensibilisé sur ces questions. Cette forme de terrorisme lié au fanatisme religieux, sans lien avec un État étranger, était inédite. Le sujet s'est rapidement internationalisé avec les premiers départs de djihadistes, et notamment Caze et Dumont[6] qui, convertis à l'islam, ont été formés à l'action violente en Bosnie et ont constitué le premier réseau de djihadistes français.

À l'époque, le préfet Jacques Fournet[7] qui avait dirigé consécutivement la DCRG et la DST, évoquait déjà la nécessaire réunification des deux services intérieurs en un seul, sous des

---

5. Voir note 2 du présent chapitre.
6. Lionel Dumont et Christophe Caze étaient les deux membres pivots du gang de Roubaix, une association d'une dizaine de personnes proches d'Al-Qaida, qui a recouru à des vols à main armée très violents, survenus dans la région lilloise en 1996, afin de lever des fonds pour le djihad en Bosnie. Eux-mêmes anciens combattants en Bosnie, ils étaient demeurés très liés au mouvement El Moudjahidin et ils s'y fournissaient en armes de guerre et explosifs. Caze a été tué lors de l'assaut donné par le RAID le 29 mars 1996 tandis que Dumont, en fuite en Bosnie, y a finalement été arrêté et extradé en France.
7. Voir l'entretien accordé aux auteurs par Jacques Fournet p. 105.

formes à préciser. Charles Pasqua partageait cette opinion mais l'affaire n'était pas allée plus loin car l'exécutif y était opposé.

Nicolas Sarkozy, alors ministre de l'Intérieur[8], a relancé l'idée. Claude Guéant[9] avait même envisagé de mettre le directeur de la DST à la tête de cette nouvelle structure et de profiter du départ en retraite d'Yves Bertrand[10], directeur central des RG pendant douze ans, pour m'y nommer comme numéro deux, coiffant ainsi en binôme un outil qui serait nécessairement coordonné puisqu'ils travailleraient ensemble. Là encore, la réforme avait échoué en raison de son caractère sensible et de la proximité des élections présidentielles. Ce n'est qu'après la victoire de Nicolas Sarkozy[11] que je serai nommé en juin 2007 à la tête de la DST pour entreprendre la réunification d'une partie des deux services afin de créer un seul service de renseignement intérieur.

En septembre 2001, nous avions été convoqués à une réunion du Club de Berne[12] à Londres, au cours de laquelle les Américains avaient partagé les débuts de leur enquête sur le 11 Septembre. C'était une première : la CIA et la NSA travaillaient jusqu'alors exclusivement avec la DGSE. Ce fut l'occasion d'une prise de conscience de la nécessité de changer

8. Nicolas Sarkozy a été ministre de l'Intérieur, de la Sécurité intérieure et des Libertés locales du 7 mai 2002 au 30 mars 2004 dans les gouvernements de Jean-Pierre Raffarin I et II, puis ministre d'État, ministre de l'Intérieur et de l'Aménagement du territoire du 2 juin 2005 au 26 mars 2007 dans le gouvernement de Dominique de Villepin.
9. Directeur de cabinet du ministre de l'Intérieur Nicolas Sarkozy du 7 mai 2002 au 30 mars 2004 et du 2 juin 2005 au 26 mars 2007 ; secrétaire général de la présidence de la République du 16 mai 2007 au 27 février 2011 ; ministre de l'Intérieur, de l'Outre-Mer, des Collectivités territoriales et de l'Immigration du 27 février 2011 au 10 mai 2012.
10. Yves Bertrand a dirigé les Renseignements généraux de 1992 à 2004.
11. Nicolas Sarkozy a été élu président de la République française le 6 mai 2007, mandat qu'il a exercé du 16 mai 2007 au 15 mai 2012.
12. Voir note 10, p. 173.

complètement de format. Il est vrai que nous aurions pu mieux tirer les leçons du détournement de l'Airbus d'Air France le 24 décembre 1994[13]. Nous n'avions pas compris qu'il s'agissait d'une sorte de répétition du 11 Septembre. Sur le moment, évidemment, nous avions bien saisi qu'il ne fallait pas que l'appareil arrive à Paris, d'où l'intervention à Marseille ; mais pas plus. Il y avait eu aussi le précédent Bojinka[14]. Et celui de Rome : les magistrats avaient intercepté une conversation à Milan laissant entendre qu'il y aurait un attentat avec un avion détourné. On ne s'était pas non plus intéressé au cargo israélien tombé sur Amsterdam[15]. Les Italiens avaient toutefois très bien travaillé sur cette grosse cellule qui projetait des attentats[16]. Et la France, *via* la DST, était en relation étroite avec les services algériens. Donc en Europe, nos services étaient quand même assez en pointe sur ces questions.

L'évolution de la menace nous a obligés à nous reconvertir totalement pour acquérir une meilleure connaissance du monde religieux. Nous nous y sommes attelés en invitant des experts à faire des conférences de sensibilisation pour nos personnels.

13. La prise d'otages du vol Alger-Paris a débuté le 24 décembre 1994 sur le tarmac d'Alger lorsque quatre islamistes ont pris le contrôle de l'appareil. Elle s'est achevée le 26 décembre à Marseille avec l'assaut du GIGN et la mort des quatre preneurs d'otages. Dans l'intervalle, trois otages ont été exécutés afin de faire pression sur les négociations. L'objectif présumé des terroristes était de précipiter l'avion en vol sur un monument parisien, vraisemblablement la tour Eiffel.

14. Le projet Bojinka, découvert en janvier 1995 aux Philippines, prévoyait le détournement de 11 avions de ligne américains qui devaient être précipités sur des cibles symboliques du nord-est des États-Unis. L'un des trois terroristes au cœur du complot, Ramzi Yousef, avait déjà joué un rôle actif dans l'attentat contre le World Trade Center en 1993.

15. Le crash du vol cargo El Al 1862 le 4 octobre 1992 sur un quartier d'habitation (Bijlmermeer) dans la banlieue d'Amsterdam a fait 43 victimes.

16. En avril 2001, les autorités italiennes ont démantelé une cellule islamiste à Milan et arrêté son chef présumé Essid Sami Ben Khemais, en possession d'explosifs vraisemblablement destinés à commettre un attentat contre des intérêts américains en Italie.

Ce travail nous a permis de déceler les avant-postes, les mots, les clés. Et cela a payé puisque, après la vague d'attentats de 1995, nous avons procédé à quelques arrestations préventives lors de la Coupe du Monde de football en 1998[17] et nous n'avons pas connu d'attaques sur notre territoire pendant la période Al-Qaida. Je crois que nous avions alors assez bien compris d'où ça venait, comment ça fonctionnait et ce qu'il fallait se dire entre nous. On échangeait entre nous, deux à deux : RG-DST, puis DST-DGSE et RG-DGSE.

En 2012, le cas Merah puis l'essor de Daech nous ont brutalement tirés hors de cette zone de confort. Tout d'abord, le caractère inédit du profil de Merah[18] nous a obligés, là encore, à revoir notre grille de détection et d'analyse. L'individu était mineur, connu pour des infractions de droit commun, il se teignait les cheveux, buvait du whisky… Il avait été assez malin pour réussir à se trouver un « cours particulier » d'action violente en Afghanistan : alors que les séjours sur zones de djihad étaient à l'époque de deux ans, lui a traversé dix jours d'interrogatoire pour s'assurer qu'il n'était pas un infiltré et il a décroché un cours sur le maniement des armes de poing. Il nous est revenu, libre comme l'air. Toulouse avait détecté une dangerosité potentielle mais la section centrale qui analysait les dossiers à judiciariser éventuellement n'avait pas la même opinion. Toutes les

---

17. Près d'une centaine d'islamistes, soupçonnés d'appartenir à un réseau dirigé par l'émir dissident du GIA Hassan Hattab, ont été interpellés en France, en Allemagne, en Italie, en Belgique et en Suisse, quinze jours avant le Mondial de football, afin de prévenir d'éventuels attentats terroristes. Parmi eux, trois individus se distinguaient par leur dangerosité et leur activisme : Adel Mechat (bras droit d'Hattab) et Omar Saïki – interpellés en Allemagne – et Abdallah Khinaï, arrêté à Mantes-la-Jolie.

18. Mohammed Merah, terroriste islamiste franco-algérien, auteur des tueries de Montauban et de Toulouse (7 morts dont 3 enfants et 6 blessés) en mars 2012, a été abattu par le RAID à Toulouse le 22 mars 2012.

semaines, je recevais alors les directeurs et nous évoquions les différents dossiers en cours afin de trancher sur ce qui devait être judiciarisé ou pas. Le dossier Merah n'a jamais été discuté, il n'est jamais remonté jusqu'à moi, pas plus que les frictions entre Toulouse et Paris dont je n'ai eu connaissance par la presse que bien après mon éviction.

Après les assassinats de Montauban[19], j'ai souhaité être cosaisi et j'ai exigé qu'on mette un terme à la piste de l'extrême droite qui me paraissait absurde. J'ai demandé à mon adjoint qu'on me sorte pour le vendredi cinq objectifs islamistes et cinq d'extrême droite – puisque certains voulaient absolument garder la piste de l'extrême droite. C'est ainsi qu'apparaîtra le vendredi soir le nom de Merah, plus quatre autres, ainsi que des gens d'extrême droite. J'étais alors le seul à tirer résolument vers l'islam radical. J'apprendrai plus tard devant un magistrat que dès ce vendredi soir, les opérateurs télécoms avaient communiqué à la DCPJ[20] une information cruciale, à savoir que l'adresse IP de la mère de Merah avait « tilté » sur le rendez-vous pour la vente de la moto. Personne ne m'en avait rien dit alors que nous étions voisins dans le même bâtiment à Levallois. Mon adjoint m'ayant signalé qu'il nous faudrait mettre en place une permanence spécifique le dimanche car la PJ allait nous passer, à 14 heures, 23 000 noms à filtrer au fichier, j'ai donné un ordre en ce sens pour nous organiser. Parallèlement, j'ai demandé qu'on me relocalise Merah dont j'avais l'intuition que c'était un individu clé. Nous étions dans

19. Le 11 mars 2012, Mohammed Merah a abattu un militaire à Toulouse. Il l'avait piégé par une annonce pour la vente d'une moto, placée sur un site en ligne. Le 15 mars, il a également abattu deux militaires à Montauban et en a blessé grièvement un troisième. Enfin, le lundi 19 mars, il a tué à bout portant un adulte et trois enfants à l'école juive Ozar Hatorah à Toulouse.
20. Direction centrale de la police judiciaire (DCPJ).

l'urgence, les réunions s'enchaînaient et, pour ne rien arranger, le contexte politique préélectoral ne contribuait évidemment pas à la sérénité de l'enquête. Le dimanche à 20 heures, par fichier PDF transmis à la Direction centrale de la police judiciaire, j'ai rendu compte des investigations de mon service et j'ai mis Merah en tête de mes 23 000 noms. Ce procès-verbal ne sera retranscrit par la DCPJ qu'à 11 h 30 le lundi matin, après la commission des meurtres dans l'école juive. Après les assassinats des militaires, seuls les deux parquets locaux de Toulouse et de Montauban avaient été saisis ; le parquet terrorisme ne l'a été qu'après cet ultime attentat dans l'école.

Le modèle Merah a placé l'antiterrorisme face à des défis inédits. Nous n'avions plus affaire à une organisation pyramidale comme Al-Qaida mais à des confettis qui se baladent. J'ai expliqué au président Sarkozy qu'il fallait absolument qualifier le retour des zones de djihad comme une infraction à part entière de façon à disposer d'un support juridique (le modèle des filières afghanes avait été parfaitement décrit par le juge Bruguière[21]). J'ai également insisté sur le rôle d'Internet dans la diffusion du prosélytisme, de la doctrine d'emploi, et dans les échanges opérationnels. Enfin, nous avions un problème de support juridique : le Code pénal punissait l'infraction, la tentative, le commencement d'exécution mais pas l'acte préparatoire. Or il nous fallait désormais sonder les consciences et identifier celui qui, parmi une foule de cent, pensait à un attentat et allait passer à l'acte. Cela impliquait de légaliser certaines opérations spéciales qui servaient au contre-espionnage afin qu'on puisse les utiliser pour le terrorisme, en les judiciarisant. Le président était réservé car

21. Voir note 7, p. 170.

il craignait de faire descendre la population dans la rue. La loi sur le renseignement[22] n'arrivera finalement que trois ans plus tard, autant de temps perdu dans la prise en compte effective des effets Merah.

C'est aussi avec Merah que nous avons compris la nécessité d'intégrer des compétences plurielles et complémentaires : l'analyse strictement policière est devenue insuffisante, il faut ouvrir nos services aux sociologues, universitaires, religieux, psychologues et psychiatres pour affiner notre action. Nous étions déjà engagés dans ce processus d'ouverture puisque nous rentrions dans la deuxième phase d'un plan quinquennal de montée en puissance qui prévoyait le recrutement d'experts et d'ingénieurs.

Un mot sur l'administration pénitentiaire avec laquelle j'ai toujours travaillé. Il se trouve que mon frère dirigeait des prisons et m'expliquait beaucoup de choses. Il y a une vie dans la prison et il y a surtout une vie après la prison. Nous avions affaire à une population carcérale assez jeune, qui allait certainement multirécidiver. Je préconisais de régionaliser et de créer un point d'entrée pour les cas les plus intéressants afin d'éviter de noyer Paris sous les signalements multiples, déjà très augmentés par l'apport des partenaires étrangers. Malheureusement, un directeur central de la pénitentiaire a choisi de centraliser toutes les informations opérationnelles et le renseignement pénitentiaire a perdu en efficacité.

J'ai également œuvré personnellement, avec mon homologue à la DGSE, à un rapprochement étroit de nos services. Il me

22. Promulguée le 24 juillet 2015 au terme de vifs débats sur l'équilibre entre le respect des libertés individuelles et les besoins de la lutte antiterroriste, la loi n° 2015-912 relative au renseignement a donné de nouveaux moyens de surveillance des données de connexion Internet, introduit l'usage de logiciels espions et facilité les écoutes par l'usage des IMSI-catchers.

semblait indispensable de rattraper les années de retard. Nous avons mis en place des échanges de personnels à tous les niveaux. Certains ont pu renâcler : l'ouverture demande beaucoup de temps, de la limaille de fer et de la patience…

La DGSE disposait d'énormes budgets qui lui ont permis de recruter beaucoup d'experts. Soit dit en passant cette démarche nous était autrement plus compliquée : chaque fois que je voulais embaucher un ingénieur, il me fallait aller voir le ministre des Finances pour obtenir qu'il donne des instructions à son contrôleur financier afin que je puisse le payer correctement. La DGSE s'est donc ouverte à l'expertise, à la technique, posant en cela un problème conceptuel. Est-ce le renseignement qui pilote ? Aujourd'hui, la réponse est non. C'est la technique qui dit au renseignement ce qu'elle doit faire. Deuxièmement, est-ce que la technique est supérieure aux sources humaines, aux « honorables correspondants » (le service action étant à part) ? On constate à cet égard qu'il y a une course à l'échalote entre la direction du renseignement et la direction technique. Nous avons souhaité mutualiser les moyens techniques modernes, sur une base interministérielle. J'avais dit à Brochand[23] : « Écoutez, vous allez savoir tout ce qui se passe dans le monde entier alors que nous ne saurions pas ce qui se passe à Marseille ou à Lyon ? On n'a plus la possibilité de payer un beau jouet à tout le monde, on en construit un ensemble et on se le prête. » Enfin, en termes de procédure, nous avions prévu également que nous puissions constituer le point d'entrée à toute demande judiciaire.

Nous nous sommes également rapprochés de la DRM qui intervient avec beaucoup d'efficacité et d'ouverture. Elle est sur

23. Voir note 16, p. 175.

les théâtres d'opérations où elle collecte des documents, des téléphones portables à exploiter. La DGSE n'a donc plus le monopole de la collecte du renseignement et la DRM est un partenaire de plus en plus important pour les services Intérieurs.

Un mot enfin sur l'Académie du renseignement. Pour améliorer et systématiser les échanges, l'Académie du renseignement était une formidable idée, hélas torpillée par quelques erreurs. Il faut, à l'instar du CHEM, y faire passer des profils déjà expérimentés et identifiés comme hauts potentiels. Une académie beaucoup plus performante pourrait également permettre d'attirer les meilleurs dans la carrière et de les fidéliser.

Pour revenir à la conjoncture à laquelle nous avons dû faire face, nous nous sommes aperçus à cette époque qu'en Europe et malgré l'effondrement du mur de Berlin l'activité d'espionnage demeurait en plein essor avec un doublement des effectifs des résidences[24] dans plusieurs pays. Il nous a donc fallu renforcer notre propre activité de contre-espionnage. Nous avons d'ailleurs réalisé quelques très belles affaires dont je ne parlerai pas pour des raisons évidentes de confidentialité mais qui ont épaté nos amis américains. Nous avons ainsi conservé deux fers au feu : la montée en puissance de l'antiterrorisme qui nous a placés face à des défis considérables et a exigé d'améliorer la coopération avec la DGSE ; et, en même temps, le contre-espionnage a retrouvé toute son importance. Enfin, la protection de notre patrimoine, troisième pilier de l'ex-DST, est demeurée cruciale. Rappelons simplement que, lorsque la France a pris la présidence de l'Union européenne, nos mails ont été pillés sans vergogne…

24. Nom donné aux antennes des services secrets soviétiques puis russes au sein de leurs ambassades.

Nous avons démontré par l'exemple qu'un même service peut jongler, sans schizophrénie, entre le temps long et le cloisonnement du contre-espionnage, et le temps court et le partage d'information de l'antiterrorisme. Nous avons bien différencié les deux méthodes : une affaire de CE peut durer dix ans quand une affaire de terrorisme exige de la réactivité et de l'immédiateté.

Il m'a été reproché d'ouvrir la DCRI à l'extérieur parce que la maison était très marquée par l'état d'esprit DCRG. J'ai créé une procédure de remontée d'information plus réactive à travers l'état-major qui ne m'a pas survécu, mon successeur ayant préféré vivre avec les canons qu'il avait toujours connus. J'ai pris des coups personnels mais je l'ai accepté, en considérant que le résultat devait primer sur toute autre considération.

Personne ne traite de la dimension sociologique du renseignement qui constitue pourtant un sujet très important. Lorsque j'ai quitté la DCRI, les gardiens de la paix (troisième corps) comptaient pour un peu plus de deux tiers de l'effectif total. Jusqu'au milieu des années 1990, les services ont fonctionné avec très peu de gardiens de la paix : la DCRG employait comme linguistes sept gardiens au Pays basque, et la DST n'avait comme gardiens que les chauffeurs de la section opérationnelle de surveillance. La réforme des corps et carrières[25] a cassé cette culture d'officier de renseignement pour intégrer en nombre ces personnels d'un corps doté de ses règles propres, qui a voulu s'affranchir du corpus général et profiter davantage des spécificités du renseignement. La cassure s'est produite vers 1995-1997. Trois services ont été directement impactés par cette arrivée massive de gardiens de la paix : la police judiciaire, les Renseignements généraux et la

25. Voir note 9, p. 172.

Surveillance du territoire. Les autres services étaient des corps en uniforme pour qui la réforme n'a pas changé grand-chose. La DST a dû faire face à une vague très brutale, en particulier dans les divisions d'analyse où l'intégration a été rugueuse.

Plusieurs conséquences en ont découlé. Tout d'abord, nous n'avons pas rattrapé le déficit analytique, avec des effets parfois dramatiques. Aujourd'hui, est-il plus pertinent de recruter un jeune gardien qui sort de l'école ou qui a fait ses deux ans à la préfecture de police ou un bon étudiant diplômé d'un master ? Le deuxième profil est évidemment préférable, soit pour disposer de compétences très particulières, soit pour doter les divisions d'analyse de ressources déjà mûres et à patiner... À l'époque, cela m'était impossible même si les choses ont changé depuis.

Deuxièmement, la transmission des ordres par la chaîne hiérarchique ne va plus de soi : avec l'arrivée d'analystes hautement qualifiés, la question se pose de savoir qui donne les ordres : un capitaine à un bac + 5 ou l'inverse ? C'est loin d'être anodin et dans l'affaire Merah, lorsque le gardien de la paix qui le suivait sur le terrain a été désavoué par une capitaine à la centrale, il n'a pas pu aller contre la hiérarchie, avec les suites que l'on connaît. Mon avis est que, dans les services de renseignement, l'analyse devrait primer sur la hiérarchie.

Si je devais intervenir dans le dispositif aujourd'hui, je nommerais un coordonnateur national du renseignement plus *punchy*, ou plus exactement un conseiller à la sécurité nationale attaché à la présidence, un DNI[26] à la française. Quelqu'un

---

26. Aux États-Unis, le poste de Director of National Intelligence (DNI) a été créé en avril 2005 d'après les dispositions du *Intelligence Reform and Terrorism Prevention Act* de 2004. Le DNI est placé sous l'autorité du président qu'il conseille pour tout ce qui a trait au renseignement et l'élaboration du National Intelligence Program est placée sous sa supervision.

d'énergique, de passionné et de légitime. Je lui confierais la direction du PNR[27], la stratégie, et la mission d'organiser de vraies réunions opérationnelles avec les différents services, avec une responsabilité entière et une autorité totale.

Je créerais également une superstructure dédiée à la lutte antiterroriste[28], qui réponde aux enjeux notamment politiques, qui ait un contact avec le judiciaire, qui passe des commandes et soit même en situation d'« exiger ». Je suis pour que cette structure soit rattachée directement auprès d'un supercoordonnateur national du renseignement ou d'un conseiller à la sécurité nationale[29]. Ce serait, somme toute, la formalisation en termes plus opérationnels de la transformation du Conseil de défense qui joue ce rôle depuis les attentats.

Tous ceux qui traitent du terrorisme seraient ainsi ramenés sous un seul chef de file. On y mettrait la sous-direction antiterroriste (SDAT) de la police judiciaire, l'antiterrorisme de la DGSI, on supprimerait l'Unité de coordination de la lutte antiterroriste (UCLAT[30]), on identifierait un vrai socle « antiterrorisme » chez

27. Plan national du renseignement. La préparation du Plan national d'orientation du renseignement incombe aujourd'hui au coordonnateur national du renseignement et de la lutte contre le terrorisme.
28. L'entretien a été réalisé en novembre 2016, sept mois avant la création du Centre national de contre-terrorisme en juin 2017.
29. Installé à la Maison Blanche, le conseiller à la sécurité nationale (ou National Security Advisor, NSA) conseille le président des États-Unis sur tout ce qui a trait à la sécurité nationale. Il participe aux réunions du National Security Council (NSC), dont il est le plus haut membre. Son rôle et son influence ont varié d'une administration à l'autre, depuis la création du poste en 1953, selon la vision mise en œuvre par les présidents successifs.
30. Créée en 1984, l'UCLAT est rattachée au cabinet du directeur général de la police nationale, chargée de la coordination opérationnelle des services de police et gendarmerie impliqués dans la lutte antiterroriste (voir note 13, p. 44). Depuis 2014, l'UCLAT a été désignée comme cheville ouvrière du nouveau dispositif de lutte contre la radicalisation violente et les filières djihadistes. À ce titre, elle analyse les phénomènes de radicalisation et évalue la menace terroriste.

les gendarmes, on prendrait le renseignement pénitentiaire, la direction du renseignement de la préfecture de police de Paris[31] qui éclaterait entre renseignement territorial et terrorisme. Le renseignement territorial[32] est dans l'antichambre puisque sa mission s'étend, au-delà du terrorisme, à la sécurité publique et aux mouvements sociaux qui n'ont rien à faire dans cette superstructure dédiée au terrorisme. Il faudrait également laisser la partie contre-espionnage et espionnage économique hors de ce dispositif. Enfin, on adjoindrait des éléments DGSE, DRM, et DRSD[33]. En un mot, on irait prendre les « bijoux de famille » qui dorment dans chaque service afin de les réunir dans une structure de pointe.

Dernière question stratégique : la distinction entre ce qui doit demeurer du renseignement et ce qui doit être judiciarisé. Le judiciaire n'a pas à intégrer les secrets d'alcôve, les échanges entre services étrangers, les sources humaines… Mais une porte d'entrée pour le judiciaire est indispensable. Ma préconisation, largement partagée par d'autres praticiens, serait d'avoir un parquet national antiterroriste spécialisé, assorti de pôles régionaux, travaillant en parfaite confiance avec cette structure spécialisée et parlant le même langage.

---

31. La DRPP a été créée par arrêté du 27 juin 2008 lorsqu'il a été décidé de conserver une spécificité géographique et de ne pas intégrer les anciens Renseignements généraux de la préfecture de police de Paris à la DCRI. La DRPP a quatre missions principales : prévenir le terrorisme, contribuer à l'ordre public, lutter contre les filières d'immigration clandestine et rechercher l'information opérationnelle.

32. Au sein de la Direction générale de la police nationale (DGPN), le Service central du renseignement territorial (SCRT) est chargé depuis mai 2014 de la partie renseignement de la Direction centrale de la sécurité publique (DCSP). Il a succédé à la sous-direction de l'information générale créée en 2008.

33. Par décret du 7 octobre 2016, la Direction du renseignement et de la sécurité de la Défense (DRSD) a remplacé la Direction de la protection et de la sécurité de la Défense (DPSD). *Cf.* décret n° 2016-1337 du 7 octobre 2016 portant changement d'appellation de la direction de la protection et de la sécurité de la défense.

Notre dispositif a été élaboré au fil du temps pour faire plaisir à untel ou untel, mais sans une véritable stratégie. Aujourd'hui, une kyrielle de chefs et de ministères se retrouve autour de la table, ce qui empêche naturellement d'avoir une véritable coordination. Il y a même plusieurs structures de coordination, engendrant des problèmes de chapelles et de cultures. Il nous faut un outil unique, en cohérence hiérarchique, qui récupère les données, les analyses et les fasse traiter et enrichir. Les hommes n'aspirent qu'à cela : travailler ensemble sans que la hiérarchie ne bloque ou n'impose de garder l'information pour soi. Si vous disposez d'une bonne équipe et que vous la motivez, la passionnez, vous disposerez de la meilleure analyse, de la meilleure réaction opérationnelle et judiciaire, avec une relation diplomatique de qualité par rapport aux autres services étrangers. La communauté du renseignement est un petit monde où tous les acteurs se connaissent. C'est une amicale nationale et internationale… Conservons-la.

Bien sûr, la création d'une structure dédiée à la lutte antiterroriste et dotée des pleins pouvoirs constituerait un petit séisme. Mais soit le terrorisme est un problème prioritaire et on adapte notre outil, soit il ne l'est pas, mais il faut alors l'assumer au niveau politique. Notre pays est particulièrement visé par les terroristes et à très haut niveau. Nous avons de la matière grise – elle peut être améliorée ; nous avons des structures mais elles sont mal assemblées. Aujourd'hui, je crois qu'il faut passer à ce stade qualitatif supérieur parce que chacun a fait des efforts dans ses unités mais que les synergies demeurent encore réellement insuffisantes.

Je suis convaincu que le terrorisme est parti pour durer de très longues années et sous diverses formes. Lors de son arrestation en 1995, une fois confondu par l'album de photos du RER, Boualem Bensaïd[34] a reconnu sa défaite en nous avertissant : « OK, j'ai compris, j'ai perdu. Mais il y en a d'autres qui seront là dans un mois, six mois, un an, dix ans. On est ici chez nous. » Nous avons désormais affaire à du fanatisme religieux individuel et collectif qui s'inscrit dans la durée.

La réforme de la DCRI s'est faite sans attentat et sans scandale politique. C'est bien la preuve qu'une réforme a pu être menée en France dans le calme et la sérénité. Aujourd'hui, il ne faut pas attendre un énième attentat, une énième commission d'enquête parlementaire ; on a la chance de pouvoir décider dans le calme : réorganisons la lutte antiterroriste sans être à la remorque des événements. D'autant que nos adversaires profitent de nos lenteurs…

---

34. Voir les notes 2 et 3, p. 182.

ANNÉES 2010

Liste des principaux attentats contre la France

(activités terroristes sur le territoire français
et actes de terrorisme
ayant visé des citoyens français)

Nationalisme corse

En forte diminution : environ 200 attentats matériels au cours de la décennie.

Nationalisme basque

L'ETA a annoncé l'arrêt de ses activités en 2011.

- *7 février 2010* : tentative d'attentat contre une villa à Bassussarry.
- *16 mars 2010* : échange de tirs à Dammarie-lès-Lys entre la police et une dizaine de membres de l'ETA ; 1 policier tué.
- *10 avril 2010* : engin incendiaire lancé contre le commissariat d'Anglet.
- *14 juillet 2010* : attentat contre une agence immobilière à Hendaye.

Divers

- *22 juillet 2010* : attentat contre la Mutualité sociale agricole Grand Sud à Narbonne, commando se réclamant du Comité d'action viticole.
- *9 janvier 2011* : petite explosion au consulat de Tunisie de Pantin. L'ambassadeur de Tunisie en France dénonce un « acte terroriste », dans le contexte de la révolte de Sidi Bouzid

Attentats islamistes en France ou visant des Français (ou intérêts français) à l'étranger

- **2010**

- *19 avril 2010* : enlèvement et assassinat de l'humanitaire français Michel Germaneau au nord du Niger.

- **2011**

- *7 janvier 2011* : enlèvement par AQMI et assassinat de deux Français dans un restaurant de Niamey au Niger.
- *30 septembre 2011* : enlèvement et assassinat d'une expatriée française sur l'île de Manda dans l'archipel de Lamu, au Kenya, probablement par des shebabs somaliens.

- **2012**

- *20 janvier 2012* : attentat contre des soldats français à Gwan en Afghanistan (tirs à l'arme automatique pendant un jogging) ; 5 morts, 14 blessés.
- *Mars 2012.* Les attentats de mars 2012 en France ou tueries de mars 2012 à Toulouse et Montauban sont une série d'attentats perpétrés par Mohammed Merah. 7 personnes ont été tuées par arme à feu : 3 militaires dont 2 de confession musulmane et 4 civils, dont 3 enfants d'une école juive ; 7 morts, 2 blessés graves.
- *19 septembre 2012* : attentat à la grenade contre une épicerie casher à Sarcelles (Val-d'Oise) ; plusieurs blessés légers.

• **2013**

– *9 janvier 2013* : attentat perpétré par un Turc contre 3 militantes kurdes du PKK à Paris.
– *23 avril 2013* : attentat à la voiture piégée contre l'ambassade de France à Tripoli en Libye ; 2 gendarmes blessés.
– *25 mai 2013* : attaque à l'arme blanche d'un soldat en faction à la Défense.
– *15 juillet 2013* : confirmation officielle de l'exécution par AQMI de Philippe Verdon, enlevé au Mali avec Serge Lazarevic le 23 novembre 2011 (Lazarevic sera libéré en décembre 2014).
– *2 novembre 2013* : assassinat de Ghislaine Dupont et Claude Verlon, journalistes de Radio France Internationale (RFI) à Kidal au Mali.

• **2014**

– *22 avril 2014* : annonce par le Mouvement pour l'unicité et le djihad en Afrique de l'Ouest (Mujao) de l'otage Gilberto Rodrigues Leal, enlevé au Mali en novembre 2012.
– *24 septembre 2014* : assassinat par le groupe djihadiste « Les Soldats du Califat » (Jund el-Khalifa) qui a prêté allégeance à Daech du guide de montagne français Hervé Gourdel à Tizi Ouzou (Algérie).
– *20 décembre 2014* : attaque au couteau conduite par un individu récemment radicalisé dans le commissariat de Joué-lès-Tours ; 3 blessés dont 2 graves, mort de l'assaillant abattu sur les lieux par la police.
– *21 décembre 2014* : attaque à la voiture-bélier fonçant dans la foule à plusieurs endroits dans la ville de Dijon. D'après des témoins, le conducteur a crié « Allah Akbar » au moment des faits et avoir agi « pour les enfants de Palestine ». L'assaillant présente le profil d'un déséquilibré ; 11 blessés.

• **2015**

– *Janvier 2015.* Les « attentats de janvier 2015 » désignent une succession d'actes terroristes qui se sont déroulés entre le 7 et le 9 janvier à Paris, Montrouge (Hauts-de-Seine) et à Dammartin-en-Goële (Seine-et-Marne). Tuerie perpétrée par les frères Kouachi à la rédaction du journal *Charlie Hebdo* ; 12 morts et 11 blessés. Assassinat par Amedy Coulibaly d'une policière municipale à Montrouge et fusillade contre un agent de la voirie. Prise d'otages au supermarché Hyper Casher par Amedy Coulibaly ; 4 morts.

- *3 février 2015* : agression au couteau de trois militaires en faction devant un centre communautaire juif à Nice par un individu récemment refoulé de Turquie.
- *10 avril 2015* : agression d'un soldat français dans les toilettes de l'aéroport d'Orly.
- *19 avril 2015* : assassinat d'Aurélie Châtelain à Villejuif (Val-de-Marne) par Sid Ahmed Ghlam qui projetait un attentat contre une église de Villejuif.
- *26 juin 2015* : décapitation d'un chef d'entreprise à Saint-Quentin-Fallavier (Isère) par Yassin Salhi, employé radicalisé en lien avec la mouvance salafiste qui nie toutefois la dimension terroriste.
- *21 août 2015* : attaque à bord du train Thalys reliant Amsterdam à Paris par Ayoub el-Khazzani, individu radicalisé et en lien avec des filières salafo-djihadistes.
- *Novembre 2015.* Les « attentats du 13 novembre » sont une série d'attentats coordonnés à Paris et à Saint-Denis, revendiqués par Daech. Attentats-suicides aux abords du Stade de France, fusillades et attentat-suicide contre des terrasses de cafés et restaurants dans les 10ᵉ et 11ᵉ arrondissements de Paris, fusillade contre les spectateurs d'un concert au Bataclan ; 130 morts, 354 blessés dont une centaine très grièvement.

• **2016**

- *7 janvier 2016* : attaque au couteau du commissariat du 18ᵉ arrondissement de Paris par un individu qui porte une fausse ceinture d'explosifs.
- *11 janvier 2016* : attaque à la machette contre un enseignant juif à Marseille par un mineur se revendiquant soutien de Daech.
- *13 juin 2016* : assassinat d'un policier et de sa compagne à Magnanville (Yvelines) par Larossi Abballa qui a prêté allégeance à Daech.
- *14 juillet 2016* : attaque terroriste au camion-bélier sur la promenade des Anglais à Nice à l'issue du feu d'artifice de la fête nationale par Mohamed Lahouaiej Bouhlel ; 86 morts, 434 blessés.
- *26 juillet 2016* : attaque d'une église à Saint-Étienne-du-Rouvray (Seine-Maritime) et assassinat par Adel Kermiche et Abdel Malik Petit-Jean du prêtre Jacques Hamel.
- *4 septembre 2016* : tentative d'attentat à la voiture piégée aux abords de la cathédrale Notre-Dame à Paris par un commando de trois femmes.

- **2017**

– *3 février 2017* : attaque à la machette contre une patrouille de quatre militaires de l'opération Sentinelle au Carrousel du Louvre à Paris ; 1 blessé.
– *18 mars 2017* : un homme s'empare de l'arme d'un militaire à l'aéroport d'Orly, avant d'être abattu. Ses motivations restent floues. Il a toutefois déclaré vouloir « mourir pour Allah » et il avait été signalé pour « radicalisation » lors d'un séjour en prison en 2011-2012.
– *20 avril 2017* : attaque à la kalachnikov d'un fourgon de police stationné sur les Champs-Élysées ; 1 mort, 3 blessés.
– *6 juin 2017* : attaque au marteau d'une patrouille de police devant la cathédrale Notre-Dame de Paris ; 1 blessé.
– *19 juin 2017* : attaque à la voiture kamikaze contre un fourgon de police sur les Champs-Élysées par un individu fiché S ayant prêté allégeance à Daech.
– *9 août 2017* : attaque de militaires à la voiture-bélier devant leur caserne de Levallois-Perret ; 6 blessés.
– *1er octobre 2017* : un individu poignarde à mort deux jeunes femmes devant la gare Saint-Charles de Marseille avant d'être abattu par un soldat de la force Sentinelle. L'attentat est revendiqué par l'État islamiste.

Liste des principaux attentats islamistes à l'étranger visant des Occidentaux

– Russie. *29 mars 2010* : attentats-suicides du métro de Moscou ; 40 morts, 102 blessés. Attentat revendiqué par l'Émirat du Caucase.
– Russie. 21 janvier 2011 : attentat-suicide à l'aéroport Domodedovo de Moscou ; 37 morts, 173 blessés.
– Allemagne. *2 mars 2011* : fusillade à l'aéroport de Francfort ; 2 morts, 2 blessés.
– Maroc. *28 avril 2011* : attentat à la bombe au café Argana à Marrakech ; 17 morts, 24 blessés.
– Libye. *11 septembre 2012* : attaque contre le consulat des États-Unis ; 4 morts, 11 blessés.
– Algérie. *16-29 janvier 2013* : prise d'otages d'In Amenas ; 38 otages tués.
– États-Unis. *15 avril 2013* : attentats à la bombe à l'arrivée du marathon de Boston ; 3 morts, 264 blessés.

- Kenya. *21 septembre 2013* : attaque à l'arme automatique du centre commercial Westgate par les shebabs somaliens ; 67 morts, 175 blessés.
- Canada. *20 octobre 2014* : attentat à la voiture-bélier à Saint-Jean-sur-Richelieu ; 1 tué, 1 blessé.
- Canada. *22 octobre 2014* : fusillade à Ottawa ; 1 tué, 3 blessés.
- Australie. *5 décembre 2014* : prise d'otages à Sydney ; 2 morts, 4 blessés.
- Danemark. *14 février 2015* : fusillades au café Krudttoenden et à la grande synagogue de Copenhague ; 2 morts, 5 blessés.
- Mali. *7 mars 2015* : attentats de Bamako. Fusillade au bar La Terrasse, fréquenté notamment par des expatriés européens, revendiquée par Al-Mourabitoune ; 5 morts, 9 blessés.
- Tunisie. *18 mars 2015* : attaque du musée du Bardo à Tunis, revendiquée le lendemain par l'État islamique ; 24 morts, 45 blessés.
- Tunisie. *26 juin 2015* : attaque à la mitraillette sur la plage d'un hôtel de Sousse, revendiquée par l'État islamique ; 38 morts, 39 blessés.
- Égypte. *31 octobre 2015* : attentat à la bombe placée à bord du vol 9268 Metrojet à destination de Saint-Pétersbourg, revendiqué par l'État islamique ; 224 morts.
- Mali. *20 novembre 2015* : prise d'otages et fusillade dans l'hôtel Radisson Blu de Bamako, revendiquées par le groupe djihadiste Al-Mourabitoune ; 20 morts, 10 blessés.
- États-Unis. *2 décembre 2015* : fusillade à San Bernardino (Californie) perpétrée par un couple d'Américains qui avait fait allégeance à l'État islamique ; 14 morts, 17 blessés.
- Turquie. *12 janvier 2016* : attentat-suicide dans le centre d'Istanbul ; 10 morts, 15 blessés.
- Burkina Faso. *15 janvier 2016* : fusillades dans des lieux fréquentés par les étrangers à Ouagadougou, revendiquées par AQMI ; 30 morts, 150 blessés.
- Côte d'Ivoire. *13 mars 2016* : fusillades dans la station balnéaire de Grand-Bassam ; 18 morts, 33 blessés.
- Belgique. *22 mars 2016* : attentats-suicides à l'aéroport de Bruxelles et explosion d'une troisième bombe à la station de métro de Maelbeek ; 32 morts, 340 blessés.
- Turquie. *7 juin 2016* : attentat à la bombe à Istanbul ; 11 morts.
- États-Unis. *12 juin 2016* : fusillade dans une boîte de nuit d'Orlando ; 49 morts, 53 blessés.

- Turquie. *28 juin 2016* : fusillade et attentats-suicides à l'aéroport Atatürk d'Istanbul ; 45 morts, 239 blessés.
- Bangladesh. *2 juillet 2016* : des hommes lourdement armés tuent 20 otages, la plupart étrangers, massacrés à l'arme blanche, dans un restaurant de Dacca. L'attaque est revendiquée par le groupe État islamique.
- Allemagne. *19 décembre 2016* : attentat au camion-bélier au marché de Noël de Berlin, revendiqué par l'État islamique le lendemain ; 12 morts, 48 blessés.
- Turquie. *1er janvier 2017* : fusillade dans une discothèque d'Istanbul, revendiquée par l'État islamique ; 39 morts, 65 blessés.
- Royaume-Uni. *22 mars 2017* : attentat à la voiture-bélier sur le pont de Westminster à Londres ; 4 morts, au moins 50 blessés.
- Russie. *3 avril 2017* : attentat à la bombe dans le métro de Saint-Pétersbourg. 14 morts et une cinquantaine de blessés.
- Suède. *7 avril 2017* : attentat au camion-bélier dans une rue commerçante de Stockholm. 5 morts et une quinzaine de blessés.
- Royaume-Uni. *22 mai 2017* : attentat-suicide à la bombe à la sortie du concert d'Ariana Grande, revendiqué par l'État islamique. 22 morts et 116 blessés.
- Royaume-Uni. *3 juin 2017* : attentat à la voiture-bélier puis à l'arme blanche sur le London Bridge et dans le quartier de Borough Market, revendiqué par l'État islamique ; 8 morts, 48 blessés.
- Allemagne. *28 juillet 2017* : attaque au couteau à Hambourg ; 1 mort, 6 blessés.
- Espagne. *17 août 2017* : attaques à la camionnette-bélier à Barcelone puis dans la station balnéaire de Cambrils, revendiquées par l'État islamique ; 15 morts, plus de 150 blessés.
- Finlande. *18 août 2017* : attaque au couteau à Turku ; 2 morts, 6 blessés.
- Belgique. *26 août 2017* : attaque au couteau contre des militaires à Bruxelles.
- Royaume-Uni. *26 août 2017* : attaque au couteau de deux policiers devant Buckingham Palace.
- États-Unis. 31 octobre 2017 : attaque au camion-bélier dans le sud de Manhattan ; 8 morts, 12 blessés.

Général d'armée (2S) Didier Bolelli

Chef du bureau réservé
du cabinet du ministère de la Défense 1999-2001
Directeur des opérations de la DGSE 2004-2008
Directeur de la protection
et de la sécurité de la défense (DPSD)
du 1er août 2008 au 18 mars 2010
Directeur du renseignement militaire (DRM)
du 19 mars 2010 au 31 juillet 2013

ENTRETIEN DU 19 SEPTEMBRE 2016

J'ai été chef du bureau réservé[1] de 1999 à 2001 au cabinet du ministre de la Défense, Alain Richard, qui avait un prisme « renseignement » très poussé et avait choisi d'avoir à ses côtés le général Philippe Rondot[2]. Le 11 septembre 2001 n'avait pas

1. Le chef du bureau réservé assure l'interface entre le cabinet du ministre et les services de renseignement sous tutelle de la Défense : DGSE, DRM et DRSD, ainsi que le COS.
2. Voir note 7, p. 58

encore eu lieu et, même si nous étions déjà très concentrés sur les affaires d'otages en Tchétchénie ou ailleurs, le terrorisme, tel qu'on le vit actuellement, n'était pas encore devenu le centre des préoccupations.

Affecté à la DGSE fin 2004 comme directeur des opérations, j'ai occupé cette fonction jusqu'à l'été 2008. C'était un moment charnière car nous vivions la fin de la grande époque du contre-espionnage et entrions dans celle du terrorisme et du contre-terrorisme. Le CE, qui traquait les « taupes », était encore le bureau très « noble » du service. Pour sa part, le CT était très occupé par la libération de nos otages (attaque du *Ponant*[3], compatriotes retenus en Irak[4] et en Afghanistan). Il est bien évident que nous n'étions pas encore engagés de plain-pied dans la lutte contre le terrorisme telle qu'elle se déroule actuellement mais, tout en étant encore beaucoup en réaction, nous réfléchissions déjà à la notion d'entrave. Ces prises d'otages relevaient-elles seulement du terrorisme ? On peut en discuter… Toujours est-il que j'ai bien vu monter en puissance la partie contre-terrorisme à la DGSE puisque le bureau CT a commencé à prendre du poids et à se rapprocher de la DGSI (qui était encore la DST). Aujourd'hui la fonction CT est devenue, à juste titre, première, mais il ne faut pas baisser la garde sur le contre-espionnage qui n'est pas mort avec l'arrivée du terrorisme et dont les menaces perdurent bel et bien.

---

3. Le trois-mâts de la Compagnie du Ponant croisait dans le golfe d'Aden lorsqu'il a été attaqué par des pirates somaliens le 4 avril 2008. Les otages ont été libérés contre une rançon le 11 avril 2008 mais, grâce à une opération héliportée montée par la France, une partie du montant versé a pu être récupérée et plusieurs pirates appréhendés.
4. Citons les journalistes Christian Chesnot et Georges Malbrunot, enlevés par l'armée islamique en Irak le 20 août 2004 et libérés le 21 décembre 2004, et Florence Aubenas, enlevée le 5 janvier 2005 à Bagdad et libérée le 11 juin 2005.

En 2008, j'ai quitté la DGSE pour diriger la Direction de la protection et de la sécurité de la défense[5] (DPSD) au moment où étaient publiées les conclusions du *Livre blanc sur la défense et la sécurité nationale*[6], lesquelles ont eu des conséquences majeures sur le monde du renseignement français.

Tout d'abord et contrairement à ce que souhaitaient d'autres services, la DGSE a gardé en son sein sa direction technique qui est une source essentielle d'informations et qui, avec la mise en place de nouvelles capacités technologiques, est devenue un élément unique et donc incontournable au sein du renseignement national.

La mise sur pied de la Coordination nationale du renseignement dirigée initialement par Bernard Bajolet a également constitué un vrai tournant pour la coordination des services de renseignement. Elle a permis de faire asseoir régulièrement les six services à la même table pour que tous les chefs se rencontrent, se parlent et échangent. Le fait de se voir au minimum une fois par mois, de faire des groupes de travail, d'établir ensemble le Plan national du renseignement a constitué une avancée majeure. Pour les chefs de service dépendant du ministère de la Défense, cela nous a permis de transmettre des messages qui n'auraient pas forcément été entendus en interne Défense. Par exemple, grâce au CNR, nous avons pu relancer la politique des drones, restée au point mort, et convaincre les autorités politiques de la nécessité de posséder une capacité satellitaire électromagnétique. Cela s'est traduit dans les faits, pour la DRM, par l'acquisition des drones Reaper[7] et le lancement du projet de satellite électromagnétique

5. Voir note 33, p. 196.
6. Voir note 21, p. 48.
7. Construit par l'entreprise américaine General Atomics, le MQ-9 Reaper est un drone de surveillance (avec option combat). Il équipe les armées américaines (Air Force et Navy), britanniques (Royal Air Force), italiennes (Aeronautica militare)

CERES[8]. En tant qu'ancien directeur de la DPSD puis de la DRM, je considère donc que le CNR a été un facteur déterminant pour l'évolution nécessaire du monde du renseignement.

L'Académie du renseignement a été créée à la même époque[9]. Dès sa création, elle a organisé deux sessions de formation par an réunissant des cadres des services. Cela s'est avéré très positif et a permis que les membres des services puissent se rencontrer, échanger et découvrir la complémentarité de leurs actions.

En termes opérationnels, le grand tournant, amorcé avec la guerre en Libye, a été le Mali. Pour la première fois, nous nous sommes trouvés au cœur d'une crise où, d'une part, la DRM était leader en termes de renseignement et, d'autre part, il y avait des otages sur le théâtre. En Libye, la situation avait été bien différente car nous n'avions pas d'otages et la DGSE travaillait de son côté et nous du nôtre.

Il s'est trouvé, par coïncidence, que l'opération au Mali a commencé en même temps que l'opération de la DGSE en Somalie, échouant à libérer son agent otage[10]. Au même moment, il a été décidé que la DRM devenait « leader » renseignement pour la

---

et l'armée de l'air française. Le 5 septembre 2017, lors de l'université d'été de la Défense, la ministre des Armées Florence Parly a annoncé l'engagement de la France dans le processus d'armement de ses drones.

8. CERES : capacité d'écoute et de renseignement électromagnétique spatiale. Le programme CERES est constitué d'une constellation de trois satellites qui seront lancés en 2020. Ils permettront d'intercepter, de cartographier et d'analyser le fonctionnement des émetteurs électromagnétiques dans les bandes de fréquence radar et télécommunication, et le système comprendra un segment sol utilisateur et un segment sol de contrôle. CERES vient compléter les moyens nationaux terrestres, maritimes et aéroportés de recherche et d'interception des émissions électromagnétiques.

9. Décret n° 2010-800 du 13 juillet 2010 portant création de l'Académie du renseignement.

10. Enlevé le 14 juillet 2009 à Mogadiscio, l'otage Denis Allex a été détenu trois ans et demi par le groupe islamiste terroriste al-Shabab. L'opération militaire de libération, pilotée par la DGSE et lancée la nuit du 11 janvier 2013, a échoué, se soldant par l'exécution de l'otage et la perte de deux agents du service action.

crise malienne au niveau de la Défense. Des réunions pilotées par le directeur de cabinet se tenaient trois fois par jour réunissant la DRM, la DGSE, la DPSD, le COS[11], le général chef des opérations de l'EMA et des conseillers du cabinet. Le *lead* d'un théâtre, où des otages français étaient retenus, a donc été confié à un service de renseignement militaire, tout en continuant les opérations pour retrouver les otages[12].

Avant le début des opérations au Mali, la DRM n'avait pas accès à tout ce qui se passait sur zone. En effet, en termes de terrorisme, il avait été arbitré que les katibas[13] locales étaient à considérer comme des groupes terroristes, donc hors du ressort de la DRM. Il y avait donc eu débat sur la qualification des katibas car, pour moi, directeur du renseignement militaire, à partir du moment où elles disposaient de moyens d'armement lourd, elles auraient dû quitter leur catégorisation de « groupe terroriste » et être considérées comme bandes armées. En effet, au Mali, les katibas avaient, entre autres armements et capacités, des 14.7[14]...

---

11. COS : Commandement des opérations spéciales.
12. Sept otages – dont cinq Français – ont été capturés dans la nuit du 16 septembre 2010 par un groupe d'AQMI à Arlit, une ville minière où le groupe Areva exploitait deux mines d'uranium, située à quelques 200 kilomètres au nord d'Agadez au Niger, puis détenus aux confins du Niger et du Mali. Trois premiers otages (un ressortissant malgache, un Togolais et une Française) ont été libérés en février 2011 et les cinq Français n'ont recouvré la liberté qu'après plus de mille jours de détention, en octobre 2013. D'autres otages enlevés au Mali ont été détenus par des groupes islamistes et ont connu un sort parfois tragique. Parmi eux : Michel Germaneau, enlevé au Niger le 19 avril 2010 puis transféré au Mali et exécuté par AQMI le 25 juillet 2010 ; Serge Lazarevic et Philippe Verdon, enlevés par AQMI à Hombori (Mali) le 24 novembre 2011, libéré le 9 décembre 2014 pour le premier et exécuté le 10 mars 2013 pour le second ; deux journalistes de RFI Ghislaine Dupont et Claude Verlon, enlevés à Kidal (Mali) par AQMI et exécutés dans la foulée le 2 novembre 2013 ; Gilberto Rodrigues Leal, enlevé à Diéma (Mali) le 20 novembre 2012 et exécuté par le Mujao le 22 avril 2014.
13. Unité ou camp de combattants en Afrique du Nord et dans la bande sahélo-saharienne.
14. Mitrailleuses de calibre 14,7 millimètres. Armement lourd de portée allant de 400 à 900 mètres, dont la puissance de feu et le pouvoir de perforation sont largement

Toujours est-il que le jour où la guerre a débuté, la DRM a été désignée comme leader du renseignement, mais sans disposer de toutes les informations amont. Cela a été rectifié immédiatement et le directeur de la DGSE a apporté un soutien total à la DRM, démontrant parfaitement qu'il faut vraiment que les services raisonnent dans l'esprit « je ne fais plus du renseignement uniquement pour moi mais je fais du renseignement également pour les autres ».

Au cours de ces réunions triquotidiennes, chacun des services concernés s'exprimait, même si le sujet des otages restait un sujet réservé, ce qui est tout à fait cohérent. Dès que nous sommes passés en phase de « ciblage », nous sommes arrivés progressivement à la mise en place de cellules communes. Il faut signaler que ce qui était nouveau pour nous était cependant pratiqué depuis bien longtemps par les Anglo-Saxons, dans les PC d'opérations à Kaboul ou Bagdad, où tous les services étaient réunis dans la même salle et mettaient en commun leurs informations.

Lorsque j'étais chef du bureau réservé du cabinet du ministre de la Défense de 1999 à 2001, des réunions avec les trois chefs des services se tenaient chaque mois autour du ministre, en présence de Philippe Rondot, mais elles portaient sur des thématiques différentes et n'étaient aucunement opérationnelles. Le Mali, j'insiste, a donc vraiment constitué un tournant.

La cellule de ciblage s'est mise en place à la DGSE avec la DRM, le COS et, parfois, des alliés. Elle était essentiellement une cellule de suivi, de mise en œuvre et de coordination avec l'état-major des armées car c'étaient les armées qui détenaient les moyens. Elle était alimentée en renseignement par les Services,

---

supérieurs à ceux d'une Kalachnikov. Au Mali, les 14.7 étaient généralement montées à l'arrière des pick-up.

DGSE et DRM. L'objectif était la recherche de *high value targets*[15]. Sur le terrain, étaient mises en œuvre des opérations du COS, du service action (mais nous n'étions pas au courant) ou des frappes ciblées. Nous y discutions beaucoup de « tactique » : quel montage du processus ? Quel vecteur utiliser pour neutraliser ? C'était une nouveauté qui a beaucoup servi l'efficacité de nos opérations.

Lors des réunions qui se tenaient chez le directeur de cabinet du ministre de la Défense, il n'y avait pas de représentant de la DGSI. Mais il faut rappeler qu'à l'époque, le terrorisme n'avait pas encore frappé le territoire national et la DGSI était moins en première ligne que la DGSE. Par contre, la DGSI était mise dans la boucle dès que cela relevait de son domaine de compétence. Ainsi, lorsqu'un Français a été capturé par les forces françaises au Mali, c'est la DGSI qui est allée le récupérer à Bamako pour l'extrader. La DGSI a aussi été partie prenante dans l'enquête relative à l'enlèvement, en janvier 2011, de deux Français dans un restaurant de Niamey[16].

Une autre problématique dans les armées est de définir à qui la DGSE transmet ses informations opérationnelles. C'est un sujet compliqué. La DRM est servie pour tout, le Centre de planification et de conduite des opérations[17] aussi, mais ce n'est pas simple au quotidien car il y a des informations considérées

---

15. HVT : *high value target*. Sigle anglo-saxon désignant les « cibles » de haute valeur.

16. Le 7 janvier 2011, deux civils français – Antoine de Léocour et Vincent Delory – ont été enlevés dans le restaurant Le Toulousain, à Niamey, par un commando d'AQMI. L'armée française a tenté de les récupérer mais l'opération a échoué et les deux otages ont perdu la vie.

17. Au sein de l'état-major des armées, le CPCO constitue l'organe de commandement opérationnel des forces militaires françaises engagées à l'extérieur comme à l'intérieur du territoire national. Il regroupe les capacités de gestion des crises en amont (veille stratégique et planification) et, en aval, de conduite des opérations.

comme du domaine réservé. Pour ma part, la règle du « besoin d'en connaître » ne me choquait pas. Et quand la DGSE avait besoin de nos drones, nous les mettions à disposition. Il faut impérativement qu'il y ait décloisonnement mais, en même temps, chacun doit être assez responsable pour comprendre la règle du besoin d'en connaître et éviter les fuites.

La direction de la protection (aujourd'hui direction du renseignement) et de la sécurité de la Défense a un rôle important à jouer. Elle est l'héritière de la sécurité militaire et, pendant des années, elle a eu du mal à se détacher de cette image qui lui nuisait beaucoup en interne. J'ai découvert la DPSD quand j'étais chef du bureau réservé. C'est un service qui gagne beaucoup à être connu, renforcé, aidé et enrichi au niveau des personnels et de leur recrutement. Elle a une force : ce n'est pas un service judiciaire et elle lève beaucoup de choses dans la partie « protection du patrimoine industriel » (ce que beaucoup ignorent) mais également dans la « protection face au terrorisme ».

En arrivant à la DPSD, à l'été 2008, j'ai trouvé un service qui avait besoin de se restructurer et d'évoluer : la direction « se cherchait » et venait de subir une réduction drastique de moyens en perdant six cents personnels. Sa mission se focalisait sur la protection du patrimoine économique et industriel et elle était également en charge de toutes les habilitations des personnels des sociétés qui travaillaient pour la défense, un travail colossal effectué en liaison avec la DGSI.

Il fallait la « réimpliquer » dans les opérations pour bien la « réintégrer » dans les armées. Un de mes combats a donc été de projeter plus d'inspecteurs de la DPSD sur les théâtres d'opérations, en particulier en Afghanistan. Au Liban, nous avions essentiellement à traiter de contre-espionnage et de contre-terrorisme. En Afghanistan, l'embuscade d'Uzbin[18] venait de se produire et nous avons donc été très occupés par la gestion de ses conséquences, notamment judiciaires. Le travail de nos équipes en Afghanistan, où le suivi des interprètes et employés locaux était un élément important, différait donc du Liban. Nous suivions également le terrorisme corse tout en assistant au début de la montée de l'intégrisme musulman.

Cette restructuration de la DPSD s'est poursuivie avec mes successeurs. Heureusement, ce service, souvent méconnu, a regagné les effectifs nécessaires à son implication dans la lutte contre le terrorisme sur le territoire national.

J'ai quitté la DPSD et ai pris la direction de la DRM en mars 2010, en remplacement de Benoît Puga[19] qui avait effectué un travail considérable sur les relations avec les services étrangers et en particulier américains. Nos deux pays étaient engagés sur le théâtre afghan et il y avait vraiment une coopération très forte des renseignements militaires français et américain. Les tensions du débat sur l'Irak étaient derrière nous et j'avais donc en permanence porte ouverte chez les Américains, en particulier au niveau du renseignement électromagnétique, et cela alors que nous n'appartenions pas aux « Five Eyes[20] ». Nous avons également très fortement accru notre coopération avec la National

18. Lors de l'embuscade contre une patrouille de la Force internationale d'assistance et de sécurité (FIAS) tendue par les talibans dans la vallée d'Uzbin et de la contre-offensive qui s'est ensuivie, les 18 et 19 août 2008, 10 soldats français et leur interprète afghan ont perdu la vie et 21 ont été blessés.

19. Le général d'armée Benoît Puga a dirigé la DRM de septembre 2008 à mars 2010, date à laquelle il est devenu chef d'état-major particulier du président de la République Nicolas Sarkozy.

20. Alliance de renseignement électromagnétique, datant de la Seconde Guerre mondiale, et comprenant les États-Unis, la Grande-Bretagne, le Canada, l'Australie et la Nouvelle-Zélande.

Security Agency[21] et la National Geospatial-Intelligence Agency[22]. Les Américains, qui nous avaient déjà beaucoup aidés en Libye, ont poursuivi et renforcé leur soutien en Afghanistan.

Comme je l'ai dit précédemment, je suis convaincu qu'on fait du renseignement pour les autres. En conséquence, quelqu'un qui fait du renseignement et qui ne « parle pas aux autres » ne remplit pas sa mission. Le rôle d'un chef de service de renseignement est de faire travailler, d'organiser, de recueillir... Il doit parler à ses homologues, échanger, y compris avec les services étrangers. Et nous, Français, avons la chance de couvrir tout le spectre capacitaire du renseignement avec nos moyens nationaux : l'humain, l'électromagnétique et l'imagerie (à cette époque, la DRM ne s'occupait malheureusement pas du cyber – un sujet à part). Cela nous met donc en position de force pour échanger avec les très nombreux pays qui ne possèdent pas toutes ces capacités.

Une des limites réside toutefois dans les conditions d'exploitation des données du satellite Helios dont nous ne sommes pas entièrement propriétaires[23]. Néanmoins, notre imagerie, y compris celle transmise par nos satellites civils, nous met en situation d'échanger sur de très bonnes bases. La DRM est ainsi en capacité d'apporter à un pays étranger une vision autonome et indépendante. C'est un atout stratégique essentiel qu'elle ne doit pas perdre.

---

21. Affiliée au département américain de la Défense, la NSA collecte le renseignement d'origine électromagnétique et protège les systèmes d'information et de traitement des données du pays.
22. Service de renseignement du département de la Défense américain, la NGA est chargée de collecter, d'analyser et de diffuser le renseignement géospatial provenant de l'imagerie satellite.
23. Voir notes 19, p. 78 et 24, p. 84. La France a un poids prépondérant dans le programme mais doit compter avec l'Italie, l'Espagne, la Belgique et la Grèce qui gardent une participation minoritaire dans Helios.

Lors de ma prise de fonction, la DRM était déjà engagée sur plusieurs théâtres, mais j'ai eu, également, à gérer l'ambiguïté de son positionnement « un pied dans les armées, un pied dans le cabinet du ministre de la Défense ». Le directeur du renseignement militaire est aux ordres du ministre et la Direction du renseignement militaire à ceux du CEMA. Dans ce cadre, il est, parfois délicat, même avec l'appui du cabinet, d'aller contre des arbitrages qui viennent des armées, où certains ne voient en la DRM qu'un outil limité à l'appui aux opérations.

En effet, les armées ont parfois tendance à réduire la DRM à un « super B2[24] ». C'est un contresens car, pour moi, il y a deux DRM : une DRM « régulière », qui renseigne sur tout ce qui se passe dans le monde au niveau du renseignement d'intérêt militaire, et une DRM « séculière » qui travaille directement au profit des armées en tant que B2. Mais la DRM séculière ne pourrait pas fonctionner s'il n'y avait pas derrière elle la DRM régulière. Vouloir la réduire à un gros B2 aux ordres du Centre de planification et de conduite des opérations est donc un contresens majeur. Il y a, au sein du CPCO, un important bureau renseignement qui est fourni par la DRM[25], mais qui ne servirait à rien s'il n'y avait pas la DRM en back-office et en relation avec tous les autres services. De plus, toute la production de la DRM ne se limite pas au suivi des opérations en cours ou aux organigrammes des forces en présence.

J'ai vécu pour ma part une période marquée par l'arrivée d'un nouveau cabinet qui avait un fort prisme renseignement et a beaucoup investi sur lui. Le Conseil national du renseignement, où la DRM a siégé à sa juste place, a également contribué à changer son positionnement.

---

24. Le B2 est le bureau en charge du renseignement au sein d'un état-major.
25. Le bureau interarmées J2.

Enfin, et ce n'est pas neutre, pour les questions d'équipement, la DRM est soumise à l'arbitrage du CEMA. Pour le drone Reaper[26], pour le programme CERES[27] et pour tous les équipements électromagnétiques le discours était le même : « On comprend bien vos besoins mais il n'y a pas que le renseignement. » Pour compenser nos lacunes capacitaires, et en particulier nos avions ISR[28] souvent indisponibles, j'avais régulièrement essayé d'obtenir des financements pour en affréter, comme le faisait la DGSE, sous la forme de locations d'avions civils à équipage réduit : pilote, copilote, spécialiste en imagerie et spécialiste en électromagnétique. Mais mes demandes étaient régulièrement refusées car les armées ne considéraient pas que c'était un besoin opérationnel essentiel. Heureusement, avec le déclenchement de l'opération au Mali et la prise en compte à tous les niveaux de notre déficit dans ce domaine, nous avons pu louer un avion, puis deux, puis... et gagner ainsi de très grandes capacités opérationnelles.

La DRM manquait également de moyens autonomes parce que les armées souhaitent souvent développer des capacités avec des retours immédiats alors que la DRM a besoin d'investir également sur du renseignement de long terme et dans la durée. Le CNR a permis de progresser dans ce domaine en mettant à l'ordre du jour des sujets comme les drones Reaper ou le satellite CERES... Une fois de plus, la crise et l'urgence ont fait évoluer les choses et rendu possible l'arrivée de moyens.

Dans la situation actuelle, je crois qu'il faut encore accroître la coopération interservices et, dans un premier temps, favoriser

26. Voir note 7, p. 211.
27. Voir note 8, p. 212.
28. ISR : intelligence, surveillance et reconnaissance.

la mobilité interservices. Pour ce faire, il faut que tous les personnels soient sous le même statut. À la DPSD, j'avais voulu faire venir des personnels civils de la DGSE et j'avais dû reculer pour des problématiques salariales… De même, pour les personnels civils qui viennent à la DRM ou à la DPSD, il faut pouvoir s'en séparer s'ils ne font pas l'affaire. Ces services, et c'est tout leur intérêt, doivent pouvoir disposer d'un corps de personnels civils « robustes », assujettis aux règles de gestion des personnels spécifiques des services de renseignement et non aux règles générales de la fonction publique. Ainsi, contrairement aux personnels militaires toujours « faciles » à muter en cas de problème, je ne pouvais pas les faire partir contre leur gré et n'avais pas la main sur leur gestion RH, en cas d'inadaptation aux postes (cela a peut-être évolué depuis mon départ). Enfin, il faut que les personnels à la DRM ou à la DPSD soient considérés comme membres d'un service de renseignement : un militaire performant de la DRM ou de la DPSD ne doit plus répondre aux règles de mobilité habituelles des armées.

Le Livre blanc de 2008[29] a eu de très grandes conséquences dans le monde de la Défense en créant une véritable fonction renseignement, faisant ainsi évoluer son image de manière très positive. Ceci s'est traduit par un afflux de volontaires. Dans ce cadre, il faut continuer à faire en sorte que les personnels qui rejoignent nos services ne mettent plus leur carrière entre parenthèses, qu'ils puissent y être valorisés et progresser au même rythme que les autres. Il faut donc continuer à promouvoir la fonction renseignement, ainsi que la fonction opérations spéciales qui va de pair. Et, j'insiste à nouveau sur ce point, il faut

29. Voir note 21, p. 48.

faciliter les mobilités interservices : on apprend beaucoup dès qu'on franchit le trottoir et qu'on va voir les gens en face.

Sur l'antiterrorisme, je ne suis pas un expert et je n'ai pas de légitimité particulière pour faire des recommandations. Je regarde simplement ce qui se passe à l'étranger et ce que font les grands pays. Pour le moment, aucun n'a fusionné ses services antiterroristes : ils continuent à avoir un service extérieur et un service intérieur. Pourrait-on faire une partie commune en termes d'analyse ? Cela a commencé. Mais, dans tous les cas de figure, plus les services se parlent, mieux c'est. La force du coordonnateur national du renseignement est de faire en sorte que cela soit le cas. Je l'ai vécu à différentes époques et c'est extrêmement important.

Je suis convaincu de l'apport du CNR : il est l'étage supérieur de la coordination des services et a irrigué vers le bas cette notion du « on se parle ». Avant, chacun était dans son « silo » et pour avoir participé aux toutes premières réunions du Conseil national du renseignement, je peux témoigner que c'étaient des assemblées parfois un peu silencieuses… Le fait qu'il y ait eu ces réunions régulières avec les chefs de service a provoqué beaucoup d'autres réunions bilatérales entre les services : plus on échange, plus on a des choses à se dire, et plus on se rend compte que l'autre traite parfois de sujets que l'on traite aussi. La question est de savoir si on a été jusqu'au bout de la démarche ou pas… Est-ce que le CNR doit aussi prendre en compte les opérations ?

Pour avoir passé de nombreuses années dans le monde du renseignement, je reconnais que les avancées réalisées sont considérables ; ne serait-ce que parce qu'aujourd'hui les fonctions étatiques ne regardent plus le renseignement comme un monde à garder « à bout de gaffe ». L'État a pris conscience du caractère essentiel de la fonction renseignement, régalienne par essence.

Je pense qu'il faut professionnaliser encore plus le monde du renseignement. C'est un métier, c'est-à-dire de la connaissance, du professionnalisme et de l'expérience. Il faut encore accentuer la coordination des opérations militaires avec les opérations clandestines, bien se répartir les rôles. Les grands bouleversements survenus avec la Libye, l'Afghanistan et surtout avec le Mali font que, pour la première fois, les forces armées ont agi sur le même théâtre que les services secrets, ce qui ne s'était pas produit depuis des années, à part pour de petites équipes.

Un chef de service de renseignement militaire doit donc être désigné en fonction de son background dans ce métier et non pour donner un poste de sortie vers le haut à quelqu'un. C'est le cas dans les grands pays étrangers où tous les DRM sont des personnels généralement issus du monde du renseignement et ayant une longue stabilité dans la fonction.

Dans les conflits d'aujourd'hui et, notamment à cause du terrorisme, tout le monde est parfois appelé à jouer sur le même terrain, dans un continuum intérieur-extérieur. Il faut donc se parler de plus en plus. Pour les services de la Défense, il faut encourager la mise en commun de moyens et pouvoir l'arbitrer lorsqu'il y a lieu. C'est souvent dans l'urgence que les besoins sont aigus : il faut également que soient possibles des programmes « flash » pour les équipements de renseignement et qu'il puisse y avoir une mise en commun de ces moyens.

Un moyen peut, parfois, faire à la fois de l'opératif et du stratégique[30]. Cela dépend de la mission qu'on lui assigne. Quand

30. Dans les armées, trois niveaux opérationnels sont différentiés : tactique, opératif et stratégique. Le niveau opératif implique, sous la responsabilité du commandement

il est au niveau stratégique, par exemple pour la DGSE, rien ne s'oppose à ce qu'il fasse aussi de l'opératif pour la DRM. Je ne vais pas forcément jusqu'à prôner une mutualisation totale. Mais nous ne sommes pas un pays assez riche pour que chacun développe ses moyens de son côté.

Parfois, quand vous défendez votre besoin en moyens de renseignement auprès des armées, vous êtes rapidement enfermé dans un débat sans fin sur les choix à faire entre « savoir et pouvoir ». Pour certains, cela ne sert à rien de « savoir » si on n'est pas en capacité de « pouvoir agir » et par conséquent, l'arbitrage doit pencher en priorité en faveur du capacitaire… Alors que pour les hommes du renseignement, cela ne rime pas à grand-chose de « pouvoir » si on ne sait pas sur quoi agir !

En 2017, il est grand temps de dépasser ce débat aussi primaire que non productif et de définir des politiques de ressources humaines et financières adaptées au monde du renseignement afin de lui permettre de jouer pleinement le rôle dont plus personne aujourd'hui ne remet en question l'aspect essentiel.

Frédéric II de Prusse avait déjà, il y a deux siècles, parfaitement résumé cette problématique en disant : « On vous pardonnera peut-être d'avoir été vaincu… mais certainement pas d'avoir été surpris ! »

du théâtre d'opérations, la conduite de l'action militaire interarmées conforme aux objectifs arrêtés par le niveau stratégique (politico-militaire). Le niveau tactique est lié à l'action en cours qui est limitée dans le temps et conduite par l'échelon de commandement local.

Ange Mancini

Coordonnateur national du renseignement (CNR)
du 24 février 2011 au 20 juin 2013

ENTRETIEN DU 21 JUIN 2017

J'ai été nommé au poste de coordonnateur national du renseignement sans avoir jamais fait partie d'un service de renseignement, ce qui m'a permis d'avoir une perspective extérieure. Je suis un peu napoléonien sur ce sujet ; je reste dans le principe « Pas d'amiral à la Marine. » De mon point de vue, mettre un spécialiste à la tête d'une institution est souvent une erreur parce qu'il a sa propre vision des choses et, de bonne foi, il va essayer de la faire prévaloir. Un responsable doit avoir l'intelligence de capter le meilleur chez chacun et, d'en faire la synthèse. J'ai donc pris le poste de coordonnateur sans aucun préjugé sur les différents services, d'ailleurs comme mon prédécesseur Bernard Bajolet[1] qui était diplomate. Dans mes fonctions au sein de la police judiciaire, j'ai en revanche beaucoup utilisé le renseignement.

---

1. Voir note 20, p. 48.

Avant la coordination nationale du renseignement mise en place à partir des réflexions du *Livre blanc* de 2008[2], chaque responsable était dans une espèce de « course à l'échalote » pour présenter des éléments confidentiels à « son champion », à celui qu'il connaissait le mieux, à celui auprès duquel il avait ses entrées, qu'il s'agisse du président, de l'ami du président ou du conseiller du président, etc. Et, finalement, lorsqu'on réunissait les chefs de service autour d'une table pour parler de renseignement, on assistait à une belle partie de « poker menteur ». C'était à celui qui en disait le moins pour mieux se faire valoir ensuite : « On a dit ça mais moi je vais vous dire la vérité… » Ce qui était évidemment tout à la fois nocif et nuisible. La grande règle prévalant dans le renseignement est : on ne se parle que si on est au même niveau de compétence et de confiance.

La création d'une communauté du renseignement a été une décision extrêmement importante. Je rends un hommage appuyé à mon prédécesseur qui, dans un monde difficile et hostile, a réussi à fédérer cette communauté qui s'est consolidée au fil des réunions hebdomadaires à l'Élysée auxquelles participaient les chefs des services. Elle apporte une crédibilité extrêmement bénéfique à une corporation qui revenait de loin… Pour nous comparer à nos voisins britanniques, un espion vu de leur côté du Channel c'est James Bond alors que du nôtre, c'est un barbouze… James Bond à Londres, barbouze à Paris.

Mon action a consisté à prolonger et amplifier ce qu'avait initié Bernard Bajolet. J'ai, avec les services, poursuivi la mise en place du Plan national d'orientation du renseignement[3]. C'est sur cette base que le coordonnateur national du renseignement

2. Voir note 21, p. 48.
3. Voir note 2, p. 133.

donne une feuille de route à tous les services. Mais je n'ai jamais confondu le rôle du CNR avec celui de directeur, le CNR ne « dirige » pas les services de renseignement, il les « coordonne ».

Aux États-Unis, c'est le coordonnateur qui défend le budget devant le Congrès et qui le distribue. Évidemment, les patrons des services ont, en amont, apporté une contribution active dans son élaboration. Cela manque chez nous où trois ministères – Intérieur, Défense et Bercy – pèsent sur ce budget. J'ai essayé de discuter avec chacun des trois ministres mais il serait plus efficace et plus cohérent de doter le CNR de vrais moyens budgétaires. Pour être complet, je pense qu'il lui faudrait aussi disposer d'une longévité, un mandat de cinq ans par exemple (évidemment révocable s'il commet des erreurs). Aux États-Unis, mon homologue d'alors, James Clapper, est resté plus de six ans à ce poste[4].

Une fonction du coordonnateur est l'information du président et du Premier ministre concernés par tous les événements dans le monde qui touchent au renseignement. Le CNR établissait chaque jour une synthèse de tout ce qui s'était passé dans le monde, non pas sur la base d'informations médiatiques mais de renseignements vérifiés par les services. Pour chaque renseignement figurait également son origine. Cela avait pour vertu de valoriser le travail des services aux yeux du président, de l'acculturer à ces sujets et d'inciter ceux-ci à partager leurs informations.

Je pense que le positionnement du CNR est bon. Sous le régime de la Ve République, le Premier ministre détermine et conduit la politique de la nation mais le président est le

4. Nommé par Barack Obama en juin 2010 et confirmé par le Sénat américain en août de la même année, James Clapper a officié comme directeur du renseignement national (DNI) jusqu'à début 2017.

« Patron ». Avoir une structure auprès du président, sans être intégrée au cabinet, qui demeure extérieure à la politique mais bénéficie de sa force, est une excellente formule. Il peut aussi servir de fusible si besoin.

Il faut bien préciser ce qu'est véritablement le renseignement car il me semble qu'il y a beaucoup de confusion entre information, renseignement, renseignements généraux…

Le renseignement est un système à trois niveaux.

À la base se trouve la collecte de l'information, la plus large possible, qui remonte à une structure territoriale chargée de son filtrage pour éliminer ce qui est sans intérêt. Je me remémore une affaire extraordinaire qui avait été apportée par la DST où, dans une écoute, il était question d'individus qui allaient « faire la bombe ». Il s'est finalement avéré qu'ils allaient faire la fête ! À ce stade, je ne parlerai pas de « renseignements » mais bien d'« informations » qu'il faut « pomper » tous azimuts sur les territoires.

Au second niveau, seules les informations pertinentes sont remontées aux services. Le renseignement est une affaire de spécialistes qui s'appuient sur des structures et des techniques spécifiques.

La troisième phase est celle de la coordination pour laquelle je suis absolument convaincu qu'il nous faut une communauté nationale du renseignement dans laquelle il ne peut y avoir que quelques services. Nous en avons six en France qui couvrent bien le spectre[5]. Le « Club des Sept » (les six services et le SGDSN[6])

5. Intérieur (DGSI), extérieur (DGSE), renseignement militaire (DRM), renseignement et sécurité de la Défense (DRSD), douanes (DNRED) et flux financiers (TRACFIN). Voir note 40, p. 95.
6. SGDSN : secrétariat général de la défense et de la sécurité nationale.

n'a pas vocation à s'agrandir et j'ai milité en faveur d'une structure intermédiaire pour les autres services. Il est vrai qu'il y a une forte demande de la base pour être tenu mieux informée du résultat des informations communiquées aux « spécialistes ». De fait, autant le renseignement remonte plutôt bien, autant le résultat ne redescend jamais. Il faut systématiquement faire redescendre le résultat pour faire participer les primo-informateurs aux honneurs.

Enfin, le renseignement pénitentiaire n'a pas été évoqué durant mes années de CNR : c'est une problématique qui a émergé juste après mon départ[7]. Je considère qu'il a vocation à faire, lui aussi, remonter les informations à la communauté du renseignement, sans toutefois y appartenir mais plutôt en se rapprochant du renseignement territorial.

Contrairement à ce que l'on peut parfois entendre, la fusion de la DST et des RG en DCRI, puis le passage à la DGSI ont été un succès. C'est vrai, on a laissé un vide au niveau de la collecte territoriale du renseignement qui incombait aux Renseignements généraux. Placer la direction du renseignement territorial sous l'autorité du directeur central de la sécurité publique a peut-être été une erreur. Ce sont vraiment deux métiers différents : repérer les islamistes n'est pas la priorité du DDSP[8] qui se concentre sur l'ordre public – combien de manifestants à tel endroit, à telle heure… Il a besoin d'une brigade d'information de voie publique. J'étais pour ma part en faveur de la création d'une nouvelle direction du renseignement territorial placée sous la

7. Placé sous l'égide de la sous-direction de la sécurité pénitentiaire, le Bureau central du renseignement pénitentiaire (BCRP) a été inauguré le 21 avril 2017 par le garde des Sceaux.
8. Directeur départemental de la sécurité publique.

double tutelle du directeur général de la gendarmerie nationale et du directeur général de la police nationale. Ma suggestion n'a pas été retenue : Manuel Valls[9], alors ministre de l'Intérieur, m'avait répondu qu'on y verrait une reconstitution des anciens RG. Mais le problème des Renseignements généraux était ce à quoi on les utilisait, pas leur structuration !

Concernant les moyens technologiques, je n'étais pas favorable à ce que l'on crée deux outils. Au cours de mon mandat, ce sujet a été âprement discuté mais non tranché. Il me semblait plus judicieux d'opter pour un outil unique, géré pour le compte de tout le monde, accompagné de passerelles pour faciliter les arbitrages. Mais, là encore, pour empêcher la suspicion que le gestionnaire de cet outil favorisera sa structure, il faut que la communauté du renseignement soit forte et unie. De plus, il s'est créé une plate-forme judiciaire, que la DCRI exploitait pour le compte des magistrats, ce qui a compliqué les choses. Cependant, on ne pourra pas faire l'économie d'une vraie réflexion sur la mutualisation des outils techniques...

Pour clore ce chapitre sur l'organisation du renseignement, il faut insister sur la nécessité de disposer de temps. Il faut une formation de base commune. Après, chaque service forme ses agents à sa spécialité. Telle était l'idée de l'Académie du renseignement qui s'est malheureusement un peu effilochée : disposer d'un creuset dans lequel les fonctionnaires auraient appris à se connaître, à se respecter et à se faire confiance. Il s'est posé la question des enseignants et j'étais partisan de commencer entre nous, puis dans un deuxième temps, nous aurions pu ouvrir l'Académie, passant ainsi d'une école « des espions » sur le modèle

9. Manuel Valls a été ministre de l'Intérieur du 16 mai 2012 au 31 mars 2014, date à laquelle il est devenu Premier ministre.

de « La Ferme[10] » à une école du renseignement. Si nous avions mis d'emblée des intervenants extérieurs, les services auraient été réticents.

Je n'ai pas réussi à imposer l'idée qu'un service de renseignement ne doit faire que du renseignement et pas du judiciaire. C'est un débat permanent et, de mon point de vue, une erreur fondamentale. Il y a trois moments dans une enquête. Le premier est celui du renseignement pour lequel la collecte d'informations doit être maximale et tous azimuts afin de ne pas passer à côté d'un élément important. Tout cela est analysé et filtré et, à partir du moment où un renseignement est un peu étayé, il passe à des services d'enquête, de surveillance, d'interpellation. C'est le temps de l'action. Et c'est seulement alors que vient le moment de la procédure. Ces trois temps doivent impérativement être séparés. Nous disposons de services de police judiciaire en capacité de prendre le relais de tout le volet « enquêtes », qui ne devraient pas être effectuées par la DGSI. Je pense qu'il faudrait « déjudiciariser » la DGSI.

Une autre de mes idées qui n'a pas été retenue était de faire évoluer TRACFIN d'un service d'analyse à un service de renseignement, en le dotant de moyens d'investigation.

À mon départ, le président de la République a tenu un Conseil national du renseignement (de mémoire le 10 juin 2013) où l'on a acté tout ce que j'avais préconisé en matière de budget, de DGSI… J'ai donc quitté l'Élysée confiant.

Si je devais formuler des recommandations pour le futur, je travaillerais à un triple niveau. Le premier est territorial : comme je l'ai déjà évoqué, nous devons littéralement « pomper » le

10. Les nouvelles recrues de la CIA passent une année au centre d'entraînement de Camp Peary, surnommé « La Ferme », avant d'intégrer le siège de Langley.

renseignement. Il faut reconnaître que le renseignement territorial marche de mieux en mieux car la remontée d'informations s'est organisée, dans la pratique, sur la base des liens que chacun tisse au sein de sa structure. Il faut utiliser les gens qui sont déjà en place, le SCRT[11] et la SDAO[12] et continuer de bien structurer la remontée du renseignement à l'image des vaisseaux sanguins : des capillaires aux artères.

À l'étage supérieur, je pense qu'il faut créer une structure réceptacle du renseignement à direction bicéphale police et gendarmerie, rattachée aux deux directeurs généraux, sur le modèle de la DCI ou du ST(SI)² qui fonctionnent très bien[13].

Enfin, le troisième niveau est celui de la communauté du renseignement dont j'ai déjà souligné l'importance. J'ai en tête le modèle du Bureau central de renseignement et d'action de la France libre, le BCRA, qui permettrait de disposer d'un outil de recrutement, de formation de base et de gestion matérielle commune pour la DGSE et la DGSI. Les deux services ayant les mêmes besoins, la formation de base peut aisément être mutualisée, les synergies techniques s'en trouveraient facilitées et on réaliserait des économies d'échelle substantielles. Évidemment, les deux services conserveraient leurs prérogatives opérationnelles car les deux métiers sont très différents.

---

11. Service central de renseignement territorial. Voir note 32, p. 196.
12. Sous-direction de l'anticipation opérationnelle. Créée en décembre 2013, elle est le service de renseignement de la gendarmerie nationale à qui elle apporte un appui dans la lutte antiterroriste. Elle est placée sous l'égide de la Direction des opérations et de l'emploi.
13. La Direction de la coopération internationale (DCI) a été créée en septembre 2010 sur la base de l'ancien SCTIP (Service de coopération technique internationale de police). Elle est placée sous l'autorité conjointe de la police et de la gendarmerie. Créé également en septembre 2010, le Service des technologies et des systèmes d'information de la sécurité intérieure – ST(SI)² – mutualise la maîtrise d'ouvrage des modernisations technologiques de la police et de la gendarmerie. De façon similaire, il est placé sous l'autorité conjointe des deux directeurs généraux.

J'attribuerais aussi au CNR la relation avec les magistrats. Je suis contre un parquet antiterroriste, source de conflits et de rivalités. D'une façon générale, je suis résolument contre les structures spécialisées : faisons fonctionner les structures normales avant de créer du « spécial ». C'est sans doute un bon outil de communication mais ce n'est pas pour cela que c'est efficace. Cela induit même un effet pervers de démobilisation de tous les autres. Je l'ai constaté à maintes reprises dans la police : advient-il un problème de stupéfiants, le policier de base va penser que ce n'est pas son problème, qu'il n'y a qu'à voir la brigade des stups ; *idem* pour un problème sur un mineur, il n'y a qu'à voir la brigade des mineurs…

Je suis pour une situation de normalisation de l'antiterrorisme plutôt que de spécialisation. Faisons fonctionner à fond tous les services et faisons passer par la PJ tout ce qui est judiciaire. Il faut revenir à quelque chose de simple et de logique. Et que l'on cesse de considérer que la dimension organisationnelle n'importe pas pourvu que l'on choisisse les bonnes personnes. Si les structures ne fonctionnent que parce que les hommes sont bons, c'est que les structures sont mauvaises.

Je suis en faveur de la suppression de toutes les structures et de tous les services créés au fil du temps qui sont impliqués dans la lutte antiterroriste : il y a maintenant trente-sept services autour de la table de l'UCLAT[14] : c'est absurde et plus personne ne dit rien de sérieux. La coordination doit être effectuée au niveau du CNR et se limiter au « Club des Sept ».

Dernière chose, fondamentale : j'aimerais que l'on redonne un peu de dignité aux policiers. L'agitation autour du tir en

14. Voir notes 13, p. 44 et 30, p. 195.

légitime défense n'est qu'un faux débat : combien de policiers ou gendarmes vont se retrouver à tirer en légitime défense au cours de leur carrière ? Peu… En revanche, tous sont confrontés à des provocations quotidiennes qui sont insupportables. Face à des délinquants qui leur lancent des « Hé, vas-y, sors-le ton calibre ! », le représentant de l'ordre n'a d'autre option que de partir. Parce que s'il tente d'interpeller l'individu, il y a tout à parier qu'une photo va être prise et qu'il aura à faire la démonstration que son action était légitime.

C'est pourquoi la seule chose à faire, qui nécessite il est vrai une volonté politique forte, est de renverser la charge de la preuve. Il faudrait considérer *a priori* que le policier agit en état de légalité et, si exaction il y a, la sanction doit naturellement être exemplaire. Je demande simplement pour le policier le statut du magistrat : pourquoi un flic dans la rue, beaucoup plus exposé qu'un magistrat, n'est-il pas protégé comme un magistrat ? C'est cette idée-là qu'il faut faire avancer pour redonner aux policiers le courage d'agir.

Une chose est pour moi très significative : à mon époque, le rêve d'un flic était de faire de la police judiciaire. Aujourd'hui, plus personne ne veut faire de la PJ ; cela pose question ! La procédure est lourde, ils sont commandés par des magistrats. Les juges d'instruction sont devenus des chefs de police. Je suis opposé au principe des juges d'instruction car ils ne font pas leur métier qui est de juger en droit. On peut avoir un juge *de* l'instruction, qui vérifie la légalité des éléments apportés et de la procédure, mais pas un juge d'instruction qui se mue en commissaire de police. Les policiers font preuve d'un dévouement et d'un engagement exemplaires et, comme je l'ai évoqué, leur contribution dans la captation et la remontée de l'information est déterminante pour la qualité globale de notre renseignement. Il serait temps que de nouvelles dispositions juridiques traduisent dans les faits l'appréciation du rôle qu'ils jouent dans la protection de notre population.

Patrick Calvar

Directeur du renseignement de la DGSE 2009-2012
Directeur central du renseignement intérieur (DCRI)
du 31 mai 2012 au 7 mai 2014
Directeur général de la sécurité intérieure (DGSI)
du 7 mai 2014 au 22 juin 2017

ENTRETIEN DU 10 JUILLET 2017

J'ai pris mes fonctions à la tête de la DCRI en juin 2012 dans un service fortement déstabilisé par l'affaire Merah[1] : la tragédie des enfants et des militaires assassinés, les polémiques sur la gestion du dossier[2] et sur l'issue fatale de la traque[3], le contexte électoral,

---

1. Voir notes 18, p. 187 et 19, p. 188.
2. Délinquant multirécidiviste bien connu des services et police et de justice, Mohammed Merah a fait l'objet d'un signalement des RG toulousains (une fiche S) pour sa proximité avec la mouvance islamiste dès octobre 2006. Il n'a cessé dès lors de déjouer la surveillance et de donner le change pour justifier de ses nombreux voyages en terres de djihad. Désactivée en mars 2010, sa fiche S a été réactivée dix mois plus tard mais il est à nouveau parvenu à tromper les services d'enquête. Après la commission des meurtres, une polémique a éclaté qui portait sur les manquements supposés des services de sécurité et le défaut de coordination entre le renseignement intérieur toulousain et le siège de la DCRI qui aurait tardé à prendre la mesure de la dangerosité de Merah.
3. Mohammed Merah a été abattu le 22 mars 2012 au cours d'un assaut donné par le RAID au terme de trente-deux heures de négociations. Les modalités de l'intervention et son issue ont fait l'objet de vives polémiques.

tout contribuait à susciter interrogations et remises en question. Tout en tirant pleinement les leçons de ce drame, l'urgent était également de ne pas déstabiliser plus que de raison la Maison et notamment de faire taire les rumeurs d'un possible retour à la situation antérieure à la fusion entre la DST et les Renseignements généraux…

En 1995, la vague terroriste que nous avions connue sur le territoire national[4] trouvait déjà en partie sa racine dans un phénomène qui avait vu des djihadistes de retour d'Afghanistan participer à la création du GIA en Algérie, puis exporter la violence chez nous. Le bilan aurait pu être beaucoup plus lourd[5]. Ainsi, l'explosion d'une voiture piégée devant l'école juive de Villeurbanne aurait pu s'avérer dramatique si la minuterie n'avait pas été mal réglée[6]. Merah n'a donc pas été le premier, malheureusement, à s'attaquer à des enfants de confession juive… Il existe bel et bien une forme de filiation entre Khaled Kelkal[7] et Mohammed Merah, bien que plus de quinze ans les séparent…

4. Cette vague a débuté avec l'assassinat de l'imam Abdelbaki Sahraoui dans sa mosquée à Paris le 11 juillet 1995. Son épisode le plus sanglant est l'attentat à la bombe dans le RER B, à la station Saint-Michel, le 25 juillet 1995, qui fit 8 morts et 117 blessés. Un autre attentat à la bombe, place de l'Étoile à Paris, a fait 17 blessés le 17 août 1995. Plusieurs autres attentats ou tentatives d'attentats sont décrits dans la note suivante.

5. Le 26 août 1995, une bombe placée sur le bas-côté de la voie ferrée du TGV Lyon-Paris n'a pas explosé comme prévu au passage du train. Une bombe bourrée de clous a explosé le 3 septembre 1995 sur le marché Richard-Lenoir dans le 11e arrondissement de Paris mais, heureusement défectueuse, elle n'a fait « que » 4 blessés alors que le bilan aurait pu être beaucoup plus lourd. Quatre jour plus tard, 14 personnes ont été blessées dans l'explosion d'une bombe placée dans une voiture garée en face d'une école juive à Villeurbanne, manquant à quelques minutes près de réaliser un carnage.

6. Le 7 septembre 1995, à 16 h 35, une voiture piégée a explosé à proximité immédiate de l'école Nah'alat Moché, à Villeurbanne. 14 personnes ont été blessées, dont une grièvement, parmi les passants et parents qui attendaient la sortie des enfants à 16 h 45. L'enquête a démontré le lien entre l'attaque et le terroriste Khaled Kelkal.

7. Le profil de Khaled Kelkal, petit délinquant radicalisé basculant dans l'action terroriste, présente de fortes similitudes avec celui de Mohammed Merah.

Le contexte de 2012 nous a confrontés à un problème d'une ampleur et d'une nature inédites. Rappelons qu'au départ de la crise syrienne, l'objectif était d'obtenir le départ de Bachar el-Assad et d'instaurer un régime démocratique à Damas. La mécanique répressive a tardé à se mettre en route : qui était terroriste ? qui était combattant pour la liberté ?

Le tournant s'est produit en septembre 2012 quand nous avons été confrontés à l'attaque antisémite perpétrée dans l'épicerie casher de Sarcelles[8] et que nous avons pu établir ses liens directs avec la situation en Syrie. Des individus voulaient commettre des attentats sur notre sol, comme au temps du GIA algérien, avant de se rendre en Syrie pour y rejoindre des groupes terroristes. En outre, nous avons dû faire face à des flux humains jamais observés et qui souhaitaient aller dans ce pays pour y prendre les armes...

La menace terroriste en France est aujourd'hui particulièrement complexe à appréhender et à combattre en ce sens qu'elle implique des organisations structurées, clandestines, animées par des professionnels de l'action violente, le tout en lien avec la situation internationale, mais aussi des individus isolés, motivés par des pulsions criminelles, endoctrinés sur Internet et souffrant parfois de troubles mentaux. Il ne faut enfin surtout pas oublier les réseaux endogènes, à l'image des frères Kouachi[9] ou d'Amedy Coulibaly[10].

---

8. Le 19 septembre 2012, deux individus – dont l'enquête a établi qu'ils étaient liés à la cellule islamiste dite de « Cannes-Torcy » – ont fait irruption dans l'épicerie casher Naouri à Sarcelles et y ont jeté une grenade qui n'a heureusement pas explosé.
9. Nés de parents algériens, Chérif et Saïd Kouachi, de nationalité française, sont les auteurs de la fusillade du 7 janvier 2015 qui a fait 12 morts, dont 8 membres de la rédaction de l'hebdomadaire satirique *Charlie hebdo*. Chérif Kouachi a revendiqué leur acte au nom d'AQPA (Al-Qaida dans la péninsule Arabique, au Yémen). Ils ont été tués le surlendemain lors de l'assaut donné par le GIGN contre une imprimerie où ils s'étaient retranchés à Dammartin-en-Goële en Seine-et-Marne.
10. D'origine malienne, Amedy Coulibaly, de nationalité française, né et élevé en France, a tué une policière municipale de Montrouge le 8 janvier 2017 et

Vous comprendrez que je n'évoquerai pas l'action forte de la DGSE, de la DRM et plus généralement de nos armées à l'extérieur pour combattre le terrorisme. Il appartient à leurs responsables de le faire. Je dirai simplement qu'elle a permis et permet d'empêcher la commission d'actions violentes contre nos intérêts à l'étranger, sans compter qu'elle contribue également à prévenir le risque visant notre sol.

Sur notre territoire, la réponse sécuritaire ne sera pas suffisante, nous sommes confrontés à un véritable problème de société ainsi que j'ai eu l'occasion de le souligner devant la représentation nationale. On ne peut que s'interroger sur les motivations de jeunes, voire très jeunes gens, dont des filles, partis en Syrie où les attendaient la violence, la mort…

Les médias ont bien entendu un rôle particulièrement important dans la relation qu'ils font des événements. Il existe déjà des tensions au sein de la société. Sur ce point, permettez-moi de redire que je n'ai jamais prononcé les termes de « guerre civile » ainsi qu'un grand quotidien s'est cru obligé de l'écrire.

Sur le sol national, la seule stratégie possible est la répression judiciaire dans le cadre de l'État de droit. Il existe également des procédures administratives. Mais, le plus souvent, la neutralisation judiciaire s'impose. À cet égard, je ne peux que me féliciter des relations d'une qualité remarquable que nous avons nouées avec le procureur de la République de Paris et son parquet, ainsi qu'avec les magistrats instructeurs spécialisés. Notre coopération

---

pris en otage les clients du magasin Hyper Cacher de la porte de Vincennes le lendemain. Il a tué 4 otages avant d'être lui-même abattu lors de l'assaut donné par le RAID et la BRI. S'adressant à des journalistes avant cette phase finale, il avait indiqué agir au nom de l'État islamique et en coordonnant son action avec celles des frères Kouachi.

est également excellente avec la SDAT[11] et la brigade criminelle de la préfecture de police.

Le temps entre la détection de la menace et son traitement judiciaire doit être le plus court possible, dès lors que des indices laissant penser à la commission d'une infraction existent. Ceux qui, parfois, soupçonnent les Services de retarder la saisine des autorités judiciaires pour pousser le travail de renseignement et remonter les filières, se trompent : sitôt la menace détectée, je puis vous assurer qu'elle est traitée sans délai et qu'il n'est pris aucun risque. Ce disant, ce n'est que l'application de la loi.

Il est un autre sujet d'importance, mais qui est en cours de traitement : celui de la mise à niveau des techniques d'enquête judiciaire. Concrètement, nous avons développé des capacités technologiques très importantes de recherche, de recueil et de traitement du renseignement au sein des services. Les défis nécessitent aujourd'hui que tous les moyens techniques soient utilisés, aussi bien par les services de renseignement dans le cadre de leur mission préventive, que par les services répressifs dans le cadre des enquêtes qu'ils diligentent sous l'autorité des magistrats. Il en va de l'efficacité de l'action publique et il ne serait pas concevable de dupliquer les moyens, compte tenu des coûts très importants que ces systèmes requièrent. Aujourd'hui, la loi permet déjà des avancées en autorisant les magistrats à communiquer aux services de renseignement certaines données issues des investigations judiciaires. C'est indispensable pour permettre un meilleur croisement des informations indépendamment des sources de recueil : en résumé, rassembler toutes les données, qu'elles soient issues du renseignement ou du judiciaire. Les Américains le font, et ce

11. SDAT : sous-direction antiterroriste, au sein de la Direction centrale de la police judiciaire.

depuis les attentats du 11 septembre 2001, après avoir mis au jour cette séparation de nature à nuire à une meilleure efficacité dans la lutte antiterroriste.

Nous sommes également confrontés à un défi technologique considérable car notre capacité à intercepter les échanges, voire à les détecter, et ce alors que les moyens de communication se multiplient, se heurte au mur du chiffrement. Ainsi, nous avons découvert *a posteriori* que les terroristes de Bruxelles, responsables des attaques du 13 novembre à Paris[12], communiquaient avec leurs mentors en Syrie. Personne, dans la communauté du renseignement française ou internationale, n'avait été en mesure de le déceler. Ces nouveaux modes de communication servent également à diffuser la propagande des groupes terroristes et à recruter des individus afin de les inciter à passer à l'action. Ce problème pose la question du contrôle des informations véhiculées sur les grands réseaux.

Le positionnement du curseur entre sécurité et libertés individuelles relève d'un choix de société… L'interconnexion des fichiers constituerait une avancée considérable pour mieux lutter contre le terrorisme mais aussi contre la criminalité en général. La question se pose en France mais aussi en Europe. L'espace Schengen est aujourd'hui accusé de ne pas suffisamment contrôler ses frontières, mais plus de biométrie et une interconnexion systématique des fichiers SIS[13], européen (fichier des demandeurs d'asile) et nationaux, permettraient de renforcer

---

12. Les attentats du 13 novembre 2015 sont une série d'attentats coordonnés à Paris et à Saint-Denis, revendiqués par Daech. Attentats-suicides aux abords du Stade de France, fusillades et attentat-suicide contre des terrasses de cafés et restaurants dans les 10e et 11e arrondissements de Paris, et fusillade contre les spectateurs d'un concert au Bataclan ont fait 130 morts et plus de 400 blessés, dont une centaine très grièvement.
13. SIS : Système d'information Schengen, consulté pour toute demande de visa d'entrée dans les pays de l'espace Schengen.

les moyens de surveillance. Déployer des capacités humaines ne suffit plus.

Après chaque attaque terroriste, l'action des services est remise en question. Ce débat est nécessaire mais il doit être objectif et éviter les polémiques et les stigmatisations inutiles. Chaque attentat est par nature un échec pour les services et, à titre personnel, je les ai vécus comme cela. Mais sont-ils des failles ou des fautes ? Je ne le crois pas, même si encore une fois les enseignements doivent être systématiquement tirés de ces drames et j'ai à cet égard une pensée très forte pour les victimes et leurs proches. Les critiques, quand elles ne sont pas justifiées, sont mal vécues au sein des services. L'engagement des personnels est total, je peux vous le certifier et il ne faudrait pas oublier toutes les tragédies évitées grâce à leur action. Je dois aussi rendre hommage aux responsables politiques avec lesquels j'ai travaillé et qui, toujours, ont su garder le cap et nous soutenir dans les moments les plus difficiles, alors qu'eux-mêmes étaient soumis à une très forte pression. Je leur en sais particulièrement gré !

Dans ce contexte, il a fallu adapter en permanence notre outil de sécurité intérieure afin de répondre à cette menace, toujours bien réelle et d'une ampleur inédite comme je l'ai déjà souligné, sans pour autant oublier nos autres missions de protection des intérêts fondamentaux de notre pays. Je rappellerai à cet égard que, depuis les attentats du 11 septembre 2001 aux États-Unis, les principales ressources des services de renseignement et de sécurité des grands pays ont été consacrées à lutter contre le terrorisme. Les événements récents montrent que bien d'autres périls continuent à nous menacer contre lesquels il faut lutter : retour à une certaine forme de guerre froide, multiplication des crises internationales avec des conséquences pour notre sécurité, permanence de l'espionnage, prolifération des armes de destruction massive, multiplication des attaques cyber...

Des bouleversements considérables ont marqué la dernière décennie dans le domaine du renseignement : fusion DST et Renseignements généraux, création du poste de coordonnateur national du renseignement, établissement du Plan national d'orientation du renseignement qui fixe les priorités d'action des services sous l'autorité du chef de l'État, les *Livre blanc sur la défense et la sécurité nationale* avec une montée en puissance des moyens humains et techniques affectés aux services, création de l'Académie du renseignement... Mais, pour moi, l'avancée majeure a été le vote de la loi renseignement[14] : la France est entrée dans une ère démocratique, les services voient leurs missions définies, leurs moyens d'action énumérés, les procédures d'autorisation et de contrôle établies... On est sorti de cette zone de non-droit qui existait depuis toujours et, de fait, on a légitimé l'action des services en assurant notamment une sécurité juridique aux agents et en mettant en place un vrai contrôle de leur action opéré par la Commission nationale de contrôle des techniques de renseignement[15]. Je n'oublierai pas non plus l'action de la délégation parlementaire au renseignement[16] ; le Parlement

---

14. Loi promulguée en juillet 2015. Voir note 22, p. 190.
15. La CNCTR est une autorité administrative indépendante établie par la loi du 24 juillet 2015 en remplacement de la Commission nationale de contrôle des interceptions de sécurité (CNCIS) en place depuis 1991. Elle veille à la conformité des techniques de recueil du renseignement (principalement écoutes, données de connexion, correspondances électroniques) au Code de la sécurité intérieure.
16. La délégation parlementaire au renseignement (DPR) a été créée par la loi n° 2007-1443 du 9 octobre 2007 et renforcée dans ses prérogatives par la loi n° 2013-1168 du 18 décembre 2013 relative à la programmation militaire pour les années 2014 à 2019 et portant diverses dispositions concernant la défense et la sécurité nationale. Composée de quatre sénateurs et quatre députés, elle est destinataire du PNOR et est chargée de l'évaluation de la politique publique et du contrôle parlementaire de l'action du gouvernement en matière de renseignement.

hors schéma partisan a ainsi le pouvoir, au-delà de son information, de contrôler les services.

J'ai été marqué par mon passage à la DGSE et j'en ai tiré de nombreux enseignements qui m'ont été particulièrement utiles quand j'ai pris mes fonctions à la tête de la DCRI. Le ministère de l'Intérieur et la police, notamment, ont une très forte capacité de réaction face à l'événement. S'agissant du renseignement, il fallait que nous allions vers davantage de professionnalisme et que nous nous adaptions aux réalités du temps présent. Je m'explique : quelles sont nos missions ? De quels moyens avons-nous besoin ? Quels sont les politiques en matière de ressources humaines, budgétaires, d'organisation interne à mettre en œuvre ? Comment faire face au défi majeur que constituent la révolution numérique, le cyber et le big data ? J'ai pu observer que la DGSE avait anticipé la plupart de ces questions et qu'elle y avait apporté les réponses adéquates, naturellement dans le cadre de ses missions et de ses modes d'action qui sont différents de ceux d'un service intérieur.

Nous avons donc entamé cette profonde mutation et la création de la DGSI y a largement contribué. Je me dois, à cet égard, de louer la vision de nos autorités politiques, tous partis confondus, qui ont permis cette avancée considérable... Les défis que nous avions et que nous avons à relever étaient de nature juridique, analytique, technologique mais aussi culturelle. La loi renseignement a répondu au premier défi. Les autres relevaient de la capacité du service à ouvrir ses portes afin d'accueillir des compétences dont nous avions et avons impérativement besoin : analystes, ingénieurs, techniciens... La question était et demeure en partie budgétaire : avoir les ressources suffisantes pour aller chercher les bons profils, mais aussi et surtout faire en sorte que nous puissions former ces jeunes, les acculturer, les professionnaliser, les intégrer et les fidéliser… C'est ce vaste chantier auquel nous nous sommes attelés et qui est loin d'être achevé, et ce alors que nous étions et que nous restons soumis à une menace terroriste très forte… Mon passage à la DGSE a été déterminant dans l'approche que j'ai eue de cette mutation indispensable pour que notre pays dispose d'un véritable service de sécurité intérieure, mais sans tous les personnels de la DCRI puis de la DGSI, rien n'aurait été possible et je veux leur faire part de toute ma gratitude.

Pour un service de sécurité, il faut distinguer le temps court du temps long et développer une capacité de prospection, réfléchir aux évolutions des menaces et pouvoir les anticiper au maximum. De la même façon, il faut systématiquement retenir les leçons des événements survenus et avoir une culture du retour d'expérience[17]. C'est un métier qui requiert beaucoup d'humilité, que la culture du contre-espionnage vous enseigne…

Compte tenu de la révolution numérique et de l'importance grandissante des moyens techniques dans la collecte et l'exploitation du renseignement, nous avons créé au sein de la DGSI une direction technique confiée à un ingénieur général de l'armement. Il est en effet important de faire primer la compétence, ceci est également vrai dans d'autres domaines comme la protection de nos intérêts économiques. Ce processus d'ouverture est appelé à s'accentuer. Il faudra néanmoins faire un effort financier pour

17. Communément repris sous l'acronyme RETEX, ainsi défini par le ministère de la Défense : « Le RETEX est un système qui contribue à l'amélioration de l'outil de défense en participant à son évaluation au contact des réalités et en proposant des solutions aux déficiences constatées. Le RETEX a pour fonction de rechercher des informations émanant des opérations ou des exercices, de les exploiter pour les traduire en enseignements qui conduiront à des adaptations. » (Source : http://www.cdef.terre.defense.gouv.fr/retex/retex.)

fidéliser ces personnels face à la concurrence du privé, et définir de véritables parcours de carrière pour leur permettre d'évoluer.

Le renseignement est une chaîne qui doit répondre à deux principes : complémentarité et coordination. Cela nécessite une définition claire du périmètre de chaque service. De la même façon, il convient de s'assurer qu'il n'existe aucun angle mort.

Je ne suis pas favorable à une fusion des Services intérieur et extérieur. Les métiers sont distincts même si complémentaires, et ils procèdent d'une démarche intellectuelle différente. Un service de renseignement extérieur opère en immersion dans un milieu étranger et le plus souvent hostile. À l'inverse, un service intérieur évolue sur son territoire dans le cadre de la loi. Quand il est présent dans certains pays, comme c'est le cas pour la DGSI, c'est uniquement à des fins de coopération et d'échanges. La coopération avec la DGSE s'est très considérablement renforcée, à un niveau jamais atteint. Il faut poursuivre dans cette voie en tenant compte des missions et responsabilités de l'un et l'autre des services.

La création de l'Académie du renseignement[18] a été une excellente chose : elle permet aux cadres supérieurs des services de mieux se connaître, d'échanger sur leurs métiers et à terme de mieux coopérer. Elle aide par ailleurs à la formation des jeunes recrues. À cet égard, je rappellerai que la DGSI aura connu entre 2013 et 2018 une croissance en personnels de 36 % avec à terme près de 17 % de contractuels. Ces derniers représentaient en 2013 moins de 5 % des effectifs.

La DGSI doit pouvoir disposer en propre, dans les meilleurs délais, d'un immeuble qui corresponde à ses besoins et à ses

18 Voir note 9, p. 212.

obligations, en matière de sécurité notamment. Cet emplacement doit être la propriété de l'État et être suffisamment vaste pour y abriter à la fois les renforts en personnels qui pourraient être décidés mais également les équipements techniques. Cet objectif doit être prioritaire.

Mes recommandations pour l'avenir tiennent en trois mots : stabiliser, consolider et professionnaliser toujours davantage. J'ai toujours redouté l'action par à-coups, en réaction à un événement, susceptible de se traduire par la création de nouvelles structures, au risque de les superposer sans cohérence.

D'aucuns appellent à une réforme du renseignement territorial, que je définirais pour ma part comme du « renseignement de proximité ». Mon avis est que cette mission, très difficile à remplir, doit rester dans le giron de la sécurité publique et ne pas être intégrée à la DGSI. Les domaines d'intervention ne sont pas les mêmes et les métiers sont différents. Il n'y a dans mes propos aucun jugement qualitatif mais, comme je l'indiquais précédemment, ce qui importe c'est une définition claire des missions des uns et des autres, et une parfaite coordination, ce qui est le cas aujourd'hui : les relations sont excellentes entre la DGSI et le Service central du renseignement territorial. En revanche, il faut poursuivre le renforcement et la professionnalisation du SCRT et mutualiser un certain nombre d'outils comme ceux du big data… Compte tenu de sa couverture territoriale et de ses implantations, la direction générale de la gendarmerie nationale joue également un rôle très important dans le recueil du renseignement de proximité. À la DGSI, nous avons réalisé un rapprochement fort avec la gendarmerie, y compris sur le plan opérationnel.

Le défi majeur est aujourd'hui celui de la dimension cyber. Nous devons également investir massivement dans le big data. Nous sommes confrontés à l'inflation exponentielle de données recueillies lors des enquêtes administratives, notamment depuis la mise en œuvre de la loi renseignement, mais aussi judiciaires. Pour nous doter des capacités de traitement, nous avons lancé un appel d'offres auquel seules deux sociétés étrangères ont été en mesure de répondre de façon satisfaisante. Aucune d'entre elles n'était française, ni européenne[19]. Il faut impérativement bénéficier à terme d'une solution souveraine.

Au-delà de la lutte contre le terrorisme, le cyber est le mode désormais privilégié par les grands services étrangers pour leurs actions d'espionnage, qu'il nous faut pouvoir à la fois détecter et attribuer. Nos moyens de défense sont donc un sujet de préoccupation majeure. Sans compter que nous sommes confrontés à une criminalité organisée transnationale qui nécessite une réponse dépassant le cadre de nos frontières... Notre dispositif juridique devrait ainsi être adapté au traitement des activités d'espionnage. Si la législation antiterroriste a considérablement évolué, il n'en a pas été de même concernant l'espionnage alors que nos adversaires disposent de nouvelles ressources en la matière comme les cyberattaques.

Mes derniers mots seront pour les personnels de la DGSI et, au-delà, pour l'ensemble des agents de la communauté du renseignement, dont je tiens à souligner l'engagement permanent, le professionnalisme et le patriotisme. Nous leur devons reconnaissance et soutien.

---

19. La DGSI a finalement retenu la société américaine spécialisée dans le traitement du big data Palantir Technologies.

Général de corps d'armée (2S) Christophe Gomart

Chef du bureau réservé
du ministre de la Défense 2006-2008
Adjoint du coordonnateur national
du renseignement 2008-2011
Commandant des opérations spéciales (COS) 2011-2013
Directeur du renseignement militaire (DRM)
du 1er août 2013 au 30 juin 2017

ENTRETIEN DU 15 SEPTEMBRE 2017

Le 1er août 2013, alors que nous étions en pleine guerre au Sahel[1] contre AQMI[2], j'ai été nommé directeur du renseignement militaire. La direction y était impliquée en appui aux opérations militaires, conformément à sa vocation. J'étais auparavant commandant des opérations spéciales (COS), antérieurement adjoint du coordonnateur national du renseignement

1. Opération Serval au Mali (11 janvier 2013 au 15 juillet 2014) remplacée par l'opération Barkhane au Sahel (en cours).
2. Al-Qaida au Maghreb islamique.

(CNR), et encore avant chef du bureau réservé[3] du ministre de la Défense. Ces affectations successives m'avaient permis d'acquérir une connaissance élargie du monde du renseignement et des opérations militaires conventionnelles ou spéciales et de me forger une véritable vision de ce qu'était, ou devrait être, le renseignement militaire.

La fonction même de « renseignement militaire » était perçue de manière très mitigée, en particulier au sein des armées françaises. La valeur ajoutée du service était souvent remise en cause, certains jugeant la qualité insuffisante, tout juste plus pertinente que les dépêches de presse… rien d'exploitable en vue d'actions. Quant au COS, acteur incontournable dans tous ces sujets – c'est bien lui qui finalise le travail – autant ses opérateurs étaient fiers de mettre en avant leur collaboration avec la DGSE, autant ils étaient moins enthousiastes envers la DRM.

En prenant la tête de cette direction, un de mes objectifs prioritaires était de changer le regard des militaires sur leur service de renseignement. Certains regards réducteurs ne retenaient que la fonction « J2 », c'est-à-dire le bureau chargé du renseignement opérationnel au sein d'un état-major. Bien entendu, le rôle, les missions et la plus-value de cette direction sont beaucoup plus larges que le simple appui aux opérations et son champ d'action reste très vaste. La DRM est en effet responsable de la veille stratégique, c'est-à-dire de l'éclairage sur les intentions et les capacités des adversaires potentiels de demain, mais aussi de l'anticipation. Le J2 du Centre de planification et de conduite des opérations (CPCO), rattaché à la DRM, n'est que le pion avancé de cette dernière en charge de l'appui direct à la conduite des

3. Voir note 1, p. 209.

opérations en cours comme à leur planification. Au quotidien, pour la conduite des opérations, le chef du CPCO dispose ainsi de trois adjoints majeurs dont il s'entoure en permanence : le J2 (le renseignement), le J3 (la conduite) et le J5 (la planification). La montée en puissance du bureau J2 a été très nette ces dernières années ; nous sommes passés d'un bureau de situation, à un véritable bureau opérationnel. Ainsi, il bénéficie dorénavant d'informations validées et recoupées grâce aux nombreux capteurs qu'il oriente et dont il reçoit la production. La bonne intégration du J2 au sein du CPCO, dépend en grande partie des qualités de l'officier qui en assure la direction : il convient de choisir un chef intelligent, ayant une bonne expérience des opérations, qui va savoir orienter ses équipes sur les bonnes pistes de recherche et qui soit capable de briefer le CEMA comme le cabinet du ministre.

Pour bien comprendre les relations entre la DRM et les armées, il est nécessaire de revenir sur les circonstances qui ont présidé à sa création[4]. La Direction du renseignement militaire est née du Centre d'exploitation du renseignement militaire, le CERM[5] qui existait depuis plusieurs années déjà. Chaque armée s'est vue contrainte de se séparer d'une grande part de sa propre structure de renseignement. En réaction, chacune d'entre elles a recréé son centre : le CERMAR pour la marine, le CERT pour l'armée de terre, le CRAA pour l'armée de l'air. La fonction renseignement au sein de l'armée de terre est la plus complexe car plusieurs structures de différents niveaux y font du

4. La DRM a été créée par le ministre de la Défense Pierre Joxe au lendemain de la première guerre du Golfe (décret n° 92-523 du 16 juin 1992) afin de doter le renseignement militaire d'une capacité unifiée et autonome (par rapport, notamment, aux Américains).
5. CERM : Centre d'exploitation du renseignement militaire, créé en 1977.

renseignement. L'armée de terre fait du renseignement sur le terrain le plus souvent au niveau tactique (chose que ne font pas les autres armées qui n'ont pas les mêmes besoins), parfois encore trop orienté comme au temps de la « grande guerre patriotique face au pacte de Varsovie ». Aujourd'hui encore, vingt-cinq ans après la création de la DRM, les armées ont une vision propriétaire du renseignement et tendent à considérer que le renseignement qu'elles recueillent est à elles. Par exemple, l'armée de l'air avec les drones qu'elle opère. La marine, évidemment la seule à être en mer, conserve une partie du renseignement recueilli dans cet espace, considérant qu'il n'intéresse que la seule marine. Elles ont toutes eu l'impression qu'un niveau supplémentaire, vu comme inutile, venait en superposition des autres. Quoi qu'il en soit, il manquait bien un niveau de renseignement interarmées dont la nécessité a été flagrante lors de la première guerre du Golfe. Le cloisonnement entre les armées a conduit à des absurdités dans le partage de l'information.

Les armées ont jeté un regard prudent sur cette nouvelle direction et n'ont initialement pas cherché à y affecter leurs meilleurs éléments, estimant plus utile de les garder pour leurs propres besoins. Les armées ont également considéré qu'elle avait un défaut de conception, pour ne pas parler de péché originel : une double tutelle. En effet, si la direction dans son ensemble relève du chef d'état-major des armées, son directeur conseille le ministre de la Défense en matière de renseignement militaire et d'intérêt militaire. Or beaucoup d'officiers supérieurs n'ont vu et ne voient encore que ce deuxième aspect. Et de façon assez schizophrénique, ils préféraient traiter avec la DGSE qui, comme chacun sait, ne dépend pas du CEMA !

En prenant la tête de la Direction du renseignement militaire, mes objectifs étaient donc de faire reconnaître la DRM pour ce qu'elle était, à savoir LE service de renseignement des armées françaises. Pour cela, il était nécessaire de valoriser le travail des personnels qui y servaient, de faire reconnaître l'existence d'une tête de chaîne de la fonction interarmées du renseignement (la FIR, qui regroupe tous les agents dans les armées qui font du renseignement) chargée de la piloter, de développer le GEOINT (Geospatial Intelligence), de positionner la DRM au cœur de la chaîne ciblage des armées et enfin de réorganiser la DRM en interne pour répondre à tous ces besoins en prenant en considération toutes les nouvelles technologies, et notamment celles du monde cyber. Il me paraissait inconcevable que nous soyons exclus de ce dernier alors que c'est un espace au sein duquel le renseignement foisonne. Ainsi, la DRM, donc les armées, disposait d'images satellitaires (très performantes), d'interceptions grâce aux différents dispositifs d'écoute, et de renseignements recueillis grâce à la recherche humaine (en excluant la manipulation des sources, du ressort de la DGSE). Il manquait, selon moi, le quatrième volet, à savoir la recherche dans le monde cybernétique. J'ai également réorganisé la remontée du renseignement en plaçant des officiers de la DRM au sein de tous les théâtres opérationnels comme adjoint renseignement auprès des commandants d'opération, auprès des attachés de défense dans les pays en crise, ou auprès d'autres services (DGSI, DGSE, UCLAT, DNRED...), mais aussi chez nos principaux partenaires étrangers, de façon à garantir un véritable maillage profitable pour l'ensemble de nos chefs militaires et de nos décideurs politiques. Avec ces objectifs, j'avais ma feuille de route. À laquelle s'ajoutait la croissance des effectifs.

Mon prédécesseur, le général Bolelli[6], avait déjà réussi à obtenir soixante-dix personnes, un progrès déjà important mais sans doute insuffisant au regard des enjeux opérationnels en augmentation. Il avait aussi travaillé à améliorer la qualité du recrutement des officiers supérieurs en privilégiant les brevetés de l'école de guerre et ceux issus de l'IHEDN-CHEM[7], ce qui a participé à élever le niveau général de la DRM. Par ailleurs, les productions de la DRM avaient bénéficié d'une première réforme qu'il avait initiée. Je me suis inscrit pleinement dans celle-ci, devenue indispensable pour valoriser le travail de la direction et faciliter la juste compréhension des renseignements diffusés. Ainsi ai-je poursuivi la standardisation du format de nos diffusions, systématisant un paragraphe de synthèse, des éléments descriptifs et surtout une conclusion centrée sur des perspectives. Dans la suite de ce travail, j'ai pris la décision de ne plus utiliser ni conditionnel, ni gérondifs, ni phrases ampoulées. L'idée était que le lecteur puisse, en une page et demie, comprendre une situation et la faire sienne. En annexe, nous complétions avec une analyse plus approfondie. Nous nous sommes également pleinement inscrits dans une véritable démarche qualité, analysant régulièrement le degré de satisfaction des très nombreux lecteurs de nos productions. Leurs remarques ont systématiquement été prises en considération. Cela a permis de changer le regard des utilisateurs sur notre production, y compris celui des militaires. La qualité des cartes qui accompagnent toujours ces documents est régulièrement

6. Voir l'entretien accordé aux auteurs par Didier Bolelli p. 209.
7. Les auditeurs du CHEM sont des officiers supérieurs ayant exercé des responsabilités de commandement, du grade de colonel ou équivalent. L'École de guerre prépare des officiers supérieurs plus jeunes à assumer leurs premières responsabilités d'état-major ou de commandement.

soulignée : c'est un élément essentiel pour une juste compréhension globale de situation.

L'environnement extérieur était celui de la guerre contre le terrorisme. Nos adversaires ressemblaient plus à des groupes armés qu'à des terroristes au sens où on l'entend habituellement. Ils utilisaient des modes d'action militaires quand ils étaient forts, et des modes d'action plus clandestins ou plus indirects quand ils étaient faibles. J'ai voulu m'inscrire de façon beaucoup plus marquée dans cette action contre le terrorisme, notamment au Sahel. Je me suis employé à travailler de manière coordonnée avec la DGSE pour obtenir le *lead* en matière de renseignement dans cette guerre contre ce que l'on a appelé les GAT, les groupes armés terroristes. Car ils étaient les adversaires de nos militaires de l'opération Barkhane engagés dans cette zone. Il fallait que ce renseignement soit opérationnel et, pour ce faire, que tous les acteurs traitant d'un même sujet soient regroupés en un même lieu pour être plus réactifs. J'ai donc créé des « plateaux » où les experts de la recherche et les analystes ont pu travailler dans le même espace : le spécialiste de l'imagerie, le spécialiste des écoutes, celui de la recherche en source ouverte dans le monde cyber, de la recherche humaine… Cela a constitué une petite révolution en interne : d'abord réservés, les militaires ou civils des directions mobilisées se sont vite rendu compte de l'efficacité de ce décloisonnement. L'analyste image appelait son centre à Creil[8] en sachant ce qu'il pouvait demander, l'analyste ROEM[9] *idem*, et tout à l'avenant. Ainsi, nous étions en mesure

8. Lieu d'implantation des sites techniques de la DRM.
9. Renseignement d'origine électromagnétique, c'est-à-dire provenant d'émissions de signaux de communication utilisant les ondes (radio, radar, satellitaire, instruments de télémesure).

de fournir du renseignement opérationnel, très direct, au profit de nos forces en opérations. Ce système de plateaux décloisonnés a été initié pour chacun des théâtres d'opérations sur lesquels nos armées étaient engagées. Afin de pouvoir donner du renseignement « actionnable » aux détachements du COS dans leurs opérations contre les leaders de ces groupes terroristes, j'ai en parallèle créé un centre de contre-terrorisme militaire afin de rapprocher structurellement la DRM et le COS. Pour en améliorer encore l'efficacité, il serait souhaitable que le J2 du COS soit entièrement armé par la DRM à l'instar du J2 du CPCO. Et, si on va plus loin, le COS serait ainsi le bras armé spécial de la DRM !

Au moment de l'intervention en Irak, j'ai également créé une cellule interagences baptisée Hermès. Largement soutenue par le CEMA et le CNR de l'époque, son objectif était de mettre en commun notre propre renseignement obtenu sur la zone considérée avec celui des autres services de renseignement pour appuyer nos opérations militaires au Levant. Pour être franc, l'implication des services de renseignement a été inconstante.

Selon moi, le seul et vrai succès de ces expériences interservices est la cellule antiterroriste[10], créée quelques mois après Hermès et hébergée du sein de la DGSI, qui a su tirer les leçons des expériences passées.

Au cours de mes années en tant que directeur du renseignement militaire, j'ai toujours travaillé à consolider l'organisation du renseignement au sein des armées. En effet, un positionnement

10. La cellule fonctionne sur un mode de coopération opérationnelle entre la DGSI, chef de file de la coopération antiterroriste sur le territoire national, et la DGSE, responsable de la détection et de l'entrave à l'étranger. Les autres services de renseignement du premier cercle sont présents dans la cellule.

clair de la DRM en leur sein est indispensable pour le CPCO comme pour nos unités sur le terrain : montrer à nos forces la plus-value du renseignement de la DRM, directement incrémenté au profit des opérations. Les réformes initiées avaient donc comme objectif de renforcer la direction en moyens, effectifs et budgets pour fournir à l'état-major des armées, du renseignement sur mesure, issu d'un service qui ne dépend que de lui.

Quoi qu'il en soit, placer la DRM en capacité de fournir du renseignement opérationnel et à fin d'action n'a pas été facile. De là est née ma volonté de la transformer pour en améliorer l'efficacité. Pour cela, je me suis appuyé sur une équipe dédiée à la stratégie placée auprès de moi. Organisée de manière matricielle pour s'assurer de son ancrage dans le réel au sein même des sous-directions, cette équipe m'a permis de décloisonner l'ensemble par une vision transverse et une circulation de l'information montante et descendante, d'accompagner la nécessaire mutation du service et d'élaborer un vrai axe stratégique de développement. J'étais en effet convaincu que l'intelligence est autant dans les forces vives que dans la tête des chefs, ces derniers ayant vocation à commander, à entretenir les liens avec nos partenaires et défendre les intérêts du service auprès du CEMA comme auprès du ministre et de son cabinet, voire de l'Élysée avec le coordonnateur national du renseignement. Un arrêté de réorganisation de la DRM signé par le ministre de la Défense de l'époque, Jean-Yves Le Drian, a finalisé cette modernisation de la direction en recréant une sous-direction recherche entièrement dédiée à la recherche de renseignements grâce à l'ensemble de nos capteurs techniques (dont la rationalisation de l'organisation de nos centres d'interception électromagnétique) ou humains, en adaptant une sous-direction appui avec trois pôles majeurs : un pôle ressources humaines (la DRM a en effet obtenu quatre cents personnes supplémentaires), un pôle technique en charge de l'évolution de nos capteurs et du big data, un pôle financier, et bien sûr en validant l'existence d'une structure stratégie responsable de l'amélioration permanente de la performance, de la cohérence capacitaire et de la préparation du futur.

Au-delà du renforcement des centres capteurs existants (CF3I[11], CF3E[12], CI3RH[13]), j'ai créé deux autres centres au sein de la DRM. En premier lieu, j'ai ouvert un Centre de renseignement géospatial interarmées, le CRGI. Il me semblait en effet pertinent de disposer d'une structure où il était possible de réaliser la fusion du renseignement géoréférencé afin d'apporter un éclairage complet à l'EMA et au ministre de la Défense. Plus largement, il était essentiel de faciliter la compréhension d'une situation et de ses enjeux aux autorités civiles et militaires. Ce « GEOINT » ou « multi-int » permet en effet une meilleure analyse d'une situation par superposition de renseignements géolocalisés sur un support cartographique. Et, surtout il permet de découvrir des récurrences. L'analyse de ces dernières favorise évidemment notre capacité à anticiper.

---

11. Centre de formation et d'interprétation interarmées de l'imagerie. Implanté à Creil, le CF3I exploite les images de tous types et de toutes origines (spatiale, aérienne et terrestre). En outre, il forme la totalité des interprètes images de la Défense, définit les besoins et maintient à niveau les capacités.

12. Centre de formation et d'emploi relatif aux émissions électromagnétiques. Implanté à Creil, le CF3E s'occupe du renseignement d'origine électromagnétique (voir note 9 du présent chapitre, p. 257), oriente les capteurs, exploite leur production, forme les personnels des armées dans le domaine électromagnétique et est chargé de la mise à jour du référentiel technique national militaire dans les domaines télécommunications et radar.

13. Centre interarmées de recherche et de recueil du renseignement humain. Implanté à Creil, le CF3RH recueille et exploite le renseignement dont la source est un individu, forme les spécialistes en renseignement humain des armées avant leur envoi en mission et déploie des spécialistes en renseignement humain sur les théâtres d'opérations.

Ce « GEOINT » est également extrêmement utile au ciblage. Le CRGI a pu déployer ainsi sur le terrain des cellules dédiées au sein des J2.

Ensuite, j'ai mis en place un Centre de renseignement et d'analyse du cyberespace, le CRAC. Pour le renseignement issu des sources ouvertes, nous étions limités aux revues et aux livres, ce qui était totalement dépassé. Internet constitue une mine d'informations en sources ouvertes pour qui sait chercher : dans le Web, le « deep Web », voire dans le « dark Web ». Pour moi, l'avenir réside dans la capacité à analyser nos données qui demeurent inexploitées pour 80 % d'entre elles. J'ai recruté des *data scientists*, un métier émergent fondamental pour exploiter les données du big data. Ces profils, très recherchés dans le secteur privé qui les recrute à prix d'or, étaient totalement nouveaux pour les armées. Nous ne pouvions pas être compétitifs sur le plan de la rémunération, mais la fibre patriotique constitue heureusement pour certains un argument suffisamment fort. Ils ont élaboré des algorithmes et trouvé des choses extrêmement utiles. C'est notre défi collectif : franchir ce mur de données en préservant notre souveraineté numérique.

Par ailleurs, j'ai développé les relations avec nos partenaires étrangers sources de renseignement, également grâce aux nombreux échanges. En particulier, au lendemain des attentats du 15 novembre 2015, nous avons monté avec les Américains le comité Lafayette qui permet d'échanger du renseignement sur tous les sujets lors de réunions semestrielles qui se tiennent alternativement à Paris et à Washington. À leurs yeux, la communauté du renseignement est un monde où chacun se connaît et dont « il faut être » : si un profil inexpérimenté y est parachuté, les relations tendent à se gripper assez vite. Au total, la DRM a environ soixante-dix partenaires internationaux et participe à des forums régionaux tels que l'Asian Pacific Intelligence Committee (APIC) qui regroupe le renseignement militaire des pays de la zone pacifique mais aussi le Military Intelligence Committee (MIC) qui regroupe les pays de l'OTAN. Ce genre de comité permet de dialoguer en multi- comme en bilatéral avec des services que l'on voit peu. Beaucoup de pays participants sont très preneurs de renseignement français dont ils appréciaient l'indépendance par rapport aux « Five Eyes[14] ».

De cette manière, j'obtenais des informations très précises par le biais de mes homologues étrangers, européens, moyen-orientaux ou africains. J'ai ainsi monté en m'inspirant du G5 Sahel[15], un G5 Sahel dédié au renseignement. En poursuivant la location d'avions légers de surveillance et de reconnaissance initiée par mon prédécesseur, j'ai disposé de substantielles capacités en matière de renseignement, qui ont permis un vrai dialogue avec mes homologues des pays du Sahel, mais aussi égyptiens, irakiens et bien sûr américains. Nous apportions des images, du son, de quoi échanger. Cela a eu un effet boule de neige vertueux puisque nous avons reçu beaucoup de renseignements en retour.

Le *Livre blanc* de 2008 avait déjà fort heureusement fait bouger les lignes. La création d'une coordination nationale du renseignement avait favorisé l'évolution des mentalités et les relations entre les services. Un Plan national d'orientation du renseignement (PNOR) a ainsi réparti les responsabilités et les missions dévolues à chacun des services. Les relations entre

14. Voir note 20, p. 217.
15. Le G5 Sahel a été créé en février 2014 par la Mauritanie, le Mali, le Burkina Faso, le Niger et le Tchad, pour fournir un cadre institutionnel à la coopération régionale entre ces cinq États. Il comporte un volet militaire visant à améliorer la coordination des activités de sécurité et de défense.

les services se sont améliorées grâce à une meilleure connaissance mutuelle et donc au développement d'une confiance réciproque.

Enfin, j'ai amorcé le déménagement de toute l'École du renseignement. Le CFIAR[16], basé à Strasbourg, dont la vocation était initialement l'apprentissage des langues nécessaires au renseignement, s'était progressivement transformé en école de langues usuelles comme l'anglais et l'allemand en oubliant sa vocation d'école du renseignement. Mon idée était de faire venir les stagiaires à Creil afin qu'ils soient au contact des centres opérationnels au sein desquels ils allaient servir ensuite et dont leurs professeurs sont issus. Cela devrait être effectif entre 2019 et 2020.

En matière de renseignement, il est bien sûr crucial de disposer de réseaux de communication performants, sécurisés et largement déployés entre les capteurs, les analystes et les décideurs. Or, dans ce domaine, les réseaux existants sont insuffisants. Mon idée était d'apporter aux chefs militaires en opération, le renseignement le plus rafraîchi possible pour qu'ils puissent décider de leur manœuvre et de leur action avec la connaissance la plus parfaite de leur adversaire du moment. J'ai donc créé un « wiki rens ». C'est-à-dire, à l'instar de Wikipédia, un site accessible par le plus grand nombre, contenant des informations régulièrement mises à jour. Ces mises à jour sont possibles grâce aux renseignements recueillis par nos capteurs propres, ceux de nos partenaires éventuels mais aussi par les unités sur le terrain. Ce système « wiki rens » doit bien évidemment s'appuyer sur un réseau SIC – système d'information et de commandement – commun

16. Centre de formation interarmées du renseignement.

aux armées. En parallèle, j'ai initié la création d'un système d'information et de communication commun à tous les acteurs de la fonction interarmées du renseignement et au-delà, qui soit commun aux services de renseignement du premier cercle. Aujourd'hui, le seul système sécurisé interministériel dont on dispose est ISIS[17] qui fonctionne jusqu'au niveau de classification « confidentiel défense », mais qui n'est ni convivial ni ergonomique. Surtout, ce réseau reste dévolu à un nombre restreint d'utilisateurs. Au-delà de la seule fonction interarmées du renseignement (FIR), il est vraiment nécessaire de disposer d'un système informatique qui permette d'échanger des informations entre traitants des différents services dont les problématiques sont similaires. Dans le contexte actuel qui exige de la réactivité, c'est une vraie lacune.

Un autre gros chantier auquel je me suis attelé est celui des ressources humaines. Dans le monde civil, la DRM a bonne réputation et les gens sont très partants pour venir y servir. Nous avons construit des parcours de carrière pour les analystes civils, afin de donner à chacun des responsabilités évolutives. J'ai recruté un DRH civil pour dialoguer avec les ressources humaines civiles du ministère de la Défense. Au total, grâce à l'effort de l'EMA et à l'appui du cabinet du ministre de la Défense, les effectifs de la DRM sont passés de mille six cent quatre-vingt-treize à mille neuf cents personnes en 2017, deux mille cent en 2019, sans oublier un budget augmenté de 20 millions d'euros. Quelques points restent à régler, notamment la question de l'intégration des personnels civils recrutés sous contrats à durée déterminée.

---

17. ISIS : Intranet sécurisé interministériel pour la synergie gouvernementale. ISIS est un système d'information sécurisé permettant l'échange et le partage de documents sensibles entre acteurs gouvernementaux, jusqu'au niveau confidentiel défense.

Seuls quelques-uns peuvent être gardés sous un statut de CDI, la plupart étant poussés au départ : c'est préjudiciable en termes d'investissement, de profils spécialisés et de compétences rares.

La réponse résiderait selon moi dans la création d'un statut particulier pour le personnel civil des services de renseignement car la question est transverse à tous les services : non-policiers à la DGSI, non-douaniers à la DNRED, non-militaires ou non-gendarmes à la DRSD ou à la DRM... Cela permettrait de construire des parcours de carrière et de faciliter la mobilité interservices, ainsi qu'entre secteurs public et privé. Nous pourrions également résoudre la désagréable question des écarts de salaires qui constituent une forme de concurrence déloyale. La DGSE est partagée sur cette réflexion car elle dispose d'un statut ancien pour son personnel. Toutefois, il conviendrait selon moi d'aligner les rémunérations entre les différents services de renseignement et de disposer d'un statut particulier.

Dans les vœux exprimés à mon départ de la DRM, j'ai soulevé le sujet de la trop grande mobilité des militaires qui nuit à la constitution d'un vrai socle d'officiers spécialistes du renseignement. Le général Bolelli et moi-même qui avons occupé plusieurs fonctions distinctes dans ce domaine avons des profils très atypiques. Ce type de profil est malheureusement en nombre trop réduit. Il est nécessaire de le renforcer. Il avait obtenu que quatre « CHEMistes[18] » soient affectés à la DRM de façon permanente pour une durée de deux ans. Il me semblerait intéressant d'identifier en outre des officiers qu'on enverrait jeunes au J2 ou dans un bureau d'analyse renseignement et qu'à l'issue du CHEM, on puisse réaffecter à la DRM. On peut ainsi noter qu'au

18. Voir note 42, p. 96.

1er septembre 2017, aucun des cinq officiers généraux présents à la DRM n'a servi dans l'un des services de renseignement français !

Une autre de mes recommandations serait de créer une grande agence technique, sur le modèle du GCHQ[19], qui serve tous les services. Tous ne partagent pas mon approche mais, pour avoir travaillé avec les Britanniques, je puis témoigner de l'efficacité sans pareille de leur système, au profit direct des opérations en cours.

Seule une agence technique autonome, individualisée, permettra une diffusion équitable et efficace du renseignement technique, basée non pas sur le rattachement administratif à une direction ou à une autre, mais sur la justification d'un besoin. Les exemples du Sahel et de l'Irak sont parlants : il s'agit de théâtres où terrorisme et groupes armés sont étroitement liés, chaque direction, motivée par des besoins en renseignement militaire ou politique doit pouvoir s'appuyer sur des ressources techniques équitablement réparties.

Enfin, il me semble fondamental de faire bénéficier notre renseignement militaire des innovations dans le domaine du numérique. Avec l'Intelligence Campus, inauguré en mars dernier par le ministre de la Défense sur la base de Creil, l'ambition est de créer un écosystème qui regroupe start-up et grandes entreprises, mais aussi chercheurs et laboratoires universitaires et de grandes écoles, qui travaillent sur des technologies utilisées par le renseignement militaire. Il nous faut rassembler les énergies et les intelligences pour faire face aux défis du traitement des données. Nous devons, comme nous avons dans le passé franchi

19. GCHQ : Government Communications Headquarters. Voir note 17, p. 78.

le mur du son, franchir ce mur de données. C'est indispensable pour conserver notre souveraineté numérique. Face à la menace mortelle qu'est le terrorisme, la DRM doit concentrer ses efforts sur cette révolution technologique qui lui assurera sa prochaine victoire, celle de la connaissance et de l'anticipation. « *Para victoriam* » ! Telle est la devise de la DRM.

En conclusion, j'ai conscience d'avoir demandé beaucoup d'efforts au personnel militaire et civil de la DRM : réformer c'est bousculer, remettre en cause, sortir de ses habitudes. Mais, dans le monde du renseignement, l'immobilisme est dévastateur et le retard pris ne se rattrape que très difficilement. Je suis donc fier du chemin parcouru avec ces femmes et ces hommes dont on ne parle que trop rarement.

Les changements stratégiques initiés, en particulier dans le domaine cybernétique et les réformes fonctionnelles de la direction, notamment *via* le recrutement de profils professionnels nouveaux, sont deux axes forts qui permettront au service de relever les défis majeurs de demain.

TÉMOIGNAGE TRANSVERSE

Louis Caprioli

Une carrière de trente-quatre ans à la DST (1970-2004)

ENTRETIEN DU 29 NOVEMBRE 2016,
REVU EN JUIN 2017

J'ai passé trente-quatre ans au sein de la Direction de la surveillance du territoire. J'y suis entré en avril 1970 comme officier de police adjoint, OPA, l'équivalent de lieutenant de police dans la terminologie actuelle. J'ai été affecté à la sous-direction du contre-espionnage dans une division d'analyse qui suivait tous les pays de l'Est, à l'exception de l'URSS et de la RDA. J'ai travaillé plus particulièrement sur les membres des services de renseignement polonais déployés en France. Ils étaient placés au sein des organismes officiels diplomatiques, consulaires et de la mission commerciale, agissaient clandestinement sous couverture (journalistes à l'Agence de presse polonaise, représentants des journaux polonais, commerçants ou techniciens dans les sociétés commerciales polonaises d'État, etc.). Ils pouvaient aussi avoir des couvertures parfaites d'« illégaux », c'est-à-dire des clandestins implantés dans le pays et disposant d'une « légende » avec notamment une identité et une nationalité fausses. De 1970 à 1974, je me suis occupé des services de renseignement polonais, le SR civil (le 1er département du MSW[1]) et le SR militaire (le Z2) puis de 1974 à 1976 des SR hongrois et bulgares, avec deux approches. Dans un premier temps, j'ai travaillé au service d'analyse et de documentation, puis j'ai été affecté en service opérationnel en charge des enquêtes, auditions, recrutements de sources et enquêtes judiciaires pour faits d'espionnage.

En juin 1976, j'ai réussi le concours de commissaire de police et je suis entré à l'ENSP[2] à Saint-Cyr-au-Mont-d'Or où j'ai passé deux ans. En 1978, pour ma première affectation, j'ai choisi la DST à Marseille parce que le poste qui m'était offert et qui était rarement proposé à des commissaires sortis d'école, à savoir l'animation de l'antenne de manipulation des sources humaines, était au cœur de la mission de renseignement. J'étais chargé de « gérer et traiter » les sources humaines recrutées, de même que les sources techniques, sur l'ensemble du secteur de la DST Marseille. À la mi-janvier 1983, alors que j'avais été retenu pour une future affectation en septembre 1983 aux services centraux au sein du contre-espionnage soviétique, le préfet Yves Bonnet, directeur de la surveillance du territoire depuis novembre 1982, m'a positionné sur la nouvelle division de l'antiterrorisme à Paris.

C'est ainsi que de février 1983 à février 1994, j'ai été engagé dans ce domaine de la lutte antiterroriste. J'ai eu en charge le recueil du renseignement, son analyse et son exploitation dans le cadre de la neutralisation judiciaire des organisations terroristes du Moyen-Orient. J'ai suivi les groupes terroristes

1. MSW : Ministerstwo Spraw Wewnętrznych (ministère de l'Intérieur polonais).
2. ENSP : École nationale supérieure de la police.

palestiniens, l'ASALA[3], les CJGA[4], le groupe Carlos[5], les chiites du Hezbollah, les organisations iraniennes du MEK[6] et de l'OGFPI[7], les mouvements extrémistes libanais, syriens, turco-kurdes, et l'IRA-Provisoire pour ses relations avec la Libye. Dans mes fonctions d'adjoint au chef du service, je me suis intéressé aux activités des services de renseignement des États sponsors du terrorisme qui avaient recours à la violence par une diplomatie de la terreur qui s'appuyait sur leurs propres services, ou instrumentalisait des organisations placées sous leur contrôle.

De 1983 à 1992, durant mon affectation aux services centraux, j'ai évolué comme responsable de section puis de division (documentation, analyse et opérations) et j'ai assuré le rôle d'adjoint de cette structure antiterroriste. En septembre 1992, j'ai été nommé adjoint au sous-directeur et j'ai abandonné l'animation de ma division. En 1994, j'ai été affecté la direction zonale de la DST à Marseille où j'ai couvert le spectre complet des missions de la DST : le contre-espionnage, l'antiterrorisme et la protection du patrimoine national. En janvier 1998, j'ai été nommé à la DST Paris au poste de sous-directeur en charge de la lutte antiterroriste. J'ai quitté la DST le 11 mars 2004 pour prendre ma retraite.

Pour comprendre la culture de la Direction de la surveillance du territoire, il est nécessaire de replacer le service dans le contexte historique qui l'a vu naître. Nous verrons ainsi que la DST est un service de contre-espionnage engagé aussi dans l'antiterrorisme.

---

3. ASALA : Armée secrète arménienne de libération de l'Arménie.
4. CJGA : Commandos des justiciers du génocide arménien.
5. Voir note 8, p. 58.
6. MEK : Organisation des moudjahidines du peuple iranien ou Sāzmān-e Mojāhedin-e Khalq-e Irān (MEK) en persan.
7. OGFPI : Organisation des guérilleros fedayin du peuple d'Iran.

Pour les « pères fondateurs » de la DST qui étaient issus du contre-espionnage du BCRA[8] à Londres et pour les « nouveaux » qui ont rejoint la DST à partir de 1944, la mission initiale de la maison fut de se consacrer au démantèlement des réseaux de l'Abwehr, le SR nazi qui avait des agents encore installés en France après la défaite de 1945. Lorsque ces réseaux furent neutralisés et les agents condamnés, la DST s'est orientée, à compter de 1947, vers le contre-espionnage du bloc soviétique et l'identification de tous ses agents recrutés soit durant la guerre, soit peu après, par les services de renseignement de l'URSS puis de ses alliés de l'Europe de l'Est pour des raisons idéologiques, d'ego ou de compromission.

La DST ne s'est jamais focalisée sur la seule menace venue de l'Est, de l'URSS, de la Chine ou de Cuba. Elle a toujours considéré que si les ennemis et les adversaires de la France devaient être sa priorité, « ses amis et ses alliés » devaient aussi faire l'objet d'une attention toute particulière. Cela explique que dans le panel des objectifs du contre-espionnage, la DST s'est aussi intéressée aux activités des services de renseignement « amis et alliés » déployés sur le territoire national, parce qu'ils étaient des concurrents et qu'ils pouvaient mener des missions d'espionnage en France ou contre la France.

Le contre-espionnage ne fut pas le seul centre d'intérêt de la DST dans ces années d'après guerre. La DST s'est aussi engagée avec succès dans la lutte contre le terrorisme durant la guerre d'Algérie. En effet, dès 1954[9], elle a travaillé sur le terrorisme et

---

8. BCRA : créé en juillet 1940 par le général de Gaulle à Londres, le service de renseignement et d'actions clandestines de la France libre a connu plusieurs noms successifs. À compter du 1er septembre 1942, il a pris le nom définitif de Bureau central de renseignements et d'action.
9. Début de la guerre d'Algérie.

les réseaux du MNA[10] et du FNL[11] et cela jusqu'en 1962[12] en pourchassant les réseaux terroristes et logistiques – notamment du FLN – sur le territoire métropolitain et depuis son implantation en Algérie où il existait une DST-Algérie qui était placée sous l'autorité du directeur de la DST à Paris. En 1961, le directeur de la DST a affecté à la lutte contre l'OAS[13] des personnels spécialement sélectionnés en les intégrant dans une *task-force* dite « Missions C ». Ces dernières étaient dirigées par le directeur de la DCPJ, Michel Hacq, et composées de gens issus de la Direction de la surveillance du territoire, de la police judiciaire, des Renseignements généraux, de la sécurité militaire et des gendarmes. Ces équipes ont été envoyées en novembre 1961 en Algérie où elles ont laminé en quelques mois la direction de l'OAS et ses commandos Delta et Z[14]. Sur le territoire métropolitain, un BLN (Bureau de liaison national), composé d'un commissaire principal de la DST, des RG, de la PJ et des équipes de ces services, a neutralisé de 1961 à 1966 tous les réseaux que l'OAS avait implantés en métropole. Les succès de ces opérations se résument avec cette citation que d'aucuns contestent : « Un chef, une mission et des moyens », et non un « millefeuille » de services et une pléthore de chefs.

---

10. MNA : Mouvement national algérien. Né au début du XXe siècle en opposition à la colonisation française, le MNA a constitué le support idéologique et politique des indépendantistes.
11. FLN : Front de libération nationale. Parti politique algérien créé en 1954 pour obtenir l'indépendance de l'Algérie.
12. Les accords d'Évian ayant mis fin à la guerre d'Algérie ont été signés le 18 mars 1962 et la France a reconnu officiellement l'indépendance de l'Algérie le 3 juillet suivant.
13. OAS : Organisation armée secrète. Fondée en février 1961, l'OAS était une organisation française clandestine œuvrant contre l'indépendance de l'Algérie, par tous les moyens y compris le terrorisme.
14. Fondés en 1961, les commandos Delta ont constitué le bras armé de l'Organisation armée secrète. En parallèle, les commandos Z, formés principalement d'étudiants, ont également mené des actions en faveur de la présence française en Algérie.

Conscients de l'importance de la menace des services du bloc de l'Est, les « grands anciens », pour lesquels j'ai beaucoup d'admiration et de respect parce qu'ils nous ont laissé en héritage un état d'esprit et des méthodes performantes, ont très mal vécu que la majorité des effectifs de la DST bascule dans le combat contre le FLN et l'OAS. La DST a été forcée, faute d'effectifs suffisants, d'abandonner la lutte contre l'espionnage, ce qui a permis aux services de renseignement du bloc soviétique, voire d'autres pays, de travailler dans une impunité quasiment totale sur notre territoire durant ces années-là. De nombreuses sources ont été recrutées à un très haut niveau de l'État et de ses services, au sein de nos représentations diplomatiques ou des organisations internationales comme l'OTAN. Tout cela explique qu'en 1962, après la fin de la guerre d'Algérie, les « historiques » de la DST souhaitaient se recentrer sur la lutte contre l'espionnage soviétique et des pays de l'Est. L'après-guerre d'Algérie permit à la DST de mettre au jour l'ampleur de l'espionnage soviétique et de ses alliés. La lutte contre l'espionnage est alors redevenue une priorité et elle fut couronnée par de nombreux succès avec la neutralisation de réseaux et l'arrestation de nombreux espions.

C'est alors que deux nouvelles menaces sont apparues à la fin des années 1960 et au début des années 1970, à savoir d'une part les mouvements de l'extrême gauche radicale européenne menant des actions terroristes en Europe et, d'autre part, le terrorisme des Palestiniens frappant les Israéliens qui, par représailles, éliminaient des représentants des organisations palestiniennes installés en Europe et notamment en France. Au sein de la DST, de petites structures ont alors été créées qui se sont emparées des sujets du terrorisme moyen-oriental et de l'extrême gauche, mais de façon marginale et temporaire en ce qui concerne le second, d'autant que les Renseignements généraux étaient déjà très impliqués dans le suivi de ce phénomène.

Au début des années 1970, certaines organisations palestiniennes comme le Fatah de Yasser Arafat et surtout le FPLP[15] de Georges Habache et sa branche opérationnelle le FPLP/Special Command, la matrice des groupes terroristes comme celui de Carlos[16], de l'Armée rouge japonaise, de l'ASALA et des FARL[17], s'implantèrent en France. Ces organisations furent très actives dans notre pays en y installant des réseaux clandestins avec des caches d'armes et d'explosifs. Après l'attentat contre les athlètes israéliens aux jeux Olympiques de Munich en 1972[18], l'opération de représailles « Colère de Dieu » fut lancée par la Première ministre israélienne Golda Meir qui autorisa le Mossad à exécuter tous les Palestiniens impliqués dans cette prise d'otages. La France est alors devenue une terre pour les opérations d'élimination du Mossad. Cette nouvelle donne a conduit la DST à renforcer son dispositif de lutte contre le terrorisme international en créant une section dédiée au Moyen-Orient pour assurer le suivi de toute la mouvance palestinienne et des organisations satellites mentionnées précédemment. Il convient de préciser que, durant les années 1970 et 1980, la France fut « seulement » une terre d'affrontement entre les services israéliens et les groupes palestiniens ou le lieu de frappes des organisations terroristes arméniennes (ASALA, CJGA) qui exécutèrent en France des

15. FPLP : Front populaire de libération de la Palestine.
16. Voir note 8, p. 58.
17. FARL : Fractions armées révolutionnaires libanaises.
18. Lors des jeux Olympiques de 1972 à Munich, l'organisation palestinienne Septembre noir a pris en otages et assassiné des sportifs de la délégation israélienne. 11 athlètes ont perdu la vie dans l'attentat.

diplomates turcs[19]. Ce n'est qu'à partir de 1980 que notre pays est devenu une cible directe des États et des organisations terroristes. Cible des États avec les attaques des services iraniens sur notre territoire ; et cible d'organisations perpétrant des attentats dont le premier fut celui « à la moto piégée » contre la synagogue de la rue Copernic à Paris, le 3 octobre 1980[20]. Depuis ces années, la France a connu toutes les manifestations du terrorisme international et la DST les a combattues sans relâche.

Pour en revenir aux actions de la DST dans la lutte antiterroriste, le service s'y engagea avec la neutralisation, en décembre 1973, d'un réseau turco-palestinien puis la découverte subséquente d'une cache d'armes et d'explosifs en région parisienne, et avec les investigations judiciaires contre un membre de l'Armée rouge japonaise arrêté en juillet 1974 par la police de l'air et des frontières. Cette arrestation provoqua en septembre 1974 la prise d'otages de l'ambassade de France à La Haye par un commando de l'Armée rouge japonaise et le jet de grenade contre le Drugstore Saint-Germain à Paris en septembre 1974[21] par un homme, qui sera identifié comme étant Carlos. Ce dernier avait installé un réseau du FPLP/SC en Europe avec une base à Londres et une à Paris pour le compte de son chef, le Libanais Michel Moukharbal. À partir de janvier 1975, les opérations du

19. Parmi ces assassinats, celui de l'ambassadeur de Turquie en France et de son chauffeur le 24 octobre 1975, de l'attaché au tourisme de l'ambassade de Turquie en décembre 1979, de deux diplomates turcs le 4 mars 1981, et d'un garde de sécurité lors de l'attaque du consulat de Turquie à Paris (connue sous le nom d'opération Van) le 24 septembre 1981.

20. L'attentat a fait 4 morts et une quarantaine de blessés.

21. Le 15 septembre, une grenade lancée dans l'enceinte du Drugstore Saint-Germain fit 2 morts et 34 blessés. Par cette action terroriste, Carlos entendait faire pression sur l'État français pour qu'il libère le terroriste membre de l'Armée rouge japonaise Yoshaki Yamada et laisse partir le commando de terroristes japonais qui avait mené, deux jours plus tôt, la prise d'otages à l'ambassade de France à La Haye.

binôme se multiplièrent : deux tentatives d'attaques d'avions d'El Al à l'aéroport d'Orly à deux jours d'intervalle, qui échouèrent finalement mais firent des blessés et entraînèrent une prise d'otages[22]. La surveillance du Libanais Moukharbal, le nouveau responsable du FPLP/SC en Europe, commença à Paris en juin 1975. Sa venue avait été signalée par un représentant de la DST en poste à Beyrouth, elle entraîna son interpellation par la DST et sa mise en garde à vue durant six jours. Le vendredi 27 juin 1975, à la fin de cette garde à vue, Moukharbal, persuadé que son complice pris en photo par la DST s'était enfui, conduisit trois policiers de la DST rue Toullier à Paris, où se trouvait encore Carlos. Il s'ensuivit une fusillade durant laquelle Carlos abattit deux inspecteurs de police, ainsi que Moukharbal, et blessa grièvement un commissaire. Peu après, la DST démantela en France tout le réseau logistique de Carlos, découvrit ses caches d'armes et d'explosifs mais échoua à l'arrêter dans sa cavale. Depuis cette date, Carlos fut un des objectifs prioritaires de la DST, qui le récupéra finalement le 15 août 1994, au terme d'une longue traque, sur le tarmac de l'aéroport de Villacoublay[23].

L'année 1976 marqua un tournant dans les missions de la DST. Marcel Chalet[24], un « historique » rallié tout jeune universitaire en 1945, pur produit de la maison, homme du contre-espionnage et spécialiste de l'analyse et de la documentation,

---

22. Le 13 janvier 1975, Carlos tira au lance-roquettes RPG-7 sur un Boeing 707 de la compagnie El Al mais il manqua sa cible. L'avion n'explosa pas et une première roquette s'écrasa sur une voiture tandis qu'une seconde transperçait un avion yougoslave. Le 19 janvier 1975, Carlos revint à Orly avec des complices et, alors qu'ils s'apprêtaient à viser un nouvel appareil d'El Al depuis la terrasse de l'aéroport, ils furent repérés, prirent deux otages dans leur fuite (qui fera une vingtaine de blessés) et demandèrent et obtinrent un avion pour partir à Bagdad.
23. En provenance de Khartoum, au Soudan.
24. Voir note 5, p. 41.

fut nommé directeur de la DST. Choqué par l'assassinat des deux officiers de la DST dans la fusillade de la rue Toullier et hostile à un engagement judiciaire de la DST dans la lutte contre le terrorisme international, il décida d'affecter à la 6e division de la PJ les personnels qui faisaient de la police judiciaire à la DST. À partir de cette année 1976, la DST réalisera uniquement des missions de recherche de renseignement humain, technique et des surveillances, mais il lui sera interdit par sa propre hiérarchie de mener des opérations judiciaires dans le domaine de la lutte antiterroriste. Et c'est exactement ce qui se passera pendant toute la période allant de 1976 à 1984. Sauf que cette décision est apparue comme une marginalisation de la lutte antiterroriste : le terrorisme n'était pas considéré comme une menace stratégique par les responsables à la DST mais réduit à un épiphénomène devant disparaître à court ou moyen terme alors que l'espionnage, notamment du bloc soviétique, était vu comme la menace principale.

Selon moi, cette décision fut une erreur qui explique la faiblesse du dispositif en place pour faire face à la montée du terrorisme international qui frappa la France au début des années 1980 avec l'attentat commis le 3 octobre 1980 contre la synagogue de la rue Copernic à Paris et les attentats perpétrés en 1982-1983 par l'ASALA et le Fatah-CR d'Abou Nidal contre les Turcs et la communauté française juive en France[25]. La structure dédiée au terrorisme était insuffisamment dotée en personnels et en moyens, ses missions n'étaient pas prioritaires et les commissaires et officiers ne se bousculaient pas pour rejoindre un domaine si décrié en interne.

25. Voir la liste des attentats commis sur le sol français durant la décennie 1980, p. 33.

Lorsque Marcel Chalet quitta son poste en 1982, il fut remplacé par le préfet Yves Bonnet. La fusillade contre le restaurant Goldenberg[26] avait mis en évidence l'impuissance des services français à empêcher cet attentat et les services relevant de l'Intérieur ou de la Défense ne disposaient pas de renseignements opérationnels exploitables pour identifier ses auteurs et les arrêter. Avec la nomination du préfet Bonnet à la tête de la DST le 14 novembre 1982, cette direction allait connaître une mutation considérable et la lutte contre le terrorisme devenir, au fil du temps et des attentats, une des priorités de la maison et de ses héritières, la DCRI et la DGSI.

Durant les années courant de 1963 à 1981, la lutte contre l'espionnage et le terrorisme s'était appuyée sur une juridiction d'exception, la Cour de sûreté de l'État[27], forte d'un parquet et de magistrats instructeurs spécialisés, d'une centralisation des poursuites et de l'instruction, et d'un Code de procédure pénale qui permettait des gardes à vue jusqu'à six jours. Cette juridiction, qui était née de la lutte contre l'OAS, fut décriée à partir des années 1970 par les défenseurs des droits de l'homme et les soutiens à l'action terroriste issus des groupes d'extrême gauche et des mouvements séparatistes. En 1981, il fut mis fin à ce dispositif et le droit commun devint alors la règle, quand bien même il était totalement inadapté pour faire face à la menace.

C'est au début de l'année 1983 que la lutte antiterroriste retrouva sa place à la DST. Mon chef de division et moi, son adjoint, avons pris en charge une petite division dont la vocation

---

26. Cet attentat, perpétré le 9 août 1982 dans ce restaurant de la rue des Rosiers à Paris, a fait 6 morts et 22 blessés.
27. Créée en janvier 1963, la Cour de sûreté de l'État était destinée à juger, en temps de paix, les atteintes à la sûreté intérieure et extérieure de l'État. Elle fut supprimée en août 1981.

était la lutte antiterroriste orientée sur les États et les organisations du Moyen-Orient. Ce service a aussi mené sur les États sponsors du terrorisme des opérations classiques de contre-espionnage en surveillant les activités des agents des SR en poste ou de passage en France avec comme objectifs d'identifier leurs sources, de les recruter comme agents doubles ou encore de recruter des officiers de ces services ou des diplomates en poste en France. Sa seconde mission était d'empêcher des actions terroristes de ces États sur le territoire français, d'enquêter sur les attentats commis en France ou à l'étranger contre les Français et nos intérêts. Précisons que la plupart des services de renseignement de ces États (Iran, Irak, Syrie, Libye et bien d'autres) avaient été formés dans les pays communistes et étaient de très bons professionnels.

La DST a été impliquée dans toutes les opérations visant à résoudre les attentats commis directement par les services de ces pays contre leurs opposants installés en France ou contre la France elle-même (comme le firent la Syrie, la Libye, l'Iran, l'Irak) ainsi que les attentats commis par les organisations sous leur contrôle. Toutes les affaires de terrorisme international ont été solutionnées soit dans le cadre d'enquêtes judiciaires, soit au niveau du renseignement. Aucune affaire ne fut oubliée.

Nous étions seulement trente personnes à la création de cette division. À l'époque, il y avait toujours un fort tropisme contre-espionnage au sein de la DST. À juste raison : l'affaire Farewell[28], qui permit d'exploiter les productions de la source implantée au sein des services spéciaux soviétiques, était là pour nous rappeler les réussites exceptionnelles de l'espionnage soviétique non seulement en France, mais également dans tous les pays occidentaux

28. Voir note 7, p. 41.

infiltrés par des agents du KGB, du GRU et par tous les SR de l'Est qui travaillaient au profit de Moscou.

La réforme engagée par le préfet Bonnet au cours du dernier trimestre de l'année 1983 instaura une nouvelle organisation, avec une sous-direction du contre-espionnage qui comprenait toujours les divisions thématiques et géographiques mais qui intégrait aussi la division dédiée à l'antiterrorisme, ce qui montre l'importance qu'il lui accordait.

En 1983, la division qui travaillait sur le terrorisme international comprenait une section de documentation et d'analyse et deux sections opérationnelles. La première, que je dirigeais, s'occupait des organisations terroristes et la seconde des États et de leurs services de renseignement. Face à l'ampleur des défis auxquels nous étions confrontés, il est apparu que cette division devait obtenir des renforts et se développer en y intégrant de nouveaux objectifs. Le préfet Pautrat[29] qui avait pris à l'été 1985 la succession d'Yves Bonnet décida de transformer les sections « Organisations » et « Pays » en deux divisions, sous les ordres d'un chef de département dont les effectifs furent renforcés. Je suis devenu l'adjoint du chef de département, et le chef de la division des organisations. Pour en terminer sur cet aspect organisationnel, en 1989, ce département s'est transformé en une sous-direction avec quatre divisions, dont la cellule en charge de l'analyse sur l'islam, et il a été créé une division consacrée aux organisations terroristes islamiques sunnites.

Au milieu des années 1980, la DST s'est intéressée à l'islam chiite et à l'Iran qui avait de nombreux contentieux avec la France. Par ailleurs, elle a élargi ses centres d'intérêt aux mouvements

29. Voir l'entretien accordé aux auteurs par Rémy Pautrat p. 49.

islamistes sunnites djihadistes dans le monde, avec des focus sur les pays du Maghreb, de l'Afrique, du Moyen-Orient, du Caucase, de la zone pakistano-afghane, de l'Asie du Sud-Est et de l'Asie centrale. En 1987, constatant l'importance croissante du facteur religieux sunnite et chiite et inquiets des dérives des islamistes radicaux sunnites qui basculaient dans le terrorisme, nous avons créé une cellule spécialisée sur l'islam qui avait un intérêt marqué pour la mouvance sunnite islamique radicale et nous avons placé à sa tête un arabisant. Nous cherchions principalement à connaître l'influence des États et le rôle des organisations caritatives religieuses islamiques sur la communauté musulmane en France. Parallèlement, la surveillance des activités des services de renseignement des États sensibles nous a permis d'améliorer nos connaissances des mouvances islamiques radicales de ces différents pays. Nous étions bien dans notre cœur de métier : nous préoccuper d'une menace sur le territoire national qui venait de l'étranger.

De 1980 à 1995, le terrorisme des États était une réalité en France et dans le monde. Parmi les États sponsors du terrorisme, citons :

• L'Iran et les nombreuses éliminations d'opposants installés en France par ses services de renseignement durant les années 1980 et au début des années 1990. La France fut frappée au Liban où nos militaires furent tués[30], de même que des diplomates[31], des membres de la DGSE et où des journalistes furent enlevés par le Hezbollah libanais[32] agissant pour le compte de l'Iran de

30. Attentat du Drakkar perpétré le 23 octobre 1983. Voir note 16, p. 45.
31. Assassinat de l'ambassadeur de France au Liban Louis Delamare, le 4 septembre 1981. Voir note 11, p. 136.
32. Les deux premiers otages français enlevés sont les diplomates Marcel Carton et Marcel Fontaine, le 22 mars 1985. Ils ont également été les derniers libérés, avec le journaliste Jean-Paul Kauffmann, le 4 mai 1988. Entre les deux dates, treize Français

Khomeyni. Ce pays fut derrière la campagne d'attentats perpétrés en France en décembre 1985, février, mars et septembre 1986[33], en s'appuyant sur le Hezbollah libanais[34].

• L'Irak, avec des tentatives d'éliminations par ses services de renseignement de ses opposants installés ou de passage en France et les attentats commis en France en 1983-1984 par l'Organisation arabe du 15 Mai basée à Bagdad, et sa branche opérationnelle basée en France (attentat à l'explosif contre Mark & Spencer[35]). Enfin, le groupe palestinien Fatah-CR[36] était basé à Bagdad lorsqu'il a perpétré l'attentat en août 1982 contre le restaurant Goldenberg rue des Rosiers à Paris.

• La Libye et ses tentatives d'élimination en France de ses opposants, les « chiens errants », par ses services de renseignement. En outre, ce pays était derrière l'enlèvement en novembre 1987 de ressortissants franco-belges à bord du bateau Le *Silco* qui s'était « égaré » sur les côtes libyennes[37] et surtout la destruction par ses

---

ont été prisonniers du Hezbollah, dont un – Michel Seurat – décédé en détention. Voir l'entretien accordé aux auteurs par Rémy Pautrat p. 49.

33. Attentats du 7 décembre 1985 dans des grands magasins (Galeries Lafayette et le Printemps) à Paris (41 blessés) ; attentat à la bombe le 20 mars 1986 dans la galerie Point Show des Champs-Élysées (2 morts, 29 blessés) ; attentat à la bombe le 8 septembre 1986 à la poste de l'hôtel de Ville de Paris (1 mort, 21 blessés) ; attentat à la bombe le 12 septembre 1986 dans la cafétéria Casino du centre commercial Les Quatre Temps à la Défense (54 blessés) ; découverte d'une bombe le 14 septembre 1986 au Pub Renault avenue des Champs-Élysées à Paris (2 policiers tués, 1 blessé grave) ; attentat à la bombe le 15 septembre 1986 à la préfecture de Paris (1 mort, 52 blessés) ; et attentat de la rue de Rennes le 17 septembre 1986 (7 morts et 55 blessés).

34. Fouad Ali Saleh, logisticien du Hezbollah, est considéré comme le responsable de cette vague d'attentats. Voir notes 12, p. 60 et 14, p. 61.

35. L'attentat à la bombe devant un Mark & Spencer, perpétré le 28 février 1985, a fait 1 mort et 15 blessés.

36. Le Fatah-Conseil révolutionnaire, plus connu sous le nom d'Organisation Abou Nidal, est un mouvement palestinien terroriste soutenu par l'Irak à sa création en 1974, basé à Bagdad de 1974 à 1983 (puis en Syrie, au Liban et en Libye) et auteurs d'attentats meurtriers dans les années 1980. Il est soupçonné d'avoir été derrière la fusillade de la rue des Rosiers.

37. Voir note 13, p. 136.

services de renseignement du DC 10 d'UTA qui assurait la liaison Brazzaville-N'Djamena-Paris, causant la mort des 170 passagers et membres d'équipage[38]. Retenons aussi que le chef de l'ASALA[39], Agop Agopian, avait reçu un financement libyen et se déplaçait avec un passeport diplomatique libyen – ASALA qui commit, entre autres, l'attentat du 15 juillet 1983 contre le comptoir de la Turkish Airlines à Orly[40].

• La Syrie, derrière la tentative d'attentat en décembre 1981 contre la revue pro-irakienne *Al Watan Al Arabi* installée rue Marbeuf à Paris et l'attentat à la voiture piégée devant le même immeuble perpétré en avril 1982 par le groupe Carlos dans lequel une jeune femme perdit la vie[41]. De surcroît, Damas constituait la base arrière de Carlos pendant sa campagne d'attentats en France en 1982 et 1983.

Cette mission de lutte antiterroriste s'est appuyée sur les fondamentaux que doivent maîtriser les personnels de la DST : la capacité d'analyse, celle du recrutement et du traitement des sources humaines, l'exploitation des productions des sources humaines et techniques, les échanges opérationnels avec les services nationaux et étrangers, et enfin l'exploitation judiciaire des renseignements recueillis dans le cadre d'un partenariat étroit avec le parquet et les juges chargés de l'antiterrorisme.

Dans la lutte antiterroriste, l'objectif n'a jamais été de conserver « précieusement » le renseignement recueilli mais bien de l'exploiter au plan judiciaire pour empêcher des

---

38. Le 19 septembre 1989, le vol UT-772 a explosé au-dessus du désert du Ténéré au Niger.
39. Voir note 3, p. 271.
40. L'attentat à la bombe devant le comptoir de Turkish Airlines à l'aéroport d'Orly a fait 8 morts et une cinquantaine de blessés.
41. Voir note 10, p. 136.

attentats et arrêter les auteurs tout en veillant à protéger les sources.

Il convient de préciser que la DST n'a pas travaillé sur le terrorisme dit « domestique », c'est-à-dire Action directe[42], le FLNC, l'Armée révolutionnaire bretonne (ARB) ou les organisations de l'extrême gauche radicale européenne, la RAF[43], les CCC[44] belges, les Brigades rouges italiennes, les Grapo[45] ou ETA. Il avait été décidé en 1980 que la recherche du renseignement sur ces organisations relèverait de la seule compétence de la direction centrale des Renseignements généraux et des Renseignements généraux de la préfecture de police de Paris, et que la Direction centrale de la police judiciaire et la police judiciaire de la préfecture de Police auraient en charge l'exploitation judiciaire. À l'exception d'un engagement sur l'extrême gauche à la fin des années 1960 et sur le terrorisme breton au début des années 1970, la DST s'est seulement concentrée sur le terrorisme international. La DST avait conservé, dès le début de cette répartition, son particularisme historique qui est de rechercher le renseignement, de l'analyser mais aussi de l'exploiter dans un cadre judiciaire aussi bien dans des affaires d'espionnage que de terrorisme.

La DST a toutefois pu s'intéresser ponctuellement à ces organisations dès lors qu'un État terroriste ou une organisation terroriste internationale était en interaction avec elles. Par exemple, au début des années 1980, l'ETA 8e assemblée a fourni au groupe Carlos des armes et des explosifs qui ont servi à la campagne

42. Voir note 14, p. 44.
43. Rote Armee Fraktion (Allemagne), ou Fraction armée rouge.
44. Cellules communistes combattantes (Belgique).
45. Grupos de resistencia antifascista primero de octubre (Espagne).

d'attentats contre la France menée en 1982-1983[46]. Le FPLP/SC de Waddie Hadad[47], la branche opérationnelle du Front populaire de libération de la Palestine de Georges Habache[48], était en relation avec des dirigeants d'ETA réfugiés en Algérie. Le Front de libération nationale corse a entretenu des contacts sans suite avec les Palestiniens au Liban et avec les Libyens à la fin des années 1970 et au début des années 1980. Ou encore, le FPLP/SC était en contact avec des membres en France de l'Organisation des fedayin du peuple d'Iran liés à Action directe et aux CCC belges. Le réseau fut neutralisé par la DST en septembre 1986 et des explosifs des Cellules communistes combattantes belges provenant d'Écaussinnes[49] furent découverts cachés dans une forêt.

Si la DST avait abandonné les enquêtes judiciaires en 1976, cette mission a été reprise à partir d'octobre 1984 avec l'arrestation de Georges Ibrahim Abdallah[50], le chef des FARL, responsable en France à partir de l'année 1981 des assassinats ou des tentatives d'assassinat de diplomates américains et israéliens[51].

46. Notamment l'attentat à la bombe visant le Capitole – le train Paris-Toulouse – le 29 mars 1982 (5 morts, 77 blessés), l'explosion de la voiture piégée rue Marbeuf le 22 avril 1982 (1 mort, 63 blessés), deux attentats attribués à Carlos à la gare Saint-Charles de Marseille et dans le TGV Marseille-Paris (4 morts et 45 blessés).
47. Militant palestinien très actif dans les années 1960 et 1970, décédé en 1978.
48. Nationaliste palestinien, cofondateur en 1967 et ancien secrétaire général du FPLP, décédé en 2008.
49. Le 2 juin 1984, 816 kilos d'explosif ont été dérobés dans le dépôt d'explosifs de la carrière de Scouffleny à Écaussinnes en Belgique.
50. Membre du FPLP et considéré comme le chef des Fractions armées révolutionnaires libanaises, George Ibrahim Abdallah a été arrêté le 24 octobre 1984 et est toujours incarcéré.
51. Les FARL ont revendiqué l'assassinat de l'attaché militaire américain à Paris Charles R. Ray le 18 janvier 1982, du diplomate israélien Yacov Barsimentov le 3 avril 1982 et l'attaque contre le consul américain à Strasbourg, grièvement blessé la même année.

Les principales préoccupations des autorités politiques et de l'UCLAT nouvellement créée[52] se concentraient sur la lutte contre Action directe et la mouvance de l'extrême gauche radicale en Europe, contre le FLNC et contre ETA. Le terrorisme international n'était pas alors perçu comme une priorité ni une réelle menace quand bien même, comme on l'a vu, notre pays subissait déjà au début des années 1980 des attaques des organisations terroristes liées à la scène moyen-orientale. C'est au milieu de cette décennie qu'en travaillant sur la mouvance islamiste et le terrorisme qu'elle générait, nous avons noté une différence fondamentale avec les campagnes d'attentats commis par les organisations palestiniennes et arméniennes du Moyen-Orient, à savoir l'absence d'un État sponsor du terrorisme. Nous avons également relevé l'existence d'un support idéologique d'origine religieuse qui s'était forgé dès le XIXe siècle à travers des penseurs musulmans en Inde et au Moyen-Orient, qui désiraient préserver l'islam des dérives engendrées par le mode de vie occidental des colonisateurs britanniques et français, lequel bouleversait l'Oumma[53]. Ce phénomène s'est amplifié avec les succès en Égypte puis dans le monde arabe des thèses de la confrérie des Frères musulmans et de leurs épigones devenus les théoriciens du salafisme djihadiste, le support idéologique d'Al-Qaida puis de Daech. Vouloir nier la réalité de l'influence de cette doctrine du salafisme djihadiste et réduire le terrorisme actuel à une dérive criminelle de ses exécutants est un refus d'appréhender la réalité, et même une faute.

Enfin, si aucun État ne finançait en direct les djihadistes salafistes, un système pernicieux a, en revanche, permis un

52. Voir notes 13, p. 44 et 30, p. 195.
53. Communauté des musulmans.

soutien matériel *via* les organisations caritatives islamiques. Ces organisations ont bénéficié, jusqu'au 11 septembre 2001, des facilités financières et de la bienveillance coupable de certains États musulmans et de riches bienfaiteurs.

Pour répondre à ce nouveau défi du salafisme djihadiste, nous avons tenté d'anticiper la menace. Je me souviens que, dès 1986, nous parlions avec les services marocains du Mouvement de la jeunesse islamique marocaine (MJIM), celui-là même qui commettra au Maroc des attentats en août 1994[54] et qui s'appuiera sur des jeunes gens recrutés et formés en France. Nous nous sommes réellement mis en ordre de bataille sur cette mouvance lorsque les Algériens ont reconnu le multipartisme en Algérie, et notamment les partis religieux en 1990. Notre préoccupation s'explique par le fait que nous avions été alertés par l'existence du maquis islamiste de Mustapha Bouyali installé entre 1982 et 1987 aux portes d'Alger[55]. Bouyali fut abattu mais les nombreux cadres arrêtés furent amnistiés par le président algérien Chadli en 1989. Une fois libérés, ils rejoignirent le Front islamique du salut (FIS) et après l'interruption du processus électoral en janvier 1992, ils fondèrent le GIA et d'autres mouvements terroristes[56].

Dès lors, notre souci a été d'anticiper cette menace de l'islam sunnite radical et de travailler au niveau européen pour sensibiliser les autres services longtemps indifférents à ce phénomène. Durant les années 1990-2000, les États européens considéraient que le terrorisme islamiste dont la France était victime n'était

54. Le 24 août 1994, un commando composé de trois ressortissants français d'origine algérienne et marocaine, élevés à La Courneuve, a pris pour cible des touristes à l'hôtel Asni de Marrakech, faisant 2 morts et 1 blessé grave.
55. Créé en novembre 1982 par Mustapha Bouyali, le Mouvement armé islamique algérien, implanté dans la région de Larbaa, a multiplié les actions spectaculaires, jusqu'à l'élimination de son chef début 1987.
56. Voir notes 16 et 17, p. 137.

que les séquelles de sa colonisation du Maghreb. Ils n'avaient nullement apprécié la gravité du phénomène qui se développait chez eux. Le « Londonistan[57] » illustre bien l'indulgence dont les Britanniques faisaient alors preuve à l'égard de tous les extrémistes installés chez eux.

Le choc des grèves insurrectionnelles du FIS en Algérie au printemps 1991 fut pour nous une alerte lorsque nous vîmes défiler dans les rues d'Alger les « Afghans algériens » vêtus de leurs tenues des années de lutte contre les Soviétiques. Notre division spécialisée, qui analysait toute la presse arabe, tous les communiqués de menaces, de revendications d'attentats et les interviews d'Oussama ben Laden et d'autres penseurs influents du djihad moderne, a alors attiré notre attention sur le basculement de la mouvance radicale salafiste vers la scène afghane, sur les camps d'entraînement en Afghanistan, sur le nouveau rôle du bureau des services (le Maktab Al-Khidamat[58] à Peshawar, qui accueillait les volontaires et les envoyait se former dans les camps en Afghanistan). L'assassinat en septembre 1993 de deux géomètres français dans la région de Sidi Bel Abbès en Oranie[59] (Algérie) et l'enlèvement de trois diplomates français en poste à Alger[60] marquèrent le début des attaques contre la France et, en réaction, celui des opérations contre la mouvance islamiste.

57. Néologisme créé dans les années 1990 se référant aux prédicateurs et réseaux islamistes radicaux installés dans la capitale britannique, notamment autour de la mosquée de Finsbury Park.

58. Le MAK a été fondé en 1984 par Abdullah Azzam, Oussama ben Laden et Ayman al-Zawahiri pour lever des fonds au bénéfice des moudjahidines qui venaient rejoindre le djihad contre les soviétiques en Afghanistan.

59. Le 20 septembre 1993, deux géomètres français qui travaillaient pour la société algérienne Herkiq ont été enlevés par un groupe armé alors qu'ils se rendaient à leur travail, puis découverts morts le lendemain.

60. Le 24 octobre 1993, trois agents consulaires ont été enlevés puis relâchés une semaine plus tard.

En novembre 1993, l'opération Chrysanthèmes fut lancée en représailles contre les islamistes algériens installés dans notre pays et agissant au sein de l'association de la Fraternité algérienne en France, la FAF, une couverture du FIS qui avait été dissous par le pouvoir algérien après l'interruption du processus électoral en janvier 1992.

Ce travail d'analyse fut conforté par les enquêtes judiciaires sur le réseau du MJIM[61], la neutralisation d'une cellule du Front islamique tunisien en juillet 1994 (consécutive à la découverte à Perpignan d'armes destinées aux maquis du GIA) et la neutralisation de toutes les cellules du GIA en France et en Europe dont des membres avaient séjourné en Afghanistan. Parmi eux, l'Algérien Rachid Ramda[62], le représentant du GIA à Londres, qui fut chargé de la campagne d'attentats en France en 1995[63]. Même si la menace islamiste en Algérie, en Tunisie et au Maroc était importante, nous avons acquis la conviction dès 1994 que la scène afghane montait en puissance et que la menace viendrait de l'Afghanistan et des zones tribales du Pakistan.

Début novembre 1995, la DST a adressé un rapport au parquet de Paris en lui demandant d'ouvrir une information judiciaire concernant les « filières afghanes ». Cinq ans avant le 11 septembre 2001, nous disposions d'un nouvel instrument d'enquête judiciaire, l'association de malfaiteurs en relation avec une entreprise terroriste[64], pour mener des actions préventives contre cette

61. MJIM : Mouvement de la jeunesse islamique marocaine.
62. Voir note 2, p. 182.
63. Entre le 25 juillet (attentat du RER B à la station Saint-Michel) et le 17 octobre 1985 (attentat du RER C entre les stations Musée-d'Orsay et Saint-Michel), huit attentats ou tentatives d'attentat ont fait 8 morts et plus de 200 blessés.
64. Le délit d'association de malfaiteurs en vue de préparer des actes de terrorisme est prévu par l'article 421-2-1 du Code pénal, qui dispose que constitue un acte de terrorisme le fait de participer à un groupement formé ou à une entente établie en

mouvance djihadiste salafiste dont les adeptes partaient suivre des formations terroristes dans les camps en Afghanistan. Pour avancer dans cette voie, nous avons également mis en œuvre une politique de recrutement et de traitement de sources humaines soit infiltrées, soit recrutées au sein des cellules.

Au niveau européen, nous avons mis en place toute une structure d'échange d'information avec les Belges, les Anglais, les Allemands (même si les Anglais et les Allemands exprimaient des réserves sur le plan judiciaire), jusqu'à avoir un quadrillage de toute la mouvance maghrébine active en Europe et même en Amérique du Nord. C'est ainsi que nous avons réussi à empêcher les attentats de la mouvance Al-Qaida jusqu'à l'affaire Merah en 2012[65]. L'anticipation était au cœur de notre action. Par exemple, dès lors que nous avons vu qu'un phénomène se développait en Tchétchénie, nous avons travaillé sur les filières tchétchènes et nous les avons démantelées. C'est comme cela que nous avons abouti à Zacarias Moussaoui[66], notre compatriote arrêté à la mi-août 2001 pour séjour irrégulier aux États-Unis où il suivait des stages de pilotage. Bien que la DST ait alerté le FBI sur la dangerosité de cet individu, le FBI se refusa alors à faire une

vue de la préparation, caractérisée par un ou plusieurs faits matériels, d'un des actes de terrorisme mentionnés aux articles 421-1 et 421-2 du Code pénal. Cette incrimination a été instaurée dans le Code pénal par la loi du 22 juillet 1996 (loi n° 96-647 du 22 juillet 1996 tendant à renforcer la répression du terrorisme et des atteintes aux personnes dépositaires de l'autorité publique ou chargées d'une mission de service public et comportant des dispositions relatives à la police judiciaire).

65. Voir notes 18, p. 187, 19, p. 188, 2 et 3, p. 237.

66. Zacarias Moussaoui a été arrêté le 16 août 2001 près de Minneapolis où il suivait un stage à la Pan Am International Flight Academy, en possession de faux papiers, et emprisonné pour « infraction à la législation sur l'immigration ». En décembre 2001, il est accusé d'avoir, par son silence, activement participé aux attentats du 11 septembre 2001. Reconnu coupable de six chefs d'accusation de complot en relation avec ces actes de terrorisme, Moussaoui purge une peine de prison à perpétuité sans possibilité de remise de peine.

exploitation judiciaire de son carnet d'adresses et de son ordinateur. Il y figurait pourtant le nom du Yéménite Bin al-Shibh[67], l'homme qui assurait depuis Hambourg la liaison entre Al-Qaida en Afghanistan et Mohamed Atta, le responsable du réseau de Hambourg et le chef du commando du 11 Septembre. En travaillant sur cette « filière tchétchène », nous avons constaté dès 2002 qu'un homme lié aux filières afghane et tchétchène se tenait aux portes de l'Irak : le Jordanien Abou Moussab al-Zarqaoui. Ce dernier bénéficiait de l'accueil en Irak des Kurdes irakiens islamistes du Mollah Krekar[68] installés à proximité de la frontière irako-iranienne et il se préparait à intervenir en Irak contre le régime baasiste de Saddam Hussein. L'invasion de l'Irak en 2003 par les Américains lui a permis de réaliser ses projets et d'ouvrir un nouveau front djihadiste[69].

Aussi, lorsqu'en mars 2003, au début de l'offensive américaine en Irak contre les forces de Saddam Hussein, nous avons entendu à la radio RTL l'interview d'un jeune Français présent en Irak dans un camp de volontaires où il combattait les Américains, lancer un appel au djihad en Irak à ses « frères » en France, nous avons alors orienté notre dispositif et notre action sur toutes ces nouvelles « filières irakiennes » liées à Abou Moussab al-Zarqaoui.

---

67. Ramzi Bin al-Shibh a œuvré comme financier d'Al-Qaida, en particulier dans la préparation des attaques du 11 septembre 2001, avant d'être arrêté à Karachi en 2002. Il est détenu au camp de Guantanamo.
68. Kurde irakien et ancien opposant au régime baasiste irakien, le mollah Krekar est réfugié en Norvège avec sa famille depuis 1991. Il serait retourné dans le nord de l'Irak en 2000 pour y fonder le mouvement djihadiste Ansar al-Islam dont il est le leader spirituel. Après avoir prononcé des menaces à l'encontre d'une ministre norvégienne qui réclamait son expulsion, il a purgé une peine de prison et est maintenant assigné à résidence.
69. Chef de Tawhid wal Djihad, groupe rival d'Al-Qaida en Afghanistan, puis d'Al-Qaida en Irak, Abou Moussab al-Zarqaoui a été tué le 7 juin 2006 par un bombardement américain.

Nous avons également investi sur le milieu carcéral avec l'administration pénitentiaire en menant un travail sur les islamistes emprisonnés. C'est ainsi qu'avec les Renseignements généraux, nous avons suivi Safé Bourada[70], lié au réseau du GIA de 1995 et Ouassini Cherifi[71], qui était en relation avec les filières afghanes. Alors qu'ils étaient incarcérés, ces deux hommes ont préparé des cellules pour frapper la France à leur libération. En 1995, les deux réseaux ont été neutralisés : celui de Bourada en septembre et puis celui de Ouassini Cherifi en décembre.

Pourquoi avons-nous échappé à des attentats sur notre sol durant la période 1996-2012 ? Il me semble qu'il y a plusieurs explications.

La première d'entre elles est l'affaiblissement du GIA avec le démantèlement en 1995 de toutes les structures mises en place depuis 1994 pour frapper et punir la France : la cellule logistique de Chasse-sur-Rhône (autour de David Vallat[72] et Joseph Jaime), les cellules opérationnelles de Vaulx-en-Velin (Khaled Kelkal), de Lille (Smaïn Aït Ali Belkacem), de Paris (Boualem Bensaïd) et de Londres (Rachid Ramda).

Par ailleurs, le GIA a connu des dissensions aboutissant à un schisme (*fitna*) interne. Une partie des émirs et des combattants condamnèrent les exécutions des membres la tendance djazariste et les massacres des populations civiles. Cela entraîna la création

70. Voir note 2, p. 182.
71. Franco-algérien, Ouassini Cherifi s'est fait connaître dès 2000 pour son implication dans un trafic de faux passeports destinés au réseau qui voulait commettre un attentat contre la cathédrale de Strasbourg. Il fut arrêté une seconde fois en décembre 2005, soupçonné d'être la tête pensante d'un réseau qui organisait des braquages pour financer Al-Qaida et les réseaux islamistes. Il a été condamné en janvier 2011 à quinze ans de réclusion.
72. David Vallat a publié en 2016 son autobiographie, *Terreur de jeunesse* (Calmann-Lévy).

du Groupe salafiste pour la prédication et le combat (GSPC)[73] en septembre 1998, par Hassan Hattab[74], l'ancien émir du GIA 2e région. En dépit des menaces récurrentes proférées contre la France, le GSPC n'a jamais réussi à reconstituer en Europe et dans notre pays de cellules opérationnelles capables de commettre des attentats.

Troisièmement, à partir de 1995, la DST a travaillé en renseignement et dans le cadre d'une information judiciaire sur les « filières dites afghanes », puis sur les « filières tchétchènes » en 1999 et les « filières irakiennes » à partir de 2003. Ce faisant, elle a annihilé, avec d'autres services, toutes les opérations terroristes de cette mouvance qui s'était déployée en Europe, en Amérique du Nord, en Afrique du Nord, au Moyen-Orient, en zone pakistano-afghane, en Asie centrale et du Sud-Est. De 1996 à 2012, de nombreux attentats ont ainsi été empêchés par les différents services en France et de nombreuses cellules terroristes liées aux filières « afghane », « tchétchène » et « irakienne » ont été neutralisées. On notera d'ailleurs que les premières filières irakiennes des années 2003-2008 avaient comme aboutissement en Irak le représentant d'Al-Qaida en Irak, Abou Moussab al-Zarqaoui, qui conseillait aux djihadistes venus combattre en Irak de rester dans leur pays et notamment en France pour y commettre des attentats.

Enfin, à partir des années 1997-1998, les islamistes maghrébins ont tourné leurs regards vers la scène pakistano-afghane et

73. Voir note 17, p. 187.
74. Ancien militaire algérien, Hassan Hattab déserte en décembre 1991 et rejoint le maquis en mars de l'année suivante. Il rallie le GIA de 1993 à 1996, puis il participe à la création du GSPC en 1998. Il en démissionne en 2004 et se rend aux autorités algériennes en 2007. Il se joint à la politique de réconciliation nationale du président Bouteflika et collabore depuis avec les services de sécurité.

vers Oussama ben Laden après la création du Front islamique contre les juifs et les croisés en février 1998 et surtout après les frappes en août 1998 contre les ambassades américaines de Nairobi et Dar es Salam[75].

Notre souci était en priorité d'empêcher les attentats et, dès lors qu'ils avaient été commis, d'en arrêter les auteurs. Tous les renseignements que nous recueillions soit directement, soit par des sources étrangères avaient donc vocation à être exploités sur le plan judiciaire. Dès que nous avions des renseignements recoupés, provenant de nos différentes sources, qui nous donnaient à penser qu'une cellule terroriste se mettait en place, que des attentats étaient en cours de préparation, nous adressions aussitôt un rapport au parquet. C'était rendu possible en raison des rencontres régulières avec le parquet antiterroriste de Paris et les juges d'instruction de la galerie Saint-Éloi[76] avec lesquels nous réalisions régulièrement des points de situation sur les dossiers judiciaires en cours, sur nos dossiers traités au niveau du renseignement que nous envisagions de basculer en judiciaire, ainsi qu'un tour d'horizon sur les menaces terroristes en France et dans le monde. Nous passions du renseignement au judiciaire en présentant au parquet des informations et des renseignements qui étaient le fruit du travail réalisé avec nos partenaires en France et avec des services de sécurité et/ou de renseignement étrangers, et qui comportaient des éléments concrets et opérationnels : les noms des individus concernés, les adresses, les numéros de téléphone, l'organisation du réseau, les projets, les caches d'armes ou d'explosifs, les relations à l'étranger de ces individus. La plupart

75. Voir note 22, p. 138.
76. Nom de la galerie du Palais de justice de Paris où se trouvent les bureaux de la section antiterroriste.

des affaires sur lesquelles j'ai travaillé ont souvent eu pour point de départ le renseignement, qu'il soit humain, technique ou de liaison. Les gens de l'antiterrorisme à la DST, du moins c'était ma position, ne recherchaient pas des renseignements pour le plaisir de la seule recherche ; la finalité du recueil était bien son exploitation dans un cadre judiciaire.

La culture du contre-espionnage et la formation de nos agents à cette mission ont été très utiles dans la lutte contre le terrorisme. À titre personnel, j'estime que j'ai travaillé efficacement à l'antiterrorisme en raison de mon passage au contre-espionnage, ce qui fut aussi le cas de mon sous-directeur. Ce qui est fondamental pour la réussite de cette mission n'est pas tant la culture du secret que celle de la rigueur dans la connaissance, dans le traitement des sources humaines, dans l'analyse des renseignements et dans leur exploitation. L'une comme l'autre mission exigent de recueillir et de recouper le maximum d'informations et de renseignements par des sources humaines, techniques et par des échanges avec d'autres services nationaux et internationaux, de réaliser des analyses fines, de définir des objectifs sur lesquels se focaliser en priorité et de structurer le domaine sur lequel le service travaillera avant d'engager des opérations de neutralisation judiciaire qui resteront toujours la finalité de notre action. Pour moi, le fait qu'il y ait un service de contre-terrorisme et un service de contre-espionnage au sein d'une direction générale est donc très profitable en ce que cela permet aux personnels de passer de l'un à l'autre, en s'enrichissant de ces expériences croisées. Personnellement, je n'en ai retiré que des avantages.

Il était nécessaire à l'époque de fonder une grande partie de notre travail sur la recherche de sources humaines, de les infiltrer, de les recruter, de les protéger et ensuite d'analyser les éléments recueillis pour les exploiter. Nos moyens techniques étaient encore bien limités. Une source est un « diamant » qui peut tout, à la fois, vous permettre de bien connaître les actions de votre adversaire et ainsi de le neutraliser ou, au contraire, vous causer des préjudices mortels par défaut d'analyse ou en vous trahissant. La prégnance de la culture du contre-espionnage a fait que, dès sa création en 1944, la DST a géré avec une rigueur et une vigilance extrêmes les sources humaines et techniques. Chaque source humaine, que ce soit dans le contre-espionnage, l'antiterrorisme ou un autre domaine, possède un dossier complet sur les circonstances et les raisons de son recrutement, ses accès, son potentiel à court et moyen terme, les comptes rendus détaillés de tous les contacts, des demandes de la source et des réponses apportées, l'évaluation annuelle qualitative des productions, leur exploitation, les orientations nouvelles, les partages du traitement avec un autre service, etc. De toutes ces notes classées « secret défense » ou « confidentiel défense », sont extraits des renseignements opérationnels démarqués afin de protéger les sources et d'être exploitables dans le cadre d'une information des autorités et d'une exploitation judiciaire. Tous ces renseignements sont protégés mais traçables ; ils sont recoupés, analysés et exploités. La rigueur dans le traitement des sources est un legs du contre-espionnage (CE) mais à l'inverse de celui-ci, le temps de l'exploitation des renseignements dans la lutte antiterroriste est court et il exige, après analyse, une exploitation judiciaire plus ou moins rapide.

L'antiterrorisme et le contre-terrorisme, les opérations des militaires contre les groupes combattants terroristes à l'étranger me semblent donc compatibles avec le secret défense, indispensable dès lors que l'on a des sources à protéger. Mais il est nécessaire de savoir extraire les renseignements classifiés pour les mettre à la disposition des autorités, des autres services nationaux et des services amis et alliés, et surtout pour les communiquer aux magistrats. Cela fut fait durant les années où je me suis occupé de lutte antiterroriste de 1983 à mon départ en 2004, dans les services centraux et en province. Cela a bien évidemment continué après moi.

Il me paraît également important que le même service recherche le renseignement et l'exploite judiciairement, afin qu'il y ait un continuum. Lors des opérations judiciaires, le souci des officiers de police judiciaire est d'avoir une procédure bien « carrée » pour éviter les nullités. C'est une de leurs priorités qui suppose des interrogatoires bien conduits et productifs, des exploitations de scellés. Ces phases d'interrogatoire sont propices au recrutement de nouvelles sources parmi les individus qui peuvent être sortis du dossier et qui pourraient être orientés sur de nouveaux objectifs. Il existe évidemment une complémentarité permanente entre ceux qui recherchent le renseignement et ceux qui l'exploitent sur le plan judiciaire : « Le renseignement nourrit le judiciaire, qui lui-même nourrit le renseignement. » Personne ne s'étonne que la DGSI (et avant elle la DST et la DCRI) recherche du renseignement en matière de contre-espionnage et l'exploite au niveau de la répression judiciaire. Certains services internes sont donc spécialisés dans le recrutement et le traitement des sources, d'autres dans l'analyse, et d'autres enfin dans l'exploitation judiciaire des renseignements recueillis et analysés. Ajoutons que celui qui apporte le renseignement a besoin de savoir ce qu'il en sera fait afin de protéger sa source dans l'avenir et aussi pour mieux l'orienter.

Une difficulté concerne le recueil du renseignement par des voies techniques qui me paraît souffrir de la dispersion de nos moyens et de la faiblesse de notre stratégie de recherche. Notre pays, à l'inverse des Anglo-Saxons et notamment des Britanniques, ne s'est pas doté d'un service unique d'interception. Les Britanniques disposent du Government Communications Headquarters (GCHQ)[77] qui, sur la base d'un plan de renseignement alimenté par tous les services de la Couronne (armées, Secret Intelligence Service/MI6, Security Service/MI5, douanes, Metropolitan Police, Special Branch, etc.), adresse à ces services les productions de ses systèmes d'interception. Pour accomplir ces missions, il manque en France un dispositif équivalent au niveau des interceptions et, pour pallier cette carence née de la dispersion de nos moyens techniques actuels, il faudrait créer un organisme unique réunissant tous les moyens et personnels des différents services. Un GCHQ est la meilleure des solutions pour tous les services. DGSE, DGSI, DRNED, TRACFIN, DRM et DRSD pourraient ainsi recevoir des productions dans le cadre d'un Plan de renseignement auquel ils auraient contribué. La lutte contre la grande criminalité nationale et internationale, contre les mafias et les cartels pourrait aussi en bénéficier, comme c'est le cas au Royaume-Uni.

La fusion en 2008 de la DST et d'une grande partie de la DCRG fut une très bonne décision et durant quatre ans, des réseaux furent neutralisés par la DCRI sans que la disparition des Renseignements généraux ne posât aucun problème. L'avantage d'avoir une direction générale est de pouvoir disposer d'un budget propre afin de recruter des personnels spécialisés, analystes,

77. Voir note 17, p. 78.

informaticiens, linguistes maîtrisant des langues rares et tous autres experts, et de les payer au prix du marché. Ce budget permet également l'achat des matériels techniques, parfois onéreux, nécessaires à la réalisation des missions. Tout cela était quasiment impossible lorsque la DST et la DCRI dépendaient de la Direction générale de la police nationale où les services « spécialisés » sont noyés au sein des autres services plus nombreux en effectifs, et notamment ceux de la Direction centrale de la sécurité publique.

J'entends sans étonnement certains se lamenter de la disparition des RG. Parmi eux, des anciens de ce service dont je comprends le mécontentement car ils ont été écartés de la DCRI et affectés à la sous-direction de l'information générale (SDIG) rattachée à la Direction centrale de la sécurité publique. Ils ont mal vécu ce bouleversement perçu comme une sanction injustifiée. Mais il existe d'autres « experts » qui, n'ayant jamais vécu la rivalité DST/RG et les efforts déployés par l'un et l'autre services dans cette « compétition » pour sortir l'affaire, demander en premier une interception de sécurité administrative, recruter une source humaine avant l'autre ou se positionner en premier auprès d'un service étranger, manquent du recul et de l'expérience nécessaires pour éviter les jugements à l'emporte-pièce. Ainsi, certains « spécialistes » qui demandent la reconstitution des Renseignements généraux n'ont jamais pris conscience de la faiblesse de chaque service en personnels et en moyens pour faire face à l'ampleur de la menace terroriste, ni n'ont expérimenté avec quelle subtilité les liaisons étrangères travaillaient avec les deux services en les utilisant, les manipulant, en distillant parfois à chaque service une partie des renseignements ou en les sollicitant en parallèle pour faire des enquêtes sur la même mouvance.

La DCRI souhaitait se consacrer à ses missions prioritaires, c'est-à-dire celles touchant à la sécurité de l'État : l'antiterrorisme, le contre-espionnage et la protection du patrimoine national. Autrement dit, elle désirait récupérer prioritairement les missions de la DST, avant les missions « classiques », au demeurant nécessaires, des Renseignements généraux. Ces dernières étaient orientées sur les questions relatives à l'ordre public, la recherche d'informations sur la petite et moyenne délinquance des banlieues et des cités, l'information d'ordre politique, économique et social. Pour autant, la DCRI se devait de garder comme centres d'intérêt les grèves et les manifestations de toutes sortes, certaines avec des risques de dérive violente. La connaissance de ce milieu est nécessaire, et même indispensable, pour mettre en place les dispositifs garantissant la bonne gestion de l'ordre public.

Le service central de renseignement territorial (SCRT) qui a succédé en 2014 à la sous-direction de l'information générale (SIDG) est parfaitement positionné au sein de la Direction centrale de la sécurité publique. Mais vouloir transformer le SCRT en direction générale, comme certains « experts » le préconisent, serait une aberration entraînant *de facto* la création d'une « super-DCRG » qui amplifierait les dysfonctionnements et réveillerait les rivalités antérieures.

Aujourd'hui, la mission de sécurité intérieure se déploie dans quatre directions.

Contre-espionnage

La première d'entre elles est le contre-espionnage, actuellement un peu relégué au second plan et mis à mal en raison de l'actualité et des priorités de la lutte contre le terrorisme. Mais le négliger serait une grave erreur, le réveil risquant d'être brutal. L'espionnage représente en effet une des menaces majeures pesant sur notre sécurité nationale ; elle est plus subtile, plus perfide et en apparence moins spectaculaire que le terrorisme. Les actions clandestines menées par les services de renseignement de nos « amis-alliés-adversaires ou ennemis » sont sournoises : infiltrations et recrutements d'agents positionnés au plus haut niveau de l'État, de nos armées, des différents services administratifs et de nos entreprises. De plus, ces services de renseignement disposent de moyens techniques performants capables de réaliser du cyberespionnage et des cyberattaques contre nos systèmes d'information.

Antiterrorisme

La deuxième direction est la lutte antiterroriste qui, ces dernières années, bénéficie de moyens législatifs, réglementaires, financiers, matériels et humains renforcés. Pour être performant, un service de lutte antiterroriste doit non seulement disposer de policiers bien formés à cette mission mais aussi et surtout, s'appuyer sur de nombreux analystes, des linguistes maîtrisant des langues rares, des experts financiers, des ingénieurs, des techniciens, etc. Toutes ces catégories d'experts ont fait cruellement défaut durant de nombreuses années parce que la DST ne disposait pas d'un budget qui lui fût propre.

En France, depuis 1986, on loue la loi du 9 septembre de la même année[78] qui a instauré, dans le cadre de la lutte antiterroriste, la centralisation des poursuites et de l'instruction en donnant à un seul parquet et à un seul *pool* de juges d'instruction au TGI de Paris la possibilité d'évoquer toutes les affaires. La nécessaire adaptation de nos outils de lutte antiterroriste interpelle les magistrats dont certains seraient favorables à la mise en place d'un parquet national antiterroriste comme cela existe en matière financière. La justice montre ainsi l'exemple en réfléchissant à l'installation d'une telle organisation centralisée.

Pour autant, cette mesure pertinente, efficace, et qui a mis fin à des années d'errements dans les enquêtes judiciaires, n'a jamais été appliquée au niveau des services de lutte antiterroriste relevant du ministère de l'Intérieur (DCPJ, DR/PP, PJ/PP, gendarmes et DGSI). Je suis convaincu qu'il existe trop de services qui s'occupent d'antiterrorisme. Je ne mets évidemment pas en cause la qualité des personnels dans ces multiples services ; ce sont tous de très bons professionnels. Mais cela provoque une dispersion des moyens humains, matériels et des redondances : chacun travaille pour sa propre chapelle sans aucune orientation stratégique bien définie et sans réel suivi constant des très nombreux objectifs à surveiller et à neutraliser judiciairement à terme. Il est indispensable, si aucune réforme de centralisation des services n'est réalisée, de fixer des orientations précises à chaque service pour réduire l'éparpillement de la recherche et de l'exploitation et assurer une bonne complémentarité. En outre, une réflexion mériterait d'être menée sur le rattachement de la

78. Loi n° 86-1020 du 9 septembre 1986 relative à la lutte contre le terrorisme.

direction du renseignement de la préfecture de police à un autre service. Du fait de son histoire, cette dernière est compétente sur Paris et les trois départements de la petite couronne mais elle est en rivalité permanente avec le SCRT[79] et la DGSI, qui sont aussi implantés dans les mêmes départements de la région parisienne. Existe-t-il deux DGSE, deux services de renseignement extérieur ? Bien entendu, la réponse est non.

Allons plus loin : pour répondre avec plus d'efficacité à la menace terroriste, il conviendrait de disposer d'une organisation dédiée, qui soit plus performante. Une des réponses possibles serait ainsi de créer un « groupe permanent des opérations » (GPO) réunissant des cadres issus des différents services pour gérer au quotidien les opérations en cours, tant au niveau du renseignement qu'à celui des actions en judiciaire. Ce GPO évoquerait jour après jour les affaires suivies, les cellules et les individus placés sous surveillance, les actions pour recruter ou infiltrer des sources, les opérations techniques à réaliser comme l'installation de caméras et micros dans les logements et voitures, les *trackings* à mettre en place. Les missions de chaque service seraient fixées au cours de ces rencontres quotidiennes et chacun rendrait compte lors de ces réunions du résultat de ses propres opérations. Lorsque le travail de renseignement serait arrivé à son terme, la décision serait prise de basculer en judiciaire et ce GPO pourrait suivre les avancées des investigations en judiciaire. Ce GPO devrait réunir des personnels de la DGSI, du SCRT, de la DR/PP, de la DCPJ, de la PJ/PP, des gendarmes et certainement la DNRED et la DGSE, ainsi que la DRM, TRACFIN et la DSRD.

---

79. Service central du renseignement territorial. Voir note 32, p. 196.

L'anticipation doit être au cœur de l'action de la lutte antiterroriste. Il est indispensable d'engager en permanence des réflexions au cours de séances de brainstorming – comme le font d'ailleurs les terroristes – pour prévoir les futures terres de combat des salafistes djihadistes, leurs méthodes de recrutement, les moyens de communication mis en œuvre, l'origine des financements, pour sélectionner les individus sur lesquels il conviendra de faire des investissements humains et techniques, et pour bien d'autres sujets qui apparaîtront lors de ces rencontres.

Pour mettre fin aux « trous dans la raquette » si souvent dénoncés, il serait temps d'abandonner la raquette de tennis pour prendre en main la raquette de la pelote basque et réunir ainsi les services dispersés !

Protection du patrimoine

La troisième direction de la mission de sécurité intérieure concerne la protection de notre patrimoine national scientifique, technique, financier qui est attaqué par des États, des entreprises concurrentes et des organisations criminelles contre lesquelles une véritable stratégie de renseignement doit être élaborée en s'appuyant sur des sources humaines et techniques, des échanges constants avec d'autres services français, voire étrangers si cela ne nuit pas à notre stratégie.

Cyber

Enfin, la sécurité intérieure doit s'occuper avec d'autres services comme l'ANSSI[80] de la protection de nos systèmes d'information en faisant un travail de recherche de sources dans ces milieux, soit au sein des services étrangers de certains États bien ciblés, soit au sein des organisations terroristes et criminelles qui attaquent nos systèmes.

Trois défis se dressent devant nous, notamment pour répondre à la menace terroriste.

Le premier touche à l'amélioration de la formation et de la gestion des ressources humaines dans la lutte antiterroriste. L'humain est au centre de toutes les missions des services de police et de sécurité intérieure. La mission de lutte contre le terrorisme est extrêmement prenante, éreintante, et elle pénalise la vie de famille. Pour éviter un épuisement des personnels et un énorme *turnover* au sein des différents services, il est indispensable que des effectifs supplémentaires performants viennent renforcer nos équipes surmenées. En outre, la formation doit être une des priorités permanentes des services de lutte antiterroriste.

Deuxièmement, nous devons travailler la question du suivi des djihadistes incarcérés et des relations avec l'administration pénitentiaire. Dans toutes les filières, nous retrouvons aujourd'hui – comme par le passé mais en nombre grandement supérieur – des individus qui ont été incarcérés au cours de ces vingt dernières années pour des faits de délinquance et qui se sont radicalisés

---

80. L'Agence nationale de la sécurité des systèmes d'information (ANSSI) est un service à compétence nationale en charge de la sécurité informatique. Il a été créé par décret le 7 juillet 2009 et est rattaché au secrétaire général de la défense et de la sécurité nationale.

au contact d'islamistes arrêtés et condamnés. Certains estiment donc que nous avons un problème avec la pénitentiaire. De fait, il y a une réelle absence de continuité dans le recueil de renseignement pendant la phase judiciaire, la détention préventive et l'exécution des peines. Il est évident que la création d'un service de renseignement pénitentiaire[81] est une excellente mesure, qui devrait permettre cette fluidité dans les échanges d'information avec l'UCLAT et les différents services en charge de la lutte antiterroriste.

Enfin, dans un monde globalisé, le cadre national ne peut évidemment suffire. Ainsi, les lacunes de la coopération internationale et spécialement européenne sont pointées du doigt après chaque attentat. Le thème de la coopération en matière de lutte antiterroriste est en permanence inscrit à l'agenda des rencontres entre dirigeants européens, sans que rien n'en sorte. N'étant pas un État fédéral, l'Europe n'a ni Code pénal, ni Code de procédure pénale européen, ni FBI européen, ni *a fortiori* armée européenne. Considérant que la sécurité relève exclusivement des États, les ministres de l'Intérieur européens se gardent bien de réaliser un quelconque transfert de souveraineté à Europol[82] ou au coordinateur européen pour la lutte contre le terrorisme[83].

L'Europe s'est saisie de sujets tels que l'harmonisation des infractions concernant les combattants étrangers, les contrôles aux frontières de Schengen, la création d'un corps des gardes-frontières et des gardes-côtes, les contrôles de l'acquisition et de la détention

81. Voir note 32, p. 196.
82. Agence européenne de lutte contre la criminalité et le terrorisme.
83. Suite aux attentats terroristes de Madrid en mars 2004, le Conseil européen a adopté une déclaration sur ce sujet prévoyant, entre autres mesures, la création d'un poste de coordinateur de la lutte contre le terrorisme. Le 19 septembre 2007, Javier Solana, alors haut représentant de l'Union pour la politique étrangère et de sécurité commune, a nommé à cette fonction Gilles de Kerchove qui l'assume depuis lors.

des armes ou encore la lutte contre le financement du terrorisme. Mais les seules réponses européennes concrètes ont été le mandat d'arrêt européen et, après bien des atermoiements, le Parlement européen s'est décidé à voter le Passenger Name Record (PNR)[84], qui est seulement un instrument supplémentaire d'enquête à la disposition des services.

Conscients de ces difficultés, les services de sécurité en Europe s'appuient depuis les années 1970 sur des structures informelles comme le « Club de Berne[85] » et ses groupes de travail spécifiques pour répondre aux différents risques et menaces, notamment terroristes. La France pourrait proposer aux services de sécurité des pays limitrophes du nôtre de mettre en place à Paris un « groupe permanent opérations », comme je l'ai décrit précédemment pour le niveau national. Ce dispositif présenterait ainsi de nombreux avantages : fluidifier les échanges, mettre en œuvre une démarche opérationnelle commune au niveau du recrutement des sources et de l'exploitation des renseignements humains et techniques, renforcer le suivi en continu des activités des cellules et des individus dans notre espace immédiat. Ces échanges opérationnels constants et en temps réel au niveau du renseignement pourraient aboutir, dans nos pays, à des neutralisations judiciaires concertées.

---

84. Les données des dossiers passagers (données PNR) sont des informations non vérifiées communiquées par les passagers lors de la réservation de leur billet. Elles sont recueillies et conservées par les transporteurs aériens. En avril 2016, le Parlement européen a adopté une directive relative à l'utilisation des données des dossiers passagers pour la prévention et la détection des infractions terroristes et des formes graves de criminalité, ainsi que pour les enquêtes et les poursuites en la matière (directive (UE) 2016/681 : http://data.europa.eu/eli/dir/2016/681/oj).

85. Voir note 10, p. 173.

ANNEXES

Bref historique des services de renseignement et de sécurité français contemporains

article de Claude Faure
ancien membre des services de renseignement français
paru dans la Revue historique des armées
(2007, n° 247, p. 70-81)

Héritiers d'organismes nés au cours de la Seconde Guerre mondiale, les services de renseignement et de sécurité français sont marqués dès l'origine par les conflits, ceux entre les nations et ceux entre les hommes. Fin juin 1940, alors qu'une partie de la France est occupée par l'armée allemande, une structure clandestine de renseignement est mise sur pied au sein de l'armée française d'armistice, avec l'aval du ministre de la Défense nationale, le général Weygand. Placés sous la responsabilité du colonel Louis Rivet, chef du SR/SCR (service de renseignement/section de centralisation des renseignements) du deuxième bureau, ces services s'organisent sous la couverture de l'Office national du retour à la terre, du ministère de l'Agriculture. Le mois suivant, le SR/Guerre, futur SR/Kléber du lieutenant-colonel André

Perruche, et le service de contre-espionnage offensif du capitaine Paul Paillole, sous la couverture de l'entreprise des travaux ruraux (TR), commencent leur action souterraine contre l'occupant allemand et italien. Un SR/air et un SR/marine clandestins se mettent également en place. Ainsi, dans une France divisée, non seulement par l'occupant, mais également entre ceux qui soutiennent le régime de Vichy et ceux qui s'y opposent, une organisation clandestine de renseignement s'installe rapidement.

À Londres, après avoir appelé les Français à la résistance, le général de Gaulle crée un deuxième bureau au sein de son état-major de la France libre. Dirigé par le capitaine André Dewavrin (Passy), ce service a pour mission de se renseigner sur la situation en métropole et d'apporter un appui à la résistance qui s'y organise. Deux ans plus tard, le 28 juillet 1942 à Londres, naît le BCRA (Bureau central de renseignement et d'action), successeur du deuxième bureau de la France libre. Jean Moulin, qui a été parachuté en métropole, début janvier, va bénéficier de son aide dans la mission d'unification de la Résistance que lui a confiée de Gaulle. Ce dernier, devenu président du Comité national français (CNF), sorte de gouvernement en exil à Londres, a chargé le BCRA de coordonner son action politico-militaire auprès des personnalités politiques de la résistance, hostiles à ce qu'un chef militaire soit aussi un dirigeant politique. Le 15 novembre, une semaine après le débarquement américano-britannique en Algérie et au Maroc, le colonel Rivet, qui a rejoint l'armée d'Afrique du général Henri Giraud, est nommé à la tête de la Direction des services de renseignement et de la sécurité militaire (DSR/SM). Deux mois plus tard, le commandant Paillole arrive à Alger et prend en main la sécurité militaire. Les réseaux de renseignement, mis en place en métropole, sont pris en charge par le lieutenant-colonel Henri Navarre.

Le 22 mai 1943, le général Giraud, devenu commandant en chef de l'administration civile et militaire de l'Afrique du Nord (AFN) et de l'Afrique occidentale française (AOF), crée la Direction des services spéciaux (DSS), confiée au général Georges Ronin. Une unité militaire chargée des opérations spéciales est constituée sous le nom de « bataillon de choc », dirigé par le commandant Fernand Gambiez. Arrivé à Alger au début du mois de juin, le général de Gaulle est nommé, avec le général Giraud, à la tête du Comité français de la libération nationale (CFLN), sorte de gouvernement provisoire des territoires français libérés. Des oppositions entre les deux hommes apparaissent au grand jour, sur les questions militaires et politiques et sur les services spéciaux : pour le général Giraud, ils « appartiennent à l'autorité militaire », alors qu'ils sont « d'essence gouvernementale » pour le général de Gaulle. Le 25 septembre, ce dernier devient seul président du CFLN. Il crée, le 27 novembre, la Direction générale des services spéciaux (DGSS), successeur de l'éphémère SRA (Service de renseignement et d'action), victime des rivalités entre gaullistes et giraudistes. Dirigée par Jacques Soustelle, la DGSS est chargée de coiffer l'action du BCRA et de la DSR/SM auprès de la résistance en métropole et de l'armée d'Afrique, en liaison avec les services alliés. Elle doit également apporter son aide à la résistance en Indochine, une colonie française occupée par le Japon, allié de l'Allemagne.

Le 21 janvier 1944, dépendante jusque-là des services du commissariat à l'Intérieur, la DGSS est rattachée au cabinet du président du CFLN, c'est-à-dire au général de Gaulle. Le 26 août, ce dernier s'installe à Paris, libéré la veille par la Résistance et les forces françaises. À la tête du gouvernement provisoire de la République, il prépare les institutions de l'après-guerre. Ancien officier du BCRA et adjoint de Soustelle à la DGSS, André Pélabon est nommé directeur de la Sûreté nationale. Deux mois plus tard, le 26 octobre, la DGSS devient Direction générale des études et recherches (DGER). Dirigée par Soustelle, celle-ci reste sous le contrôle direct du chef du gouvernement.

Selon l'article 3 du décret de sa création, la DGER a tout pouvoir en matière de contre-espionnage intérieur et extérieur, ce que contestent plusieurs hauts fonctionnaires et personnalités politiques. Le 16 novembre, la Direction de la surveillance du territoire (DST), dissoute deux ans auparavant, est officiellement reconstituée. Dépendante du ministère de l'Intérieur, elle est chargée de « la recherche et la centralisation, en vue de leur exploitation sur le territoire soumis à l'autorité du ministère de l'Intérieur, des renseignements de contre-espionnage ». La DST est placée sous la direction de Roger-Paul Warin, dit Wybot, un temps responsable de la section de contre-espionnage du BCRA. Au même moment, Germain Vidal, directeur des Renseignements généraux (RG), réorganise son service.

Le 16 avril 1945, Soustelle est remplacé par le colonel Dewavrin, qui se lance dans une importante restructuration interne de la DGER. Le 8 mai, la capitulation de l'armée allemande met fin à la Seconde Guerre mondiale. Parallèlement à l'installation des troupes alliées à Berlin, des postes de renseignement, américain, britannique, soviétique et français, se mettent en place dans la capitale allemande. Avec Vienne, Berlin devient la plaque tournante de l'espionnage en Europe. En France, le Parti communiste accuse la DGER d'être une police politique dirigée contre lui. Le 22 septembre, la présidence du Conseil décide de transférer au ministère de l'Intérieur le service de censure postale et de contrôle des communications, dépendant jusque-là de la DGER. Deux mois plus tard, le général de Gaulle est confirmé dans ses fonctions de chef du gouvernement provisoire, auquel participent cinq communistes. Lors du Conseil des ministres du 28 décembre, il est décidé de dissoudre la DGER pour la remplacer par le Service de documentation extérieure et de contre-espionnage (SDECE). Maintenu sous le contrôle des services du président du Conseil et sous la direction du colonel Dewavrin, le SDECE est chargé de « rechercher à l'étranger tous les renseignements et toute la documentation susceptibles d'informer le gouvernement ; détecter et signaler aux administrations intéressées les agents des puissances étrangères dont l'action serait susceptible de nuire à la défense nationale ou à la sûreté de l'État ». Constitué en majorité de militaires, de socialistes et de gaullistes, le SDECE apparaît comme l'héritier du BCRA. Son maintien, alors que la paix est rétablie, obéit à une double inquiétude : la menace communiste et le réarmement de l'Allemagne.

Le 20 janvier 1946, le général de Gaulle démissionne, remplacé à la tête du gouvernement par le socialiste Félix Gouin. Dix jours plus tard, le général de Lattre de Tassigny, chef de l'armée de Terre, crée pour elle un nouveau service de sécurité, le Service de sécurité militaire (SSM), dirigé par le commandant Bonnefous. La sécurité navale, commandée par le capitaine de frégate Labarère, et la sécurité de l'air, confiée au colonel Sérot, ont été reconstituées, la première, en septembre 1944, la seconde, en février 1945. Parallèlement, une réorganisation du deuxième bureau, chargé du renseignement militaire, est entreprise au sein des états-majors des trois armées.

Le 26 février, le député socialiste Henri-Alexis Ribière devient directeur général du SDECE. Il remplace le colonel Dewavrin, accusé d'avoir constitué illégalement un trésor de guerre destiné à financer la résistance à une éventuelle prise du pouvoir par le Parti communiste. Le 7 mai, afin de clarifier les attributions du SDECE en matière de contre-espionnage, l'instruction 525, signée du directeur adjoint de ce service, le colonel Pierre Fourcaud, précise que le SDECE « dirige à l'échelon gouvernemental la recherche, la centralisation et l'exploitation de tous les renseignements de contre-espionnage ; exerce le contre-espionnage à l'étranger, y compris en territoires occupés [zones françaises en Allemagne], et assure le maniement exclusif des agents doubles et la direction de l'intoxication ; informe la présidence du gouvernement, l'état-major général de la défense nationale et les ministères intéressés sur les ingérences et l'espionnage étranger ». Cette note, qui concerne aussi les services de sécurité de l'armée, stipule que ceux-ci « assurent, dans leurs domaines respectifs : l'ensemble du contre-espionnage dans les armées de terre, de mer et de l'air ; la protection du moral des armées, du secret militaire, des points sensibles militaires et l'instruction des armées à ces points de vue ; la répression de l'espionnage militaire en liaison directe avec les services de police spécialisée (en France et en Afrique du Nord) ; la centralisation de toutes les questions d'expertise concernant les secrets militaires et de toutes les questions de fourniture de renseignements militaires destinées à l'entretien d'agents doubles ou à l'intoxication ».

Dans le cadre de la restructuration de l'armée française et dans le contexte de la guerre froide qui s'installe en Europe, le député Jean-Marie Bouvier-O'Cottereau propose que le gouvernement crée une organisation spéciale regroupant les anciens agents et parachutistes qui agissaient pour le compte du BCRA. C'est ainsi que le 1er septembre, le bataillon de choc aéroporté voit le jour. Dirigée par le capitaine Edgar Mautaint, cette unité est chargée de former des militaires aux techniques des opérations spéciales, en liaison avec le SDECE. Pendant ce temps en Indochine, malgré le cessez-le-feu conclu avec les dirigeants du Viêt-minh, partisans de l'indépendance, un incident avec la flotte française, fin novembre à Haïphong, marque le début du conflit. Le 16 janvier 1947, dans un climat social difficile, le socialiste Vincent Auriol devient le premier président de la IVe République. Paul Ramadier est nommé chef d'un gouvernement au sein duquel les communistes ne restent que quatre mois. En juin, le bataillon de choc est rebaptisé 11e bataillon de choc. Face à l'agitation sociale qui augmente, les autorités politiques, craignant que le Parti communiste organise des émeutes, renforce les moyens des forces de l'ordre.

Le 31 janvier 1948, le Service de sécurité des forces armées (SSFA) se substitue aux services de sécurité militaire, navale et aérienne, sous l'autorité directe du ministre des Armées. Le SSFA, confié au colonel Sérot, est chargé de « prévenir l'espionnage et les propagandes sensibles au moral et à la discipline dans les forces armées ; de protéger le secret militaire ; de participer à la protection des points sensibles militaires ; de prévenir le sabotage dans les forces armées, services et établissements dépendant du ministre des forces armées ». Quatre mois plus tard, un Bureau technique de liaison et de coordination (BTLC) est créé au sein du ministère des Colonies, afin de centraliser les informations provenant des colonies françaises.

À l'automne 1949, éclate l'« affaire des généraux », après la découverte, dans les affaires du président des étudiants vietnamiens en France, de plusieurs exemplaires du rapport secret du général Revers sur la situation en Indochine. L'enquête menée par la DST, qui révèle que deux généraux et un homme politique auraient vendu ces documents, déclenche un règlement de comptes entre responsables de la DST et du SDECE, ainsi qu'une attaque des gaullistes et des communistes contre le gouvernement en place. Le 6 octobre, Henri Queuille démissionne de la présidence du Conseil pour être remplacé par Georges Bidault. À l'Assemblée, le député Eugène Delahoutre pointe la faiblesse des services en dénonçant « des rivalités se transformant parfois en lutte ouverte ». Il suggère qu'un « remède soit apporté à cette situation, dans le sens du regroupement et de la coordination », sans résultat.

L'année suivante, au printemps 1950, le directeur de la Sûreté nationale, Pierre Bertaux, est remplacé par Robert Hirsch, et le directeur général du SDECE, Henri Ribière, par Pierre Boursicot, ancien directeur de la Sûreté. Le chef de la DST, Roger Wybot, est maintenu à son poste. En Indochine, la guerre s'enlise et des tensions naissent entre Français et Américains à propos de l'indépendance de ce pays. La Direction générale de documentation (DGD), créée au début de l'année sous la conduite du colonel Gracieux, s'efforce de coordonner l'action des services de renseignement civils et militaires qui foisonnent. En vue de neutraliser l'action révolutionnaire du Viêt-minh, le haut commandement décide d'adopter une nouvelle tactique, basée sur l'action psychologique et l'emploi d'unités spéciales, entraînées à la « guerre non conventionnelle ». Le 7 avril 1951, le général de Lattre de Tassigny, haut-commissaire et commandant en chef de l'armée française en Indochine, signe la décision 174 : « En accord avec la direction générale du SDECE de la présidence du Conseil, et par analogie avec l'organisation métropolitaine, un "service action" est créé à compter du 10 avril 1951 et intégré aux services déjà existants du SDECE en Indochine. Le "service action" est à l'entière disposition du commandant en chef. » Le commandant Henri Fille-Lambie, chef du service action du SDECE en métropole, rejoint l'Indochine pour mettre en place cette nouvelle structure. Une unité, chargée d'exécuter les opérations montées par le service action local, est constituée sous le nom de Groupement des commandos mixtes aéroportés. Le GCMA est placé sous le commandement du lieutenant-colonel Edmond Grall, remplacé un peu plus tard par son adjoint, le commandant Roger Trinquier. Parallèlement, sont mises en place de petites unités de contre-espionnage offensif, en liaison avec les postes du Service de sécurité des forces armées (SSFA), implantés sur place. Le 14 décembre 1953, le SSFA prend le nom de Service de sécurité de la défense nationale et des forces armées (SSDNFA). Le 23 décembre, René Coty est élu président de la République, alors qu'en Indochine les attaques des forces du Viêt-minh contre les troupes françaises se multiplient. Cinq mois plus tard, le 7 mai 1954, la chute du camp français de Diên Biên Phu sonne la fin de la guerre d'Indochine. Le 19 juin, Pierre Mendès France devient président du Conseil.

En Algérie, le bureau politique du comité révolutionnaire algérien crée, en octobre 1954, le Front de libération nationale (FLN) et appelle à la rébellion contre la France. Celle-ci est déclenchée le 1er novembre par une série d'attentats contre les Européens résidant en Algérie. Les unités militaires sur place sont renforcées. Un groupement de marche du 11e bataillon de choc s'installe en Algérie et la question algérienne devient prioritaire pour l'ensemble des services de renseignement et de sécurité français. Le 4 juin 1955, après que le SDECE a reçu la mission de mettre hors d'état de nuire l'organisation politico-militaire du FLN, la 11e demi-brigade parachutiste de choc (11e DBPC) est créée sous les ordres du lieutenant-colonel Pierre Decorse. Cette unité, dont fait partie le 11e bataillon de choc, est chargée d'exécuter les opérations spéciales montées par la direction du SDECE et de participer aux missions de recherche en renseignement opérationnel, planifiées par l'état-major.

Le 31 janvier 1956, le socialiste Guy Mollet est nommé président du Conseil, six mois après l'instauration de l'état d'urgence en Algérie. En juin, s'inspirant de ce qui a été mis en œuvre en Indochine sur la base du système RAP (renseignement, action, protection), l'état-major décide la mise en place d'un système équivalent en Algérie. Ainsi est créé le Centre de coordination interarmées (CCI). Placé sous le commandement du colonel Léon Simoneau, le CCI est chargé de combiner l'action des différentes unités agissant dans la recherche du « renseignement de terrain ». De son côté, le Centre de renseignement opérationnel du gouvernement général (CROG) centralise, à l'échelon du gouverneur général de l'Algérie, toutes les informations recueillies par les différents services de renseignement et de sécurité tels que la DST, les RG, la gendarmerie, le SSDNFA, le 2e bureau et le SDECE, ainsi que les SAS (Sections administratives spécialisées). Au cours de l'année, la Tunisie et le Maroc accèdent à l'indépendance, ce qui renforce la détermination des Algériens à obtenir la leur.

Le 7 janvier 1957, alors que le général Salan est le chef des armées en Algérie, les pouvoirs de police pour le département d'Alger sont confiés au général Jacques Massu, patron de la 10e division parachutiste (10e DP). Parmi ses adjoints se trouvent le colonel Yves Godard, ancien patron du 11e choc, pour l'action psychologique, et le colonel Trinquier, ancien chef du GCMA, pour la sécurité publique. Le commandant Aussaresses, prédécesseur du colonel Godard à la tête du 11e choc, participe à la lutte contre le terrorisme. Au cours du mois de juin, le général Paul Grossin est nommé directeur général du SDECE. De nouvelles opérations sont montées contre les marchands d'armes qui fournissent la rébellion algérienne et contre les bateaux qui transportent ce matériel. De son côté, la DST démantèle plusieurs réseaux du FLN.

L'échec de la guerre d'Indochine et de l'expédition de Suez, les difficultés de la « pacification » en Algérie et l'instabilité du pouvoir en place provoquent une fracture entre l'armée et les autorités politiques. Le 13 mai 1958, après avoir pris le contrôle du gouvernement général d'Alger, les partisans du maintien de l'Algérie française constituent un comité de salut public. Sous la conduite du général Massu, les membres de ce comité réclament le retour du général de Gaulle au pouvoir. Le 1er juin, ce dernier reçoit l'investiture de l'Assemblée nationale pour diriger un nouveau gouvernement. Six mois plus tard, le 21 décembre, il devient le premier président de la nouvelle Ve République.

Le 8 janvier 1959, Michel Debré est nommé Premier ministre. La veille, le général de Gaulle a signé l'ordonnance 59-147 sur l'organisation générale de la défense. L'article 13 précise que « sous l'autorité du Premier ministre, l'orientation et la coordination des services de documentation et de renseignement sont assurés par un comité interministériel du renseignement (CIR) ». Celui-ci agit en étroite collaboration avec le Comité permanent du renseignement (CPR), chargé de définir les grands axes de recherche dans ce domaine. L'amiral Georges Cabanier est nommé à la tête du SGDN (Secrétariat général de la défense nationale), chargé d'assister le gouvernement en matière de politique de défense. Il a également la responsabilité du CIR et du CPR.

Le 28 mars 1960, tandis que la guerre en Algérie s'accentue, est créé le Groupement interministériel de contrôle (GIC). Placé sous l'autorité directe du chef de gouvernement, le GIC assure « l'ensemble des écoutes et enregistrements téléphoniques et télégraphiques sur fils ainsi que des renvois sur réseau PTT des écoutes microphoniques, ordonnées par les autorités gouvernementales. [...] Il dispose, pour assurer sa mission, de personnels mis pour emploi à la disposition du Premier ministre par le SDECE, le ministère de l'Intérieur, le ministère des Armées, le ministère des PTT ainsi que des installations d'écoutes et d'enregistrements existant dans les différents ministères et services pratiquant actuellement des interceptions téléphoniques ».

Un an plus tard, le 5 avril 1961, un nouveau décret réorganise la Direction de la sécurité militaire (DSM) : « Service spécialisé dont disposent les différents échelons du commandement pour leur permettre d'assurer la protection des personnels, des documents, des matériels et des établissements contre les ingérences et menées subversives de tous ordres. » Le général Charles Feuvrier est nommé à la tête de ce service. Une de ses tâches est d'empêcher le noyautage de l'armée à la fois par le FLN algérien, par les services spéciaux des pays de l'Est et par l'OAS (Organisation de l'armée secrète), un groupuscule clandestin rassemblant les partisans de l'Algérie française, qu'ont rejoint plusieurs officiers français. À cette date, les RG sont dirigés par Jules Plettner, le SDECE, par le général Paul Grossin, et la DST, par Gabriel Eriau, remplacé peu après par Daniel Doustin. Le 18 mars 1962, un accord de cessez-le-feu entre le FLN et le gouvernement français est signé à Évian. Le 2 juillet, la République algérienne est proclamée. Avec la fin de la guerre d'Algérie, les services de renseignement et de sécurité français portent désormais leurs efforts sur les services secrets des pays de l'Est et l'espionnage industriel et militaire. Entre-temps, Georges Pompidou est devenu Premier ministre.

L'année suivante, au cours de l'été 1963, le 13e régiment de dragons parachutistes (13e RDP) devient l'unité terrestre de recherche du renseignement stratégique et opérationnel, au profit direct de l'état-major des armées. Le 31 décembre, la 11e DBPC, commandée par le colonel Albert Merglen, est dissoute. Parmi les cadres du Centre national d'entraînement commando (CNEC), installé à sa place, se trouvent trois officiers qui, trente ans plus tard, deviendront de hauts responsables des services de renseignement : le capitaine Jean Pons, futur directeur du renseignement de la DGSE, le lieutenant Jean Heinrich, futur directeur de la DRM, et le lieutenant Jacques Dewatre, futur directeur général de la DGSE.

Huit mois plus tard, le 26 août 1964, un nouveau décret fixe les attributions respectives de la DST et du SDECE. Ce dernier agit à l'étranger, pour détecter et contrôler « les activités d'espionnage et d'ingérence dirigées contre la France ou les intérêts français ». La DST lutte en France et dans les territoires français contre « les activités d'espionnage et d'ingérence des puissances étrangères ». Les missions des deux services sont supervisées par un « Comité de coordination qui anime et oriente deux sous-comités : un sous-comité de Contre-espionnage extérieur et un sous-comité de Contre-espionnage intérieur ».

Le 29 octobre 1965, Mehdi Ben Barka, leader de l'opposition marocaine, est enlevé à Paris. L'affaire éclabousse la France et ses services. Le SDECE n'est pas responsable de l'enlèvement, mais il est néanmoins sanctionné le 23 janvier 1966, en passant sous le contrôle des services du ministre des Armées. Son directeur général, le général Paul Jacquier, est remplacé par le général Eugène Guibaud. Au cours de l'été, la section de contre-espionnage du service des Renseignements généraux de la préfecture de police de Paris (RGPP) est transférée à la DST.

Sous la présidence de Georges Pompidou, certaines têtes vont encore changer, et les structures se préciser. Le 10 novembre 1970, Alexandre de Marenches prend la direction du SDECE, tandis que le général André Thozet devient directeur de la sécurité militaire et que Jean Rochet reste à la tête de la DST. Au sein de l'état-major des armées (EMA), on crée le Centre de formation interarmées du renseignement (CFIR) et le Centre d'exploitation du renseignement (CER). Cette évolution se poursuit sous la présidence de Valéry Giscard d'Estaing, avec la création, en 1976, du Centre d'exploitation du renseignement militaire (CERM). Chargé de centraliser et d'exploiter le renseignement au profit de l'EMA, auquel il est directement rattaché, le CERM est confié au colonel Jacques Laurent.

Le 10 mai 1981, le socialiste François Mitterrand est élu président de la République. Il nomme Pierre Mauroy à la tête d'un gouvernement auquel participent quatre communistes. Pour la première fois depuis vingt-trois ans, la gauche, socialiste et communiste, est au pouvoir. Un climat de méfiance s'installe entre les nouvelles autorités politiques et les services. Le 17 juin, Pierre Marion est nommé directeur général du SDECE en remplacement d'Alexandre de Marenches, tandis que Paul Roux se voit confier les RG. Alors que certains l'avaient envisagé, la gauche ne supprime pas les services spéciaux. Le 20 novembre, la Direction de la sécurité militaire (DSM) est dissoute. Elle est remplacée par la Direction de la protection et de la sécurité de la défense (DPSD), chargée de « coordonner les mesures nécessaires à la protection des renseignements, objets, documents ou procédés intéressant la défense, au sein des forces armées ou des organismes qui lui sont rattachés ainsi que dans les entreprises titulaires de marchés classés de défense nationale passés par le ministère de la Défense ». Le général Michel Jorant en prend la direction, avant de céder la place au général Armand Wautrin. Cinq mois plus tard, le 2 avril 1982, c'est au tour du SDECE d'être remplacé par la Direction générale de la sécurité extérieure (DGSE) dont la mission reste identique : « Rechercher et exploiter les renseignements intéressant la sécurité de la France, ainsi que détecter et entraver, hors du territoire national, les activités d'espionnage dirigées contre les intérêts français afin d'en prévenir les conséquences. » Le 10 novembre, la DGSE accueille un nouveau chef, l'amiral Pierre Lacoste. Le même jour, Yves Bonnet est nommé directeur de la DST, à la place de Marcel Chalet.

Trois ans plus tard, le 10 juillet 1985, éclate l'affaire Greenpeace : du nom de l'association écologiste dont le bateau, *Rainbow Warrior*, a été coulé par une équipe de nageurs de combat de la DGSE, provoquant la mort d'un membre de l'équipage. Tout comme l'affaire Ben Barka, celle-ci rejaillit sur l'image de la France et de ses services. Elle entraîne la démission du ministre de la Défense et celle du chef de la DGSE, remplacé par le général René Imbot. Le 11e bataillon de choc est reconstitué pour être mis à la disposition du service action de la DGSE, sous le nom de 11e régiment parachutiste de choc (11e RPC). En mars 1986, après la victoire de la droite aux élections législatives, Jacques Chirac devient Premier ministre. Une première cohabitation entre un président de la République de gauche et un chef de gouvernement de droite commence, qui va perturber le fonctionnement des services de l'État. Le renseignement militaire poursuit sa mutation. Le 1er septembre, l'état-major de l'armée annonce la création de l'École interarmées du renseignement et de l'étude des langues (EIREL). Installée à Strasbourg, elle regroupe le CFIR (Centre de formation interarmées du renseignement), le CIRIP (Centre d'instruction du renseignement et d'interprétation photographique), le CLEEM (Centre des langues et d'études étrangères militaires), le Centre d'enseignement de l'allemand, rattaché à la gendarmerie des Forces françaises en Allemagne, et le Groupement 309 des Écoles de l'armée de l'air.

Le 8 mai 1988, François Mitterrand est réélu président de la République et la gauche gagne les élections législatives. Le socialiste Michel Rocard est nommé Premier ministre, mettant fin à la cohabitation gauche-droite. À la direction des RG, Philippe Massoni cède sa place à Jacques Fournet, tandis que Guy Fougier est nommé à la tête du SGDN. Le 22 mars de l'année suivante, le préfet Claude Silberzahn prend la direction de la DGSE à la place du général Mermet. Il entreprend une importante restructuration interne du service et lance un plan de recrutement dont le but est d'augmenter les effectifs du personnel civil de la DGSE. Le 20 avril, le Premier ministre signe un nouveau décret concernant la réorganisation du Comité interministériel du renseignement (CIR). Le 23 août 1990, il se rend au siège de la DGSE et présente les grandes lignes d'un plan quinquennal de réforme du service. Trois mois plus tard, le 18 novembre, lors du sommet de la CSCE (Conférence sur la sécurité et la coopération en Europe), la guerre froide entre l'Est et l'Ouest est officiellement close. Désormais, les grands axes de recherche des services de renseignement et de sécurité concerneront le terrorisme international, l'intelligence économique, la prolifération d'armes de destruction massive et le crime organisé.

Sur le plan intérieur, la priorité est donnée aux crises traversées par la société française. Comme le précise la circulaire de 1991, la Direction centrale des renseignements généraux (DCRG) doit s'attacher « à la prévision et à la mesure des évolutions de l'opinion publique au travers de ses multiples canaux d'expression ; à l'examen attentif de l'expression des revendications sociales dont le caractère multiforme exige une vigilance constante ; à une intervention accrue dans les secteurs économique et financier, en particulier pour aider au repérage des circuits de recyclage des capitaux illicites ; à une étude approfondie des tensions et évolutions au sein de la société civile ».

La participation des forces françaises à la guerre du Golfe, en 1991, débouche sur une nouvelle réforme. Une étude, réalisée par le ministère de la Défense, révèle les faiblesses du renseignement militaire. Le 16 juin 1992, est créée la Direction du renseignement militaire (DRM). Selon le décret fondateur, son directeur « assiste et conseille le ministre chargé des Armées en matière de renseignement d'intérêt militaire ». La DRM dispose « du concours de l'ensemble des organismes contribuant au renseignement d'intérêt militaire, notamment de ceux qui relèvent de la gendarmerie nationale et de la délégation générale pour l'armement. Elle élabore et met en œuvre les orientations en matière de renseignement d'intérêt militaire. Elle exerce en ce domaine une fonction d'animation et de coordination ». La DRM chapeaute le deuxième bureau de chacune des trois armées, le CERM (Centre d'exploitation du renseignement militaire), le CIREM (Centre d'interprétation du renseignement électromagnétique), le CFIII (Centre de formation et d'interprétation interarmées de l'imagerie) et l'EIREL (École interarmées du renseignement et de l'étude des langues). Le général Jean Heinrich, précédent directeur des opérations à la DGSE, est nommé à la tête de la DRM.

Huit jours plus tard, le ministère de la Défense annonce la création du Commandement des opérations spéciales (COS). Placé sous la responsabilité du général Maurice Lepage, le COS est chargé de planifier et coordonner l'exécution d'opérations spéciales décidées par l'état-major des armées. Il peut faire appel au 1er RPIMA (1er régiment parachutiste d'infanterie de marine), au CPA 10 (Commando parachutiste de l'air n° 10), au GSIGN (Groupement de sécurité et d'intervention de la gendarmerie nationale), à la DOS/AA (Division des opérations spéciales de l'armée de l'air), aux commandos de la marine, et, en cas d'intervention antiterroriste, au GIGN (Groupement d'intervention de la gendarmerie nationale).

L'année suivante, le 29 mars 1993, à l'issue des élections législatives gagnées par la droite, Édouard Balladur est nommé Premier ministre, entamant une seconde cohabitation gauche-droite. Au cours du printemps, un groupe informel, constitué de hautes personnalités, se prononce en faveur de la création de deux organismes qui réuniraient, l'un, les services de sécurité intérieure tels que les RG, les RGPP et la DST, l'autre, les services de renseignement extérieur tels que la DRM et la DGSE. Mais le projet n'aboutit pas. Début juin, le préfet Jacques Dewatre est nommé à la tête de la DGSE. Deux mois plus tard, le 1er septembre, suite logique de l'étude réalisée au lendemain de la guerre du Golfe et de la création de la DRM, la Brigade de recherche et de guerre électronique (BRGE) est officiellement constituée. Cette nouvelle unité regroupe le 13e régiment de dragons parachutistes (13e RDP), le 7e régiment d'artillerie (7e RA), et les 44e et 54e régiments de transmissions (44e et 54e RT).

À la fin du mois de juin 1994, les RG sont accusés d'avoir écouté les débats du conseil national du Parti socialiste qui se déroulaient à huis clos. Le directeur des Renseignements généraux de la préfecture de police de Paris (RGPP), Claude Bardon, est remplacé par Jean-Pierre Pochon. Sept mois plus tard, le 16 janvier 1995, un nouveau décret précise les missions des RG. Désormais, concourant « à la mission générale de sécurité intérieure », ils ne doivent plus enquêter sur les formations politiques. Le 7 mai, Jacques Chirac est élu président de la République. Alain Juppé devient Premier ministre. En juillet, le premier satellite européen de renseignement militaire, Hélios I, est lancé avec succès. Deux ans plus tard, le 2 juin 1997, après la victoire de la gauche aux élections législatives, le socialiste Lionel Jospin est nommé Premier ministre, entamant une première cohabitation entre un président de droite et un chef de gouvernement de gauche. Le mois suivant, le général Claude Ascensi est nommé à la tête de la DPSD. Peu après, Jean-Jacques Pascal, ancien directeur des RG, prend la direction de la DST à la place de Philippe Parant, tandis que le préfet Dewatre reste à la tête de la DGSE. L'année suivante, le 21 janvier 1998, le vice-amiral Yves de Kersauson devient directeur de la DRM. Six mois plus tard, Jean-Claude Mallet est nommé à la tête du SGDN, à la place d'Isabelle Renouard, première femme à avoir occupé ce poste.

À l'automne 1999, une proposition de loi pour la création d'une délégation parlementaire pour les affaires de renseignement, destinée à associer le Parlement à la politique de renseignement du gouvernement, est déposée à l'Assemblée nationale, sans suite. Le 3 décembre, un nouveau satellite d'observation militaire est lancé. Début février 2000, Jean-Claude Cousseran devient directeur général de la DGSE. Quelques mois plus tard, la direction du renseignement de ce service est réorganisée en profondeur. Durant l'été, le contrôleur général Dominique Conort prend la direction de la DPSD.

À partir de l'automne 2001, après l'attentat du 11 Septembre à New York, les missions des différents services de renseignement et de sécurité se recentrent sur le terrorisme islamique. Le 15 mai 2002, à peine réélu, Jacques Chirac signe un décret portant création du Conseil de sécurité intérieure (CSI), chargé de définir les « orientations de la politique menée dans le domaine de la sécurité intérieure ». Cette nouvelle autorité est confiée à Philippe Massoni, ancien directeur des RG. Durant l'été, les capacités d'intervention des forces spéciales sont accrues par le rattachement du 13e RDP au COS. Le 24 juillet, trois semaines après la nomination de Pierre de Bousquet de Florian à la tête de la DST, Pierre Brochand devient directeur général de la DGSE. Le lendemain, afin de définir les relations entre le deuxième bureau de chacune des armées et les attachés de défense, un arrêté du ministère de la Défense stipule que le directeur de la DRM « dirige et coordonne, dans le cadre des directives du chef d'état-major des armées, l'action des attachés de défense et des attachés spécialisés en matière de renseignement militaire ».

Fin décembre 2003, suivant les recommandations d'un rapport parlementaire, le Premier ministre Jean-Pierre Raffarin nomme

Alain Juillet haut responsable chargé de l'intelligence économique. En janvier 2004, Pascal Mailhos devient directeur des RG. Au cours de l'été, Francis Delon prend la tête du SGDN, tandis que l'EIREL passe sous le commandement du colonel Gonnet et que le CEERAT (Centre d'enseignement et d'études du renseignement de l'armée de terre), créé deux ans plus tôt, se renforce en moyens. L'année suivante, le général Denis Serpollet succède au général Michel Barro à la direction de la DPSD, et le général Michel Masson remplace le général André Ranson, à celle de la DRM. En mars 2006, Joël Bouchité prend la direction des RG Un projet de regroupement géographique de la DST, des RG et de la DNAT (Direction nationale antiterroriste) est mis en œuvre. Le 1er juillet suivant, l'EIREL devient Centre de formation interarmées au renseignement (CIFAR), sous les ordres du colonel Tilly.

Liste des sigles et acronymes

AFP	Agence France-Presse
ANSSI	Agence nationale de la sécurité des systèmes d'information
APIC	Asian Pacific Intelligence Committee
AQMI	Al-Qaida au Maghreb islamique
AQPA	Al-Qaida dans la péninsule arabique
ARB	Armée révolutionnaire bretonne
ASALA	Armée secrète arménienne de libération de l'Arménie
BCRA	Bureau central de renseignements et d'action
BCRP	Bureau central du renseignement pénitentiaire
BND	Bundesnachrichtendienst
BRI	Brigade de recherche et d'intervention
BSS	Bande sahélo-saharienne
CCC	Cellules communistes combattantes
CE	contre-espionnage
CEMA	chef d'état-major des armées
CERES	capacité d'écoute et de renseignement électromagnétique spatiale
CERM	Centre d'exploitation du renseignement militaire

CFIAR	Centre de formation interarmées du renseignement
CF3E	Centre de formation et d'emploi relatif aux émissions électromagnétiques
CF3I	Centre de formation et d'interprétation interarmées de l'imagerie
CF3RH	Centre interarmées de recherche et de recueil du renseignement humain
CHEM	Centre des hautes études militaires
CILAT	comité interministériel de lutte antiterroriste
CIR	comité interministériel du renseignement
CJGA	Commandos des justiciers du génocide arménien
CNCT	Centre national de contre-terrorisme
CNCTR	Commission nationale de contrôle des techniques de renseignement
CNR	Conseil national du renseignement
CNR	coordonnateur national du renseignement
COS	commandement des opérations spéciales
CPCO	Centre de planification et de conduite des opérations
CRAC	Centre de renseignement et d'analyse du cyberespace
CRGI	Centre de renseignement géospatial interarmées
CROS	conseiller pour le renseignement et les opérations spéciales
CSPPA	Comité de solidarité avec les prisonniers politiques arabes et du Proche-Orient
CT	contre-terrorisme
DCI	Direction de la coopération internationale
DCN	Direction des constructions navales
DCPJ	Direction centrale de la police judiciaire
DCRG	Direction centrale des Renseignements généraux

DCRI	Direction centrale du renseignement intérieur
DDSP	Direction départementale de la sécurité publique
DGA	Direction générale de l'armement
DGGN	Direction générale de la gendarmerie nationale
DGPN	Direction générale de la police nationale
DGSE	Direction générale de la sécurité extérieure
DGSI	Direction générale de la sécurité intérieure
DIA	Defense Intelligence Agency (États-Unis)
DIRCEN	Direction des centres d'expérimentations nucléaires
DNI	Director of National Intelligence (États-Unis)
DNRED	Direction nationale du renseignement et des enquêtes douanières
DPR	Délégation parlementaire au renseignement
DPSD	Direction de la protection et de la sécurité de la Défense
DRM	Direction du renseignement militaire
DR-PP	Direction du renseignement de la préfecture de police de Paris
DRSD	Direction du renseignement et de la sécurité de la Défense
DST	Direction de la surveillance du territoire
EMA	état-major des armées
ENSP	École nationale supérieure de la police
ETA	Euskadi ta Askatasuna (basque)
FARL	Fractions armées révolutionnaires libanaises
FBI	Federal Bureau of Investigation (États-Unis)
FIAS	Force internationale d'assistance et de sécurité
FIS	Front islamique du salut
FIR	Fonction interarmées du renseignement
FLNC	Front de libération nationale corse

FPIP	Fédération professionnelle indépendante de la police
FPLP	Front populaire de libération de la Palestine
FPLP/SC	Front populaire de libération de la Palestine/Special Command
GAT	Groupe armé terroriste
GCHQ	Government Communications Headquarters (Royaume-Uni)
GIA	Groupe islamique armé
GIGN	Groupe d'intervention de la gendarmerie nationale
GSPC	Groupe salafiste pour la prédication et le combat
HCR	Haut Commissariat des Nations unies pour les réfugiés
IFOR	Implementation Force
IHEDN	Institut des hautes études de défense nationale
IRA	Armée républicaine irlandaise
ISIS	Intranet sécurisé interministériel pour la synergie gouvernementale
JIC	Joint Intelligence Committee (Royaume-Uni)
LETI	Laboratoire d'électronique et de technologie de l'information
MEK	Organisation des moudjahidines du peuple iranien ou Sāzmān-e Mojāhedin-e Khalq-e Irān (MEK) en persan
MIC	Military Intelligence Committee
MI5	Military Intelligence section 5 (Security Service) (Royaume-Uni)
MI6	Military Intelligence section 6 (Secret Intelligence Service) (Royaume-Uni)

MMFL	Mission militaire française de liaison auprès du haut commandement soviétique en Allemagne
MRAP	Mouvement contre le racisme et pour l'amitié entre les peuples
MUJAO	Mouvement pour l'unicité et le jihad en Afrique de l'Ouest
NGA	National Geospatial-Intelligence Agency (États-Unis)
NSA	National Security Agency (États-Unis)
NSC	National Security Council (États-Unis)
OAS	Organisation armée secrète
OFEMA	Office français d'exportation de matériel aéronautique
OGFPI	Organisation des guérilleros fedayin du peuple d'Iran
OLP	Organisation de libération de la Palestine
OTAN	Organisation du traité de l'Atlantique Nord
PFNE	Parti nationaliste français et européen
PJ	police judiciaire
PKK	Parti des travailleurs du Kurdistan
PNOR	Plan national d'orientation du renseignement
RG	Renseignements généraux
ROEM	renseignement d'origine électromagnétique
SCRT	Service central du renseignement territorial
SDAO	sous-direction de l'anticipation opérationnelle
SDAT	sous-direction antiterroriste
SDECE	Service de documentation extérieure et de contre-espionnage
SDIG	sous-direction de l'information générale
SGDSN	secrétariat général de la défense et de la sécurité nationale
SIC	système d'information et de commandement

ST(SI)[2]	Service des technologies et des systèmes d'information de la sécurité intérieure
TRACFIN	Traitement du renseignement et action contre les circuits financiers clandestins
UCLAT	Unité de coordination de la lutte antiterroriste

Index des personnes citées

OUVRAGES D'ALAIN BAUER
CHEZ ODILE JACOB

Une histoire criminelle de la France (avec Christophe Soullez), 2012.
Géographie de la France criminelle, 2006.

Cet ouvrage a été composé
en Electra et en Whitney
par Nord Compo
à Villeneuve-d'Ascq (Nord).

Achevé d'imprimer sur Roto-Page
par l'Imprimerie Floch à Mayenne
en mars 2018

N° d'édition : 7381-4319-X – N° d'impression : 92382
Dépôt légal : mars 2018

Imprimé en France